Felix von Cube/Klaus Dehner/Andreas Schnabel

Führen durch Fordern

Felix von Cube · Klaus Dehner
Andreas Schnabel

Führen durch Fordern

Die BioLogik des Erfolgs

Piper
München Zürich

ISBN 3-492-04546-4

Satz: Kösel, Kempten
Druck und Bindung: Clausen & Bosse, Leck
Printed in Germany

www.piper.de

Inhalt

Vorwort

Unser Team von der »Prof. von Cube & Kollegen GmbH – BioLogik der Führung und Fortbildung« beschäftigt sich seit vielen Jahren theoretisch und praktisch mit der Anwendung der Verhaltensbiologie auf menschliches Verhalten, insbesondere auf Führung. Zu diesem Thema haben wir zwar schon einige Bücher veröffentlicht – v. Cube: »Fordern statt Verwöhnen«, »Lust an Leistung«, Dehner: »Lust an Moral« u. a. Wir haben jedoch zwei weitere wichtige Feststellungen gemacht, die das vorliegende Buch rechtfertigen:

Die erste Feststellung besteht in der durch langjährige Erfahrung gewonnenen Bestätigung, daß sich die Erkenntnisse der Verhaltensbiologie hervorragend in die Praxis umsetzen lassen, daß sie in hohem Maße geeignet sind, Mitarbeiter zu verstehen, zu motivieren, zu führen. Hierfür ziehen wir zahlreiche Beispiele heran.

Die zweite Feststellung besteht darin, daß die Erkenntnisse der Verhaltensbiologie noch sehr viel weiter reichen: Sie zeigen auf, daß der Mensch oft falsch mit seinen evolutionären Verhaltensprogrammen umgeht – man denke nur an die Aggression –, daß es aber Wege gibt, diese Fehler zu vermeiden und vernünftig mit den evolutionären Programmen umzugehen. Ja, die Verhaltensbiologie liefert die Basis für eine verhaltensgerechte Gesellschaft und für die daraus folgenden Aufgaben der Führung.

Heidelberg, im Juli 2003

Felix von Cube
Klaus Dehner
Andreas Schnabel

Einleitung

Das Thema Fordern ist einerseits aktuell – man denke an »Pisa«, an steigende Leistungsanforderungen durch Globalisierung etc. –, andererseits aber auch prinzipiell. Es geht ja um dauerhafte und damit auch zukunftsfähige Lösungen der Leistungsproblematik. Daß in Erziehung oder Führung mehr gefordert werden muß, steht dabei außer Zweifel. Die Frage gilt dem »Wie«: Wie soll gefordert werden? – Mit noch mehr Druck, mit Streß oder gar Angst? Manche Psychologen sagen, man müsse lernen, mit Unsicherheit zu leben. Das ist evolutionär gesehen Unsinn.

Nein, Fordern, wie wir es verstehen, bedeutet die Mobilisierung der vorhandenen Kräfte durch die Lust der Triebbefriedigung. Wir haben von Natur aus Energiepotentiale, die dem Leben in einer ursprünglichen, anstrengenden Umwelt angepaßt sind. Heute geht es darum, diese Potentiale abzurufen – zum Wohle des einzelnen und zum Wohle der Gesellschaft. Herrschaftssysteme jeder Art haben lange genug den Fehler gemacht, utopische Menschenbilder aufzustellen – religiöse, kommunistische, ideologische –, um dann mit aller Gewalt zu versuchen, die Menschen diesen »Idealen« anzupassen. Genau umgekehrt ist vorzugehen: Man muß den Menschen mit seinen evolutionären Programmen, mit seinen Trieb- und Aktivitätsprogrammen erkennen und das gesellschaftliche System so gestalten, daß es die evolutionäre Antriebsdynamik aktiviert. Triebe heißen nicht umsonst Triebe. Sie treiben uns an, Führung braucht sie nur zu steuern. Das ist der Kern unserer Botschaft: die Gestaltung einer evolutionär verhaltensgerechten Lebenswelt.

Bezüglich seiner Anatomie und Physiologie war der Mensch schon immer bestrebt, sich eine »angemessene« Lebenswelt zu schaffen. Man baut Türen, Stühle und Tische für die menschliche Gestalt, man stellt Kleidungsstücke her für den menschlichen Körper, man installiert Toiletten für »menschliche Bedürfnisse«. Ganz im Gegensatz dazu werden seine Verhaltensprogramme weit weniger beachtet.

Viele Tabus und gesellschaftliche Zwänge sind gefallen. Wir leben in einer freien und demokratischen Gesellschaft selbstbestimmter und selbstverantwortlicher Menschen. Darüber sind wir sehr froh. Aber gehen wir mit den Verhaltensprogrammen, insbesondere mit den Trieben, vernünftig um? Erfüllen wir die notwendigen Bewegungsprogramme? Setzen wir die Aggression im positiven Sinne ein? Gehen wir mit dem Risikoverhalten vernünftig um? Fordern wir uns selbst und andere richtig? Leben wir in Übereinstimmung mit unseren evolutionären Programmen und nicht gegen sie?

Mit der »kopernikanischen Wende« – von der Anpassung des Menschen an ein utopisches System zur Anpassung des Systems an die Natur des Menschen – beginnt das vorliegende Buch. Die Erkenntnisse über die Natur des Menschen liefert dabei die Verhaltensbiologie. Sie erforscht die evolutionären Verhaltensprogramme wie Bewegungsprogramme, Neugierverhalten, Rangordnungsstreben etc. Auf der Basis dieser Erkenntnisse lassen sich die Fehler feststellen, die der Mensch im Umgang mit den evolutionären Programmen macht z. B. durch Bewegungsmangel, Angst, Gleichmacherei. Jetzt wird es möglich, den optimalen Umgang mit den evolutionären Programmen aufzuzeigen: vielfältige Bewegung, Flow-Erlebnisse, Anerkennung für Leistung.

Wir fassen diese drei Disziplinen – Verhaltensbiologie,

Verhaltensanalyse, Verhaltensoptimierung – unter dem Begriff BioLogik zusammen. Das wichtigste Ergebnis der BioLogik heißt: Wir sind auf Anstrengung programmiert, auf den Einsatz unserer natürlichen Energie, und wir werden dafür mit Lust belohnt. Tatsächlich werden in der Evolution alle lebenswichtigen Verhaltensweisen mit Lust belohnt: Sättigung, Sex, Sieg, Flow, Bindung. Das Prinzip »Lust durch Leistung« erhält so eine fundamentale, nämlich evolutionäre Begründung.

Als nächstes zeigen wir auf, daß es sehr wohl Lust an Leistung gibt, und zwar in allen Lebensbereichen, insbesondere in der Arbeitswelt. Beispiele hierfür finden sich in der Managementliteratur, aber sie nehmen im allgemeinen keinen Bezug auf die Verhaltensbiologie. Genau hier setzen unsere eigenen Beispiele ein. Wir berichten über eigene Erfahrungen aus Seminaren und Trainingsveranstaltungen mit Führungskräften sowie über Fallbeispiele und eigene Erlebnisse von Managern, mit denen wir im Gespräch stehen. Die Beispiele werden dabei nicht einfach nur aufgezählt, sie werden vielmehr verhaltensbiologisch begründet und einem lösungsorientierten Handling zugeführt. Ein Beispiel soll das Verfahren veranschaulichen: Ein Abteilungsleiter eines Telekommunikationsunternehmens war über etliche Monate mit dem Problem konfrontiert, daß zwei seiner wichtigsten Mitarbeiter keine Situation ausließen, um miteinander zu rangeln: In der wöchentlichen Teambesprechung, bei Projekttreffen, während der Strategietagung, immer wieder kam es zu Streit und Rechthabereien. In unserem Führungsseminar betonte der Abteilungsleiter, daß er überhaupt nicht nachvollziehen könne, warum seine beiden Mitarbeiter derart verbissen gegeneinander kämpften. Nachdem wir unsere Teilnehmer im Seminar über die Grundformen der Aggression im Tierreich informiert hatten, ging dem Abteilungsleiter ein Licht auf: Die Tätigkeitsschwerpunkte der beiden Mitarbeiter waren offenbar nicht klar genug voneinander abgegrenzt; deshalb fühlte sich jeder vom anderen in seinem Kompetenzbereich, seinem »Revier«, bedroht. Zum Ende des Seminars entwickelten wir gemeinsam einen Ansatz zur Lösung. Der Abteilungsleiter machte beiden Kontrahenten am Beispiel des Revierverhaltens von Buntbarschen klar, daß sie eigentlich zwar benachbarte, jedoch eigenständige Aufgabenbereiche, also »Reviere«, besetzten. Dadurch wurde den Mitarbeitern schlagartig klar, daß sie nicht um die gleichen Ressourcen konkurrierten.

Wir schließen das Kapitel Lust durch Leistung nicht ab, ohne festzustellen, daß dieses Prinzip auch als Glück bezeichnet werden kann. Die bekannten Glücksautoren jedenfalls beschreiben das Glück im Sinne des Prinzips Lust durch Leistung – allerdings ohne verhaltensbiologische Begründung.

Nach der Vorstellung vielfältiger Beispiele für Lust durch Leistung widmen wir uns – logischerweise – dem Problem der Vermittlung dieses Prinzips. Im vorliegenden Buch beschränken wir uns auf die Arbeitswelt. Aufgrund der verhaltensbiologisch beantwortbaren Fragen nach dem »Wie« des Forderns lassen sich Strategien für solche Forderungen erstellen, seien es Forderungen an sich selbst oder an Mitarbeiter. Auf diese Weise ergibt sich eine verhaltensbiologisch fundierte Mitarbeiterführung. Auch für diesen Teil des Buches liegt aufgrund unserer Berufserfahrung im Bereich Führungsfortbildung eine Reihe eigener Beispiele vor.

Die Ausführungen zum Thema Führen durch Fordern bedürfen einer weiteren Ergänzung: Ermittlung und Erwerb von Führungskompetenz. Dabei geht diese Thematik über das Führen durch Fordern hinaus. Die Führungsaufgaben beziehen sich ja nicht nur auf die Motivation von

Mitarbeitern, die Erzeugung von Lust durch Leistung, sie beziehen sich auch auf die Herstellung und Aufrechterhaltung der Gesamtfitneß, die zielgerichtete Koordination des gemeinsamen Handelns und die Übernahme gesellschaftlicher Verantwortung. Es stellt sich die Frage, wer überhaupt geeignet ist, derart schwierige und vielfältige Aufgaben zu bewältigen, welche Kompetenzen erforderlich sind und wie sich angehende Führungskräfte diese aneignen können.

Abschließend zeigen wir noch einige Perspektiven gesellschaftlicher Führungsaufgaben auf: Abbau von Ängsten, Ritualisierung der Aggression, Herstellung gemeinsamen Handelns. In einer globalisierten Welt werden diese Aufgaben immer dringlicher. Außerdem eröffnen sich hier neue Herausforderungen für Führungskräfte, neue Flow-Erlebnisse.

I. Der befreite Mensch – auf der Suche nach Glück

1. Befreit, aber ratlos

Selbstbestimmung: die höchste Stufe der Evolution

Vor kurzem erschienen zwei Wochenzeitschriften mit den Titelthemen »Sexuelle Intelligenz« bzw. »Die Chemie der Lust«. In der einen ging es mehr um die Frage des intelligenten Umgangs mit Sexualität – »lieben Sie klug!« –, in der anderen um neue Wirkstoffe zur Steigerung sexueller Potenz. Die Thematik liegt durchaus im Trend: Sexuelle Lust, genauer sexueller Lustgewinn ist nicht länger tabu, im Gegenteil, man redet offen darüber und vor allem öffentlich. Im Fernsehen werden Themen wie »Sex oder Liebe«, »Leidenschaft oder Partnerschaft« von allen Seiten beleuchtet und diskutiert. Dabei fehlen Fragen nach unheilvollen oder segensreichen Folgen eines Seitensprungs ebensowenig wie Quizfragen über die Beschaffenheit von Geschlechtsorganen. Die sexuellen Tabus sind in unserer Gesellschaft überraschend schnell gefallen. Man kann sich unbeschadet, ja, vorteilhaft zur Homosexualität bekennen, man kann sich in Swingerclubs amüsieren, kann sich jede Art von Pornos ins Haus holen. Das Angebot ist riesig.

Tatsächlich sind die Tabus nicht nur im Bereich der Sexualität gefallen. Unsere aufgeklärte, liberale, demokratische Wohlstandsgesellschaft hat die Fesseln alter Ideologien abgeworfen – religiöser, politischer, moralischer. Sie ist eine Gesellschaft mündiger Individuen. Dem entspricht es auch, daß das Grundgesetz mit der Würde des Menschen beginnt, und diese besteht, so sieht es der Evolutionsbiologe, in der Entscheidungsfreiheit. Wir können selbst entscheiden, was wir essen, wen wir lieben, was wir glauben. Das Rangstreben wird nicht mehr durch »Stände« verhindert, das Aufsteigen ist legitim, die Konkurrenz erlaubt. Neugier ist nicht länger eine Sünde – »sei nicht so neugierig!« – wir dürfen, ja, wir sollen neugierig sein, wir sollen Herausforderungen aufsuchen und bewältigen.

Wir begrüßen diese Entwicklung. Wir begrüßen es, daß der Mensch in unserer liberalen Gesellschaft nicht länger durch starre Dogmen und durch eine lustfeindliche Moral gegängelt wird. Der verheerende Fehler der sogenannten großen Ideologien bestand und besteht doch darin, utopische Vorstellungen von Mensch und Gesellschaft in ein System von Normen und Gesetzen zu pressen und dann zu verlangen, daß der reale Mensch sich diesem System anpaßt. Das gilt nicht nur für religiöse Systeme. Nehmen wir als Beispiel die ständische Gesellschaft des Mittelalters! Wieviel Leid und Verzweiflung hat dieses starre System verursacht! Ähnliches gilt für die sozialistische Utopie der Gleichheit, die noch immer in einigen Köpfen herumspukt. Doch die evolutionären Programme lassen sich nicht dauerhaft vergewaltigen. Das Normensystem einer Gesellschaft kann sich nicht auf Dauer gegen die Natur des Menschen richten. Es ist falsch und unmenschlich im wörtlichen Sinne, die Menschen zu zwingen, gegen ihre evolutionären Programme zu handeln, gegen ihre Bedürfnisse nach sexueller Lust, gegen ihr Rangstreben, gegen ihre Neugier und Abenteuerlust.

Wir begrüßen die Befreiung von diesen Zwängen. Wir schätzen die mühsam errungenen Werte der Selbstbestimmung, der Selbstverantwortung, der Selbstverwirklichung oder, wie man heute sagt, des Selbstmanagements. Tatsächlich hat der Mensch in unserer heutigen Gesellschaft ein hohes Maß an Freiheit, an Entscheidungsfreiheit und Handlungsfreiheit gewonnen. Das entspricht unserer evolutionären Menschwerdung: der Fähigkeit der Reflexion, der Fähigkeit, sich selbst zu erkennen und in eigener Verantwortung zu handeln. Die Befreiung des Menschen von aufgezwungenen oder gar unmenschlichen ideologischen Systemen gilt auch für die Arbeitswelt. Der Mitarbeiter wird nicht länger als gut zu funktionierende Maschine angesehen, man erwartet vielmehr den selbständigen, eigenverantwortlichen, kooperativen oder sogar kreativen Mitarbeiter, der sich gerne mit seinem Team oder seiner Firma identifiziert.

Die Befreiung von dogmatischen Ideologien und Systemen und die Verwirklichung der Selbstbestimmung und Menschenrechte sind keineswegs selbstverständlich. Tatsächlich gibt es auf unserer Welt noch immer viel Leid, viel Kummer und Unglück durch ideologisch oder religiös bedingte dogmatische Gesetze. Man denke etwa an das Kastenwesen. In Indien wurde erst vor kurzem ein junger Mann, der es gewagt hatte, ein Mädchen aus einer höheren Kaste zu begehren, von der eigenen Familie erschlagen. In einem ähnlichen Fall wurde »zur Strafe« die Schwester vergewaltigt. Oder man denke an die noch immer weitverbreitete sexuelle Verstümmelung von Frauen. Erst in neuester Zeit versucht man durch Aufklärung dieses unmenschliche Ritual zu unterbinden. »Menschlichkeit«, schreibt der Dalai Lama, »wird bedauerlicherweise allzu oft für das Aufrechterhalten von Ideologien geopfert.«

Bei den angeführten Beispielen handelt es sich im wesentlichen um religiös oder moralisch bedingte Bevormundungen und politische Diktaturen. Es gibt aber auch andere Arten von Bevormundung, beispielsweise die auch bei uns verbreitete Staatsgläubigkeit. Sie äußert sich politisch in Investitionslenkung (statt Wettbewerb), Umverteilung (statt Leistungsanreiz), Gängelung (statt Eigenverantwortung), Staatswirtschaft (statt Unternehmertum). Begründet wird die Bevormundung mit der Behauptung, nur ein starker Staat könne die Menschen schützen und ihnen Sicherheit verleihen. Nun ist Sicherheit gewiß notwendig. Aber sie ist nur dann produktiv, wenn sie zu neuen Initiativen führt. Nur eine solche Sicherheit entspricht der Evolution. Sicherheit ohne Explorationsmöglichkeiten führt zu Stagnation und Langeweile, zu Frustration und wirtschaftlichem Niedergang. Produktive Sicherheit heißt demgegenüber Rechtsstaat, Planbarkeit, Leistungsfreundlichkeit, kalkulierbares Risiko, Zukunftsperspektiven.

Allerdings ist das kostbare Gut der Selbstbestimmung nicht nur durch alte oder neue Ideologien gefährdet, es bringt offenbar selbst schwierige Probleme mit sich. Man denke an falsche Ernährung, an Bewegungsmangel, an Streß, Angst, Depressionen, Sucht etc. Es ist offensichtlich gar nicht so einfach, mit der gewonnenen Freiheit vernünftig umzugehen. Wie kommt das? Was macht der befreite Mensch falsch?

Luststreben und Fehlverhalten

Um herauszubekommen, was der selbstbestimmte Mensch falsch macht, muß man zunächst einmal festhalten, was er überhaupt macht. Die Antwort ist nicht schwierig: Er tut das, was er immer schon wollte, was ihm aber immer wieder durch moralische Systeme und politische Diktaturen verwehrt wurde. Er strebt nach Lust und flieht die Unlust. Hier liegt doch ganz klar das letzte Motiv des Menschen: Er will gut essen und Hunger vermeiden, er will sexuelle Befriedigung und keine Enthaltsamkeit, er will Sieger sein und nicht Verlierer, er will Abenteuer erleben und sich nicht langweilen, er will Bindung und nicht alleine sein. Wodurch läßt sich denn der Mensch locken? – durch gutes Essen, durch sexuelle Reize, durch Aussicht auf Erfolg, durch neue Reize, durch Aussicht auf Bindung etc. Schon Epikur hat dies klar erkannt: »Darum nennen wir auch die Lust Anfang und Ende des seligen Lebens. Denn sie haben wir als das erste und angeborene Gut erkannt, von ihr aus beginnen wir mit allem Wählen und Meiden, auf sie greifen wir zurück, indem wir mit der Empfindung als Maßstab jedes Gut beurteilen.« Man kann auch so sagen: Der befreite Mensch, insbesondere in der Wohlstandsgesellschaft, möchte genau das, was sich früher nur die Könige leisten konnten: Er will königlich speisen, sich königlich amüsieren, Macht genießen, Sex erleben.

Tatsächlich macht aber der Mensch bei seinem Streben nach Lust und der Vermeidung von Unlust entscheidende Fehler: So vermeidet er die Anstrengung der Bewegung und leidet dann unter Bewegungsmangel mit allen Konsequenzen: Herz- und Kreislaufkrankheiten, Fettleibigkeit, Rückenprobleme. Die Folgen eines guten Essens bei gleichzeitigem Bewegungsmangel können wir jeden Tag beobachten – an uns selbst oder anderen. Ein anderes Beispiel ist der Umgang mit sexueller Freiheit. Trotz sexueller Freiheit gibt es viel Enttäuschung, Frustration, Depression. So mancher sucht höchste sexuelle Lust durch ständig wechselnde Partner und leidet dann unter Mangel an Bindung. Die Scheidungsrate hat durch die gewonnene Freiheit nicht abgenommen, im Gegenteil: Die Beziehungskrisen nehmen zu. Viele Menschen bringen offensichtlich Partnerschaft und Leidenschaft nicht unter einen Hut und zerstören beides. Andere suchen höchste Lust durch Macht und Ansehen und erfahren dann Ablehnung, Haß und Isolation. So manche möchten ihr Leben auf

Mallorca genießen und sterben vor Langeweile. Freiheit bedeutet eben auch Unsicherheit. Man muß ja selbst entscheiden und seine Entscheidung auch noch verantworten. Für manche Menschen ist Freiheit gar nicht erstrebenswert, sie fühlen sich unsicher oder bekommen gar Angst. Es ist nicht verwunderlich, wenn sie in einem solchen Zustand den Lockungen der Gurus anheimfallen. Versprechen diese doch Sicherheit, Erfolg, Anerkennung, Bindung, und das auch noch ohne Anstrengung. Nicht umsonst heißt der Lockruf der Verführer: Erfolg – leicht gemacht.

Der Mensch folgt also dem »Lustprinzip«, dem Streben nach Lust und der Vermeidung von Unlust, auch wenn er dies vehement leugnet. Ja, durch die Leugnung kann er sich moralisch noch erheben und auch daraus noch Lust ziehen. Wir schließen uns einer solchen Heuchelei nicht an.

Fragt man nach den Ursachen der zahlreichen Fehler, so liegt die Vermutung nahe, die Ursache der Fehler liege im Luststreben selbst. Deswegen sehen auch viele Menschen die Lösung im Lustverzicht, in der Enthaltsamkeit, in Genügsamkeit oder gar Askese. Wird diese Auffassung als einzig richtige angesehen und religiös erhöht, dann wird das Lustprinzip zum moralischen Vergehen, zur Sünde, zum Teufelswerk. Nun trifft es sicher zu, daß der Verzicht auf Lust auch keine Enttäuschung aufkommen läßt, daß er so manches Fehlverhalten tatsächlich verhindert. Aber bedeutet der Lustverzicht nicht selbst ein lustloses Leben, ein Defizit an Lebensqualität? Tatsächlich entspricht die Verzichtsideologie nicht unserer Natur: Der Mensch hat nämlich – wie wir gleich zeigen werden – ein evolutionäres Lustprogramm. Die Lust hat sich als evolutionärer Vorteil erwiesen, sie zu unterdrücken bedeutet einen gravierenden Eingriff in die Natur mit verheerenden Konsequenzen. Nein, der Lustverzicht ist kein Weg zu Glück und

Lebensfreude, und er ist auch in keiner Weise gerechtfertigt: Das Streben nach Lust ist ja nicht zwangsläufig mit Fehlverhalten verbunden. Es gibt durchaus Lust ohne Reue.

Die Tatsache, daß man lustvoll essen möchte, erklärt nicht zwangsläufig die weitverbreitete Fettleibigkeit und deren Folgen. Die Tatsache, daß man sexuelle Lust genießen möchte, erklärt nicht zwangsläufig die hohe Scheidungsrate. Die Tatsache, daß man nach Rang und Anerkennung strebt, bedeutet nicht zwangsläufig Streß und Isolation. Die Tatsache, daß man die Lust des Risikos aufsucht, heißt nicht zwangsläufig, daß man ins Unglück rennt. Nein, es ist nicht das Luststreben als solches, das zu vielfältigem Fehlverhalten führt, es sind die falschen Wege, das Nichtbeachten verhaltensbiologischer Fakten und Zusammenhänge. Wir können hier dem Dalai Lama nicht folgen, wenn er schreibt: »Falls gutes Essen und Trinken beispielsweise wirklich nur angenehm wären – falls sie von ihrer inneren Beschaffenheit her Genuß und Freude wären –, dann würden wir in gleichem Maße glücklicher und glücklicher werden, je mehr wir essen und trinken. Statt dessen beginnen wir, an Körper und Seele zu leiden, wenn wir uns übermäßig dem Genuß von Essen und Trinken hingeben. Das ist ein Hinweis darauf, daß diese Erlebnisse von Genuß und Freude die Natur von Schmerz haben.« Im Grunde sagt der Dalai Lama doch selbst, daß es nicht die Lust ist, die zum Leid führt, sondern das »Übermaß«, also der falsche Umgang mit einem evolutionären Programm.

Gewiß, wenn Bewegung mit Unlust verbunden ist, geht man ihr nur allzu gerne aus dem Wege. Wenn sie aber Lust bereitet – beim Tanz, beim Klettern, beim Mannschaftssport, also mit Sex verbunden ist, mit Flow oder Bindung –, dann erfüllt man das evolutionäre Bewegungsprogramm sehr wohl. Man kann auch lustvoll speisen, ohne die Natur zu vergewaltigen, man kann Siege erringen, ohne Gewalt anzuwenden, man kann Unsicherheit und Angst vermeiden, ohne sich in die Hände irgendwelcher Sekten zu begeben. Sicher besteht die Gefahr, daß das Streben nach immer mehr Lust zu Fehlverhalten führt, zu immer mehr Unlust bis hin zur Selbstzerstörung wie etwa beim Drogenkonsum, aber das muß nicht so sein, man kann mit der gewonnenen Freiheit durchaus vernünftig umgehen, wenn man die Bedingungen kennt, unter denen Entscheidungen getroffen werden.

2. Das Luststreben – ein evolutionäres Programm

Triebe: die Quellen der Lust

Wir haben – wenn auch erst vorläufig – folgende Erkenntnis gewonnen: Der Mensch besitzt ein natürliches Luststreben, dessen Unterdrückung katastrophale Folgen nach sich zieht. Andererseits kann die Verwirklichung des Luststrebens zu gravierendem Fehlverhalten führen, nämlich dann, wenn man die Quellen dieses Strebens, die Triebe, nicht kennt oder falsch mit ihnen umgeht. Im folgenden wollen wir diese Erkenntnis weiter untermauern und werfen zu diesem Zweck einen ersten Blick auf die Quellen der Lust, die Triebe.

Obwohl im Grunde niemand bezweifelt, daß auch der Mensch Triebe hat – man spricht vom Nahrungstrieb, vom Sexualtrieb, vom Neugiertrieb, gelegentlich auch vom Aggressionstrieb –, liegt ein merkwürdiges Tabu über dem Wort Trieb. In hochgeistigen Kreisen, in geistlichen und geisteswissenschaftlichen, redet man, wenn überhaupt, von »niederen Trieben«. Je erhabener der Geist, um so niederer der Trieb. Auch die Bezeichnung »Triebtäter« ist nicht gerade geeignet, »Triebe« salonfähig zu machen. Dazu kommt, daß die meisten Menschen beim Wort Trieb vorwiegend oder gar ausschließlich an den Sexualtrieb denken. Kurz und gut: Unsere Triebe stehen auf der untersten Stufe, sie sind unerwünscht wie mißliebige Verwandte, sie stören unser Selbstverständnis als Kultur- und Geistwesen.

Auch viele Wissenschaftler, insbesondere Psychologen, distanzieren sich vom Triebbegriff. Sie verbannen den Begriff als »unwissenschaftlich« aus ihrem Vokabular, es sei denn, er wird als »Antrieb« getarnt. Woher kommt diese Einstellung? Wie kommt es zu diesem merkwürdigen Tabu?

Wir meinen, es sind zwei Gründe, die für diese Einstellung verantwortlich sind: die Überheblichkeit des Menschen und unsere lustfeindliche Tradition. Tatsächlich weisen die Triebe in geradezu unverschämter Weise auf unsere Verwandtschaft mit den Tieren hin. Das gilt insbesondere für den Sexualtrieb. Machen »es« die Tiere nicht ebenso wie wir? Das ist schon peinlich, aber offenbar auch faszinierend. Das Menschengedränge vor dem Affenkäfig entspringt nicht nur wissenschaftlichem Interesse. Der zweite Grund liegt in unserer gesellschaftlichen, religiösen und ideologischen Tradition. Noch heute gibt es Gesetze, nach denen »sexueller Lustgewinn« bestraft werden kann. Nur wenn es um die Besteuerung geht, wird auch ein »schmutziges« Gewerbe geduldet.

Wir wollen hier nicht ins Detail gehen, wir wollen nur darauf hinweisen, wie belastet der Begriff Trieb noch immer ist. Dabei liegen die wahren Motive des Menschen in eben diesen Trieben, genauer: in der Lust der Triebbefriedigung, noch genauer: in der permanenten Steigerung dieser Lust. Um das zu zeigen, sei zunächst in groben Zügen beschrieben, was ein Trieb ist, wie er funktioniert und welchen evolutionären Sinn die Triebe haben.

Eine Triebhandlung, z. B. Nahrungsaufnahme oder sexuelles Verhalten, wird aus zwei Quellen gespeist: den äußeren Reizen, z. B. Nahrungsreize oder sexuelle Reize, und der inneren Triebstärke. Zentral ist die Erkenntnis, daß Tier und Mensch nicht nur auf äußere Reize reagieren, sondern auch spontan ansteigende Triebpotentiale und damit unterschiedliche Handlungsbereitschaften besitzen. Diese Spontaneität, dieser hochkommende Drang wird zu wenig beachtet oder überhaupt ignoriert. Das hängt sicher damit zusammen, daß man der wachsenden Triebstärke ausgeliefert ist, man kann sie nicht beeinflussen.

Es gibt also nicht nur mehr oder weniger hohe Reize, es gibt auch mehr oder weniger hohe Triebstärken. Zu einer Triebhandlung kommt es dann, wenn die Triebstärke hoch ist – dann genügen auch niedrige Reize – oder wenn der Reiz hoch ist, dann genügt eine niedrige Triebstärke. Dies gilt auch für den Menschen. Prüfen wir uns doch selbst! Wenn wir sehr hungrig sind, freuen wir uns über ein Stück trockenen Brotes, wenn wir aber gut gegessen haben und – der Lust wegen – noch weiteressen wollen, brauchen wir etwas besonders Leckeres. Und dies gilt nicht nur für den Nahrungstrieb. Selbstverständlich erfolgt eine Triebhandlung auch dann, wenn beide Quantitäten hoch sind: Reizstärke und Triebstärke. Es handelt sich hier um das »Gesetz der doppelten Quantifizierung«.

Fehlt der auslösende Reiz, wird er aktiv, unter Umständen mit viel Anstrengung, aufgesucht: Tier und Mensch suchen nach Nahrung, und zwar um so intensiver, je größer der Hunger ist; sie suchen nach einem Sexualpartner, wenn die Triebstärke den auslösenden Reiz erforderlich macht. In der Verhaltensbiologie wird dieses aktive und anstrengende Aufsuchen von Reizen als Appetenzverhalten bezeichnet. Konrad Lorenz nennt das Appetenzverhalten »ein urgewaltiges Streben, jene auslösende Umweltsituation herbeizuführen, in der sich ein gestauter Instinkt entladen kann«. Mit welch gewaltiger Anstrengung auch wir Menschen nach auslösenden Reizen suchen, beispielsweise Nahrungsreizen oder sexuellen Reizen, weiß jeder, der diese lange entbehren mußte.

Das Appetenzverhalten macht den evolutionären Sinn der Triebe besonders deutlich: Mit Trieben ausgestattete Lebewesen finden sich nicht mit einer vorliegenden Mangelsituation ab, sondern suchen eine günstigere Umwelt auf. Liegt keine Nahrung vor, wird sie aktiv aufgesucht, ist kein Sexualpartner vorhanden, wird er aktiv aufgesucht. In den Trieben liegen die Motive, die Beweggründe für Tier und Mensch.

Aber was treibt eigentlich an? Wie funktioniert das Getriebensein? Es funktioniert nach einem »genialen« Prinzip: Unbefriedigte Triebe werden mit Unlust erlebt, die Befriedigung der Triebe mit hoher Lust. Dieses Lustprinzip – Vermeidung von Unlust, Streben nach Lust – ist der eigentliche Motor, es überwindet die größten Anstrengungen und Gefahren.

Sexuelle Lust brauchen wir nicht zu beschreiben. Die klügsten Köpfe der Menschheit, Dichter, Philosophen, Wissenschaftler, haben diese Lust beschrieben und zu ergründen versucht. Sexuelle Lust ist für viele Menschen – wahrscheinlich für alle – die höchste Lust schlechthin. Der Mensch nimmt nahezu jede Anstrengung, jede Entbehrung, jede Gefahr auf sich, um sexuelle Lust zu erleben, zu wiederholen, zu sichern. Mangelnde sexuelle Triebbefriedigung bedeutet Unlust in höchstem Maße, sie führt zu Depression oder Aggression, zu Lethargie und anderen physischen und psychischen Krankheiten.

Betrachten wir den Neugiertrieb! Ist es nicht ungeheuer

lustvoll, neue Informationen zu erhalten, neue Erkenntnisse zu gewinnen, neue Menschen kennenzulernen, neue Länder? Welche Anstrengungen wurden und werden unternommen, um die Erde zu erforschen, Erfindungen zu machen, Abenteuer zu erleben? Unbefriedigte Neugier bedeutet lähmende Unlust. Man wird von Langeweile gequält, die aufgestaute Gier macht einen rasend aggressiv oder depressiv. Ja, auch langfristig unbefriedigte Neugier führt zu psychischen und physischen Krankheiten.

Kann nicht auch Aggression außerordentlich lustvoll sein? Aggression besteht ja nicht nur in der Herabsetzung oder Schädigung anderer, Aggression ist das Streben nach Sieg, nach Rang und Anerkennung. Welche Anstrengungen werden unternommen, um im Sport zu siegen, und wie überschäumend ist die Lust des Siegers, wie genießt er Anerkennung und Bewunderung der Fans und der Massen! Der unbefriedigte Aggressionstrieb erzeugt nagende Unlust. Der Verlierer im Sport ist frustriert, der nicht beförderte Mitarbeiter, der nicht mehr gewählte Politiker – und natürlich auch derjenige, der unter Gewalt zu leiden hat.

Daß die Triebbefriedigung mit Lust verbunden ist, hat jeder schon erlebt. Daß auch Tiere schon solche Lusterlebnisse empfinden, zumindest höhere Tiere, insbesondere Affen, ist nach allen Beobachtungen zu urteilen, höchst wahrscheinlich. Man sehe sich einmal die Gesichter kopulierender Bonobos an! Der Mensch nimmt allerdings eine Sonderstellung ein: Er ist sich durch seine Reflexionsfähigkeit nicht nur seiner Lust bewußt, er kann sie auch mit immer höheren Reizen steigern.

Vom Lustempfinden zur Lustmaximierung

Die Frage nach der Entstehung von Lust läßt sich durch die Evolution beantworten. Schließlich ist die Lust so alt wie die Menschheit, ja, sie ist – bezieht man die Tiere ein – mit Sicherheit noch wesentlich älter, sie gehört zur »Erfindung« der Triebe schlechthin. Sie ist eine Mutation mit Selektionsvorteil. Tatsächlich überleben ja nur solche Mutationen, die einen Vorteil mit sich bringen. Der Selektionsvorteil der Lust liegt auf der Hand: Er liegt darin, daß die Tiere bessere Situationen aufsuchen, wertvollere Nahrung, begehrenswertere Partner. »Die Peitsche der Unlust und der Köder der Lust«, wie Konrad Lorenz sagt, sorgen ursprünglich für verbesserte Lebens- und Fortpflanzungschancen. Der Lustgewinn bei Tieren hält sich allerdings in Grenzen, da die Natur nur selten üppige Reize anbietet. Gerade deswegen hat sich ja die Lustempfindung zum Selektionsvorteil entwickelt.

Im Lustempfinden steckt das Urmotiv für Appetenzverhalten und Triebhandlung. Warum besteigt der Stier die Kuh? Hat er die Absicht, seine Gene fortzupflanzen? Nein, er denkt nicht daran. Er will die Lust des Geschlechtsaktes erleben. Die Fortpflanzung ist nicht Absicht, sondern Folge! Diejenigen Tiere, die beim Sexualakt Lust empfinden, die ihn also möglichst häufig vollziehen, pflanzen sich auch am meisten fort. Die Verbreitung der Gene ist eine zwangsläufige Folge. So einfach ist das.

Natürlich gilt die Tatsache, daß die wahren Motive des Menschen in seinem Luststreben liegen, nicht erst für den heutigen Menschen. Das Lustempfinden ist ein überaus erfolgreiches evolutionäres Programm. Allerdings konnten im Laufe der Geschichte viele Menschen diese Lust nicht ausleben, sie wurde von Religionen, Ideologien und Herrschaftssystemen systematisch unterdrückt. Das ist kein

Zufall. Jede Diktatur unterdrückt die Lust – bestehe sie in delikater Nahrung, extravagantem Sex, selbsterrungener Rangerhöhung oder anderem – und zwar aus einem sehr einfachen Grund: Mit dem Gewähren von Lust kann man den Menschen trefflich steuern. Wie dankbar und zu allem bereit sind hungernde Menschen, wenn sie Nahrung bekommen, wie dankbar und zu allem bereit sind Menschen, denen man einen höheren Rang verspricht oder verleiht, und sei es nur ein ideeller als »Auserwählter« oder »Herrenmensch«.

Tatsächlich ist die Steuerung durch Lustvergabe ein weiterer Beweis für die Lust als wahres Motiv menschlichen Handelns. Lustvergabe ist der Köder der Diktatoren. Menschen, die alle Möglichkeiten der Triebbefriedigung haben, die ihre Lust in eigener Regie steigern können, sind nicht mehr steuerbar. Womit auch?

Lorenz hat in seinem erkenntnistheoretischen Werk »Die Rückseite des Spiegels« darauf hingewiesen, daß sich unsere Erkenntniskategorien, z. B. das logische Denken, durch Mutation und Selektion der Wirklichkeit angepaßt haben. Es handelt sich um evolutionäre Erkenntnisprogramme, mit denen wir an die Welt herangehen, sie sind uns, wie Kant sagen würde, »a priori« mitgegeben. Ist es mit den Trieben nicht genauso? Auch die Triebe sind evolutionäre Programme, die uns »von vornherein« mitgegeben sind. Wir können die Welt und uns selbst gar nicht anders erleben als durch unser Triebsystem. Die mit den Trieben verbundene Lust gehört zu unserer evolutionären Ausstattung.

Der Mensch erlebt die Lust der Triebbefriedigung ganz bewußt, sie ist das höchste der Gefühle. Insofern ist es ganz selbstverständlich, daß er danach strebt, die Lust möglichst schnell und möglichst oft zu empfinden und womöglich noch zu steigern. Zu diesem Zwecke sucht er nicht nur immer neue und immer höhere Reize auf, er stellt sogar künstlich welche her. Er macht die Lust zum Ziel.

Für die Fähigkeit, Lust zu steigern, bedarf es der Wahrnehmung unterschiedlicher Intensität von Lustempfindungen. Tatsächlich haben schon Tiere, insbesondere natürlich Primaten, diese Fähigkeit. Auch sie wählen schon »das beste Stück« aus, und das nicht nur bei der Nahrung.

Der Mensch hat nicht nur die Fähigkeit der Luststeigerung durch Auswahl, er kann darüber hinaus die Lust durch kombinierte oder künstliche Reize erhöhen, er kann »menschlich« mit der Lust umgehen. Alles spricht dafür, daß dieser Umgang im Versuch besteht, das Lustempfinden zu maximieren.

3. Fehlverhalten – falscher Umgang mit evolutionären Programmen

Beispiele für Fehlverhalten

Kommen wir zurück zu unserer aufgeklärten, liberalen und demokratischen Wohlstandsgesellschaft. Sie hat die Fesseln alter Ideologien abgeworfen, sie ist eine Gesellschaft mündiger, selbstbestimmter und selbstverantwortlicher Individuen. Jeder kann versuchen, seine Lust zu steigern. Denn das ist es, was der Mensch mit seiner Freiheit anfängt, auch wenn er es leugnet, wenn er Selbstlosigkeit vorschiebt, das Wohl der Gemeinschaft, die Erfüllung moralischer Pflichten etc. Jeder kann im Rahmen notwendiger – nicht ideologischer! – moralischer und gesetzlicher Regelungen seine Triebe befriedigen und seine Lust steigern. Wir begrüßen die gewonnene Freiheit im Umgang mit den Trieben, dem Streben nach Lust, wir begrüßen auch die zunehmende Ehrlichkeit und Offenheit bezüglich der wahren Motive des Menschen. Aber warum gehen so viele Menschen unvernünftig mit ihrem Luststreben um? Warum schädigen sie sich selbst, die Gesellschaft, die Umwelt?

Nehmen wir als Beispiel die Verwöhnung! Unter Verwöhnung verstehen wir die Steigerung von Lust durch immer höhere Reize unter Vermeidung von Anstrengung, kurz: Lust ohne Anstrengung. Tatsächlich sind wir, evolutionär gesehen, eine verwöhnte Gesellschaft. Wir können Reize steigern und Anstrengung vermeiden. Aber wir sind nicht die Erfinder der Verwöhnung. Die Erfindung der Verwöhnung geht sehr weit zurück. Sie geht zurück bis zu der uralten Vorstellung des Schlaraffenlandes. Der Traum vom Schlaraffenland ist hochinteressant: Der Mensch war offenbar schon immer des Glaubens, das Glück liege darin, alles zu haben und nichts zu tun. Freilich: Der Urmensch konnte sich nicht verwöhnen, er hatte ein hartes Leben als Jäger und Sammler. Bauern im Mittelalter oder Handwerker konnten sich nicht verwöhnen, auch sie hatten ein hartes Leben. Früher konnten sich nur wenige Menschen verwöhnen. Die Könige, die Fürsten, die Reichen haben sich auch früher schon verwöhnt. Heute haben wir eine Wohlstandsgesellschaft, heute haben wir eine Massengesellschaft, und deswegen tritt Verwöhnung massenhaft auf. Verwöhnung hat aber schlimme Konsequenzen. Verwöhnung führt zu Krankheiten, man denke an Bewegungsmangel oder falsche Ernährung, Verwöhnung führt zu »aggressiver Langeweile«, Verwöhnung führt zu Drogenkonsum. Ja, die Droge ist Lust ohne Anstrengung. Sie ist der Gipfel an Verwöhnung. Der Zusammenhang ist an anderer Stelle ausführlich dargestellt (v. Cube 1986, 2003). Hier sei nur festgestellt: Der Versuch, die Lust durch Verwöhnung zu steigern, führt letztlich in die Katastrophe – für jeden einzelnen und für die Gesellschaft.

Ein anderes Beispiel mißlungener Luststeigerung ist das Imponierverhalten. Darunter verstehen wir die Heraufsetzung der eigenen Person mit der Absicht, andere zu beeindrucken und dadurch Lust zu gewinnen. Wir verdeutlichen dies am Beispiel des Ordensträgers. Wenn jemandem ein Orden verliehen wird für besondere Verdienste um die Menschheit, so handelt es sich um eine besondere Form von Anerkennung. Wenn aber der Ordensträger seinen Orden bei jeder Gelegenheit am Revers oder am Pullover zur Schau stellt, so erhebt er sich über völlig Unbeteiligte und versetzt sie in einen untergeordneten Rang. Wir erleben es immer wieder, wie sich bei festlichen oder weniger festlichen Veranstaltungen solche Ordensträger Aggressionslust verschaffen. Ähnliches gilt auch für Titel.

Gewiß gibt es mehr oder weniger harmlose Formen des Imponierverhaltens, z. B. durch exklusive Kleidung oder teure Autos, es gibt aber auch äußerst gefährliche Formen. So hat das Imponierverhalten von Diktatoren und deren Helfern unsagbares Unglück über die Menschen gebracht. An dieser Stelle geht es uns um etwas Alltägliches. Es geht uns um die Feststellung, daß diese Art von Aggressionslust zur Erniedrigung anderer führt, also zu weiterer Aggression, vor allem aber zum Verlust an Bindung.

Ein weitverbreiteter Triebkonflikt besteht zwischen Sexualität und Bindung. Gerade in letzter Zeit wird dieses Thema in der Literatur und im Fernsehen leidenschaftlich diskutiert. So gibt man in unserer von Lusttabus befreiten Gesellschaft zu, daß in längeren Partnerschaften der sexuelle Reiz nachläßt oder ganz verlorengeht, während die Bindung durchaus bestehen bleiben kann. Soll man nun in einer solchen Situation sexuelle Lust bei anderen »Sexualobjekten« suchen? Verliert man damit nicht auch die Bindung zum Partner? Kann man sexuelle Reize innerhalb der Partnerschaft zu neuem Leben erwecken? Ist Eifersucht für eine Beziehung erforderlich oder schädlich? Man sieht: Es ist nicht leicht, Lust insgesamt zu optimieren. Viele Versuche jedenfalls, sich ein Maximum an Lust zu verschaffen, scheitern über kurz oder lang.

Der ausgiebige oder gar einseitige Lustgewinn aus einem Trieb zieht häufig den Lustverlust aus anderen Trieben nach sich. So führt bekanntlich das intensive Streben nach Rang oder Macht zur Vernachlässigung von Bindung an Familie und Freunde. Aber auch die Suche nach dem ultimativen »Kick« kann Bindung zerstören. Wir sehen hier ein neues Phänomen, ein aufregendes und interessantes: Die Befreiung des Menschen vom Tabu des Lustgewinns führt zu Versuchen, die Lust zu maximieren. Dabei greift der Mensch in sein vernetztes Triebsystem ein und erzeugt – wie dies von anderen Eingriffen des Menschen in natürliche Systeme ja schon bekannt ist – verhängnisvolle Turbulenzen, ja, er erreicht oft das Gegenteil des Gewünschten: die Vermehrung von Unlust, die Schädigung seiner selbst und anderer.

Damit kommt eine neue Dramatik zum Ausdruck: Nicht mehr vorgegebene Stände oder sexuelle Verbote führen zu dramatischen Verwicklungen – es sind die ignoranten, die naiven, unvernünftigen, radikalen Eingriffe in unser komplexes Triebsystem. Muß das so sein? Kann der Mensch seine Lust nicht doch optimieren? Wir werden darauf eingehen, zuvor betrachten wir aber noch ein besonders schlimmes Fehlverhalten.

Falscher Umgang mit der Angst

Vor kurzem sagte ein Psychologe, man müsse angesichts zunehmender Unsicherheit – unsicherer Arbeitsplatz, neue Techniken, Umstrukturierungen, Fusionen, Globalisierung usw. – lernen, »mit Unsicherheit zu leben«. Nun war der Mensch zwar schon immer mit Unsicherheit konfrontiert, auch der Urmensch war seines Lebens nicht sicher, aber er war immer bestrebt, aus Unsicherheit Sicherheit zu machen. Neue Reviere zu erkunden oder zu erobern war mit Unsicherheit verbunden, aber man wollte sie sich ja schließlich »einverleiben«. Neue Techniken zu erfinden und einzusetzen, man denke etwa an Flugtechnik oder Atomtechnik, war und ist mit Unsicherheit verbunden, aber man will sie ja schließlich beherrschen, im Griff haben, sicher machen. Auch eine Eheschließung ist mit Unsicherheit behaftet – Entfremdung, Seitensprünge etc. –, deswegen schwört man sich ja unbedingte Treue, lebenslange Sicherheit.

Nun sind wir in unserer schnellebigen Zeit, in unserer sich permanent verändernden Welt zweifellos mit einem besonders hohen Maß an Unsicherheit konfrontiert, und es ist gewiß nicht einfach, unter diesen Umständen dem Trieb nach Sicherheit gerecht zu werden. Es ist daher eine geniale Idee, nicht die Umstände zu ändern, sondern den Menschen! Er soll lernen, mit Unsicherheit zu leben. Die Idee ist genial, aber leider falsch. Die evolutionären Programme des Menschen lassen sich nicht ändern, weder sein Bewegungsprogramm noch sein Aggressionsprogramm oder sein Sicherheitsprogramm. Utopisten haben immer wieder versucht, den Menschen zu ändern, einen »neuen Menschen« hervorzubringen – ein aussichtsloses Unterfangen.

Nein, der Mensch kann nicht mit Unsicherheit leben, er wird stets versuchen, seinen Sicherheitstrieb zu befriedigen, genauso wie seinen Sexualtrieb oder Aggressionstrieb. Mit Unsicherheit zu leben wäre auch evolutionärer Unsinn, denn dann blieben ja Herausforderungen unbewältigt, Probleme ungelöst, Erfindungen im Ansatz stecken.

Um das Thema genauer anzugehen, muß man zunächst zwei Arten von Unsicherheit unterscheiden: Flow und Angst. Der ungarisch-amerikanische Psychologe Csikszentmihalyi beschreibt das »tolle Gefühl« beim Bergsteigen, beim Operieren, beim Forschen, beim Musizieren, beim Problemlösen usw. als ein »Aufgehen in der Tätigkeit«, als Glücksgefühl, als ein Gefühl des Fließens, als »Flow«. Verhaltensbiologisch gesehen handelt es sich um die Verwandlung von Unsicherheit in Sicherheit: Man kann die Felswand durchsteigen, man kann das Problem lösen, die Herausforderung bestehen. Flow ist die Lust des Neugiertriebes oder, wie wir sagen, des Sicherheitstriebes. Ja, es handelt sich um einen Trieb, denn wir suchen die Reize auf. Wir suchen Neues auf, neue Probleme, neue Herausforderungen, neue Länder. »Es ist das Flow-Erlebnis«, schreibt Csikszentmihalyi, »durch das die Evolution uns vorantreibt und weiterlockt.« Genau so ist es. Mensch und Tier werden für die Bewältigung neuer Herausforderungen, für die Verwandlung von Unsicherheit in Sicherheit mit Lust belohnt.

Stößt man auf Unsicherheiten, die man nicht bewältigen kann, erlebt man keinen Flow, sondern Angst. Angst ist die Unsicherheit, der man machtlos ausgeliefert ist, die man nicht bewältigen kann. Deswegen hat man Angst vor dem Verlust eines Arbeitsplatzes, vor Krankheiten, vor Katastrophen, vor dem Tod. Angst entsteht aber auch durch Herausforderungen, die man nicht bewältigen kann oder von denen man zumindest glaubt, sie nicht bewältigen zu können: schwindelerregende Klettertouren, mächtige Konkurrenten, schwierige Prüfungen.

Es erscheint uns sinnvoll, die beiden unterschiedlichen Arten von Angst auch unterschiedlich zu bezeichnen. Wenn man wirklich nichts tun kann, z. B. bei Katastrophen oder Krankheiten, sprechen wir von Existenzangst. Mit dieser Angst scheint der Mensch tatsächlich leben zu müssen – oder versucht er nicht doch sich auch hier noch Sicherheit zu verschaffen?

Die Angst vor schwierigen Herausforderungen nennen wir Aktionsangst. Hier ist der Fall nicht hoffnungslos. Vielleicht kann ich die Wand doch durchsteigen, vielleicht kann ich das Problem doch lösen, die Prüfung doch bestehen?

Kommen wir nun zum Umgang mit Unsicherheit, insbesondere mit Angst! Das Flow-Erlebnis, das bei der Verwandlung von Unsicherheit in Sicherheit auftritt, ist ein wunderbares Gefühl, es ist eine Belohnung für den Gewinn an Sicherheit. Aber wie soll man mit Angst umgehen, mit Existenzangst und Aktionsangst?

Um diese Frage beantworten zu können, muß man sich den evolutionären Sinn von Angst klarmachen. Das Gefühl der Angst ist eine Warnung, eine Warnung vor Gefahren, die man nicht bewältigen kann. So kann man Angst bekommen in einer Steilwand, im Flugzeug, vor Herabsetzungen durch einen Vorgesetzten, vor dem Verlust eines geliebten Menschen, vor Einsamkeit etc. Die Botschaft der Warnung ist klar, sie heißt: Meide die Gefahr, fliehe vor der Gefahr, schütze dich vor ihr, oder versuche sie zu bewältigen. Der evolutionäre Sinn von Angst und ihr Überlebensvorteil besteht also darin, gefährliche Situationen zu vermeiden und nicht mit ihnen zu leben. Dauerhaft mit Angst zu leben oder besser: mit Angst leben zu müssen verstößt gegen ein evolutionäres Verhaltensprogramm. Es ist einer der schlimmsten Fehler, die der Mensch begeht oder zu denen er gezwungen wird. Nicht die kurzfristige Angst vor Gefahren schadet dem Menschen, im Gegenteil, sie warnt ihn und bewahrt ihn vor Schaden. Es ist die dauerhafte Angst, die unnatürliche anti-evolutionäre Angst, die den Menschen lähmt, die ihn kaputtmacht, die »seine Seele auffrißt«.

Kommen wir noch einmal zurück zu unserer Einteilung in Existenzangst und Aktionsangst. Um dauerhafte Existenzangst zu vermeiden, bedarf es einer totalen Sicherheit, beispielsweise der Sicherheit des Glaubens. Der Gläubige kann sich sicher fühlen, er braucht keine Angst zu haben vor der Zukunft, nicht einmal vor dem Tod. Dem Zweifler oder dem Ungläubigen bleibt ein Ausweg. Er muß die Existenzangst verdrängen, er darf nicht oder jedenfalls nicht ständig daran denken, sonst lähmt sie ihn vollständig. Wer sich auf existentielle Angstvorstellungen einläßt, dem geht es wie der klugen Else im gleichnamigen Märchen: Schon die bloße Vorstellung, ein Kind zu bekommen, das tödlich verunglücken könnte, stürzt sie in tiefste Verzweiflung.

Ganz anders verhält es sich mit der Aktionsangst. Wer hier die Angst verdrängt, wer sich hier in Sicherheit wiegt, begeht einen gravierenden Fehler. Ein Motorradfahrer, der an einen Schutzengel glaubt, fährt wie der Teufel. Nein, bezüglich der Aktionsangst gibt es nur die Möglichkeit, die Warnung zu beherzigen und die Gefahr zu meiden oder die gefährliche Situation – eventuell durch zusätzliche Qualifikation – doch noch zu meistern.

4. Die »artgerechte« Gesellschaft – Übereinstimmung mit der Evolution

Körpergerechte Umweltgestaltung: eine gelungene Aufgabe?

Um mit der Freiheit richtig umgehen zu können, bedarf es der Erkenntnisse der Verhaltensbiologie. Die Evolution hat ja nicht nur eine bestimmte Anatomie und Morphologie hervorgebracht, sondern auch bestimmte Verhaltensprogramme (Storch 2001). Der Mensch hat evolutionäre Verhaltensprogramme, und mit diesen kann er vernünftig oder auch unvernünftig umgehen. Nicht umsonst spricht man heute von »emotionaler Intelligenz«: Man kann sich selbst nur richtig steuern, wenn man die festliegenden Programme der Evolution kennt. Allerdings: Auch wenn man sie kennt, kann man ihnen zuwiderhandeln! Das ist nun einmal das Schicksal des Menschen: Er hat die Möglichkeit der Erkenntnis, aber er hat auch Entscheidungsfreiheit. Wir wollen in diesem Buch über die evolutionären Verhaltensprogramme aufklären, über die Fehler, die gemacht werden und über den richtigen Umgang mit den Programmen. Wir wollen aufzeigen, wie die menschliche Lebenswelt gestaltet werden kann, damit sie in Übereinstimmung mit den evolutionären Programmen steht, damit der Mensch tatsächlich im Mittelpunkt steht. Eine wichtige Aufgabe des Menschen, insbesondere der Führungskräfte ist es also, die Lebenswelt entsprechend zu gestalten. Die Chancen hierfür sind gar nicht schlecht, denn wir haben ja ein – einigermaßen – funktionierendes Beispiel vor Augen: die Gestaltung der Umwelt nach den Programmen der Anatomie und Morphologie.

Ein Psychologe sagte einmal im Zusammenhang mit der unendlichen Geschichte »Mann und Frau« die weisen Worte: »Anatomie ist Schicksal«. Dieser Satz trifft nicht nur auf das Geschlecht zu. Die gesamte Anatomie des Menschen, seine Körperformen und Körperfunktionen sind Schicksal im Sinne einer jahrmillionenlangen Evolution. Mit unserem Körper oder besser: in unserem Körper müssen wir leben, an ihm können wir nichts ändern oder zumindest nicht viel. Das ist sicher eine triviale Feststellung. Aber gelegentlich kann auch das anscheinend Selbstverständliche interessant werden, wenn man es in einem neuen Licht betrachtet. Man denke an das berühmte Apfelbeispiel von Newton: Warum fällt der Apfel vom Baum, aber der Mond nicht vom Himmel? So wollen wir im Hinblick auf eine verhaltensgerechte Gesellschaft es wagen, zunächst einige Trivialitäten in neuem Lichte zu sehen und in einen neuen Zusammenhang zu stellen: in die körpergerechte Umweltgestaltung.

»Natürlich« ist unser Körper mit seinen Funktionen und Fähigkeiten einer natürlichen Umwelt angepaßt. Der aufrechte Gang mit den dazugehörigen Beinen und Füßen ist dem Leben in der Savanne angepaßt, dem Leben als Jäger und Sammler. Unsere Hände sind wundervolle Werkzeuge, die uns zu diesem Leben hervorragend befähigen und mit denen wir künstliche Werkzeuge schaffen können. So hat sich denn der Mensch mit Hirn und Hand eine künstliche Welt geschaffen, eine technische Zivilisation. Dabei – und darauf wollen wir den Blick richten – mußte sich die Gestaltung dieser Umwelt selbstverständlich nach den körperlichen Gegebenheiten des Menschen richten. Die gebauten Räume mußten sich an der Größe des Menschen orientieren, insbesondere die Türen. Deshalb müssen sich heute die meisten Menschen kräftig bücken, wenn sie durch eine im Mittelalter gebaute Türe gehen wollen. Besonders deutlich wird die körpergerechte Umweltgestaltung bei den Sitzmöbeln. Hier gibt es zwar eine Vielfalt von Konstruktionen, sie orientieren sich aber – oder sollten sich zumindest orientieren – an Form und Belastung der Wirbelsäule etc. Ähnliches gilt »natürlich« für die Liegen. Ein schönes Beispiel liefert auch die Kleidung: Was gab und gibt es da nicht für praktische oder künstlerische Kreationen! Letztlich muß sich jedoch jede Mode, und sei sie noch so ausgefallen, den körperlichen Beschaffenheiten fügen.

Auch die verschiedenen Körperfunktionen gehören zur

evolutionären Vorgabe der künstlichen Umweltgestaltung: Das Besteck muß nach Form und Größe »handlich« und »mundgerecht« gestaltet sein. Für die Ausscheidung muß an allen Orten gesorgt werden, in der Bahn, im Flugzeug, im Raumschiff. Ja, die Raumfahrt zeigt die Gebundenheit der technischen Umweltgestaltung an die Körperlichkeit des Menschen besonders deutlich: Im Raumschiff muß nicht nur für die notwendige Luftzufuhr gesorgt werden, für angemessene Temperatur, richtige Beleuchtung usw., man muß auch den natürlichen Körperdruck berücksichtigen. So manche Träume von der Besiedlung ferner Planeten platzen wegen der irdischen Evolution des menschlichen Körpers.

Gewiß, der Mensch hat – rein körperlich gesehen – eine erstaunlich weitreichende Anpassungsfähigkeit: Er verträgt eine enorme Beschleunigung, er kann es zu sportlichen oder akrobatischen Höchstleistungen bringen, kann Bewegungen ausführen, die von Natur aus gar nicht vorgesehen sind, wie etwa Rad- oder Skifahren, aber er kann nicht in beliebige Höhen steigen oder in beliebige Tiefen tauchen, er verträgt nicht beliebig große Hitze oder Kälte, Lärm oder Gestank. Er bleibt im Käfig evolutionär gewordener anatomischer und physiologischer Programme. Dieser Käfig ist für die Umweltgestaltung maßgebend. So ganz gelungen ist diese freilich noch immer nicht. Man denke etwa an Trabantenstädte und Massenbehausungen (Lorenz 1973).

Wir haben deswegen auf die körpergerechte Umweltgestaltung hingewiesen, weil der Körper offensichtlich eine feste Größe darstellt, die seit jeher Ausgangspunkt und Angelpunkt jeder Umweltgestaltung war. Dazu bedurfte es keiner evolutionären Erkenntnisse. Ganz anders liegt der Fall bei den evolutionären Verhaltensprogrammen wie Bewegungsprogramme, Triebprogramme, sozietäre Verhaltensprogramme. Sie wurden erst in den letzten Jahren und Jahrzehnten durch die Verhaltensbiologie erforscht und erkannt. Und genau diese Erkenntnis gibt uns erstmalig die Chance, eine verhaltensgerechte Umwelt zu gestalten, das heißt eine Umwelt, die den unveränderbaren Verhaltensprogrammen des Menschen gerecht wird. Da es sich dabei in erster Linie um eine soziale Umwelt handelt, könnte man in Anlehnung an tierisches Verhalten auch von der Gestaltung einer »artgerechten« Gesellschaft sprechen.

Tatsächlich wurde eine artgerechte Haltung auf der Basis verhaltensbiologischer Erkenntnisse erstmals bei Zootieren realisiert. Gewiß, die Grundbedürfnisse der Tiere wurden im Zoo im wesentlichen schon immer befriedigt. Die Tiere leiden weder Hunger noch Durst, sie finden Schutz vor der Unbill des Wetters und vor ihren natürlichen Feinden. Aber erst neuerdings entdeckte man den »Schlaraffenlandeffekt«: Den Tieren fehlen Motivation und Gelegenheiten für Appetenzverhalten, für Kampf, Flucht oder Neugierverhalten. Sie werden krank, aggressiv gegen sich selbst, depressiv, apathisch. Zur artgerechten Haltung gehört eben auch die Erfüllung der evolutionären Verhaltensprogramme!

Bei den Zootieren wird dies inzwischen realisiert. So bekommen die Tiere beispielsweise ihr Futter auf Umwegen. Sie müssen danach suchen, müssen graben, klettern, tauchen, entrinden, Blätter abzupfen usw. Tatsächlich gelangen – neben Nahrungstrieb und Sexualtrieb – genau die drei Triebe zur Erfüllung: Neugier, Aggression, Bindung. Das Erkundungsverhalten wird mit dem Aufsuchen von Nahrung gekoppelt oder mit immer wieder wechselndem Spielzeug; Aggression und Bindung werden im Miteinander und Gegeneinander der Beziehungen einer möglichst natürlich zusammengesetzten Gruppe ausgelebt.

Die Tiergartenbiologie im Sinne einer verhaltensgerechten Tierhaltung ist eine junge Wissenschaft. Wesentliche Impulse verdankt sie dem Schweizer Zoologen Heini Hediger. Für die Grundthese dieses Buches – eine menschengerechte Gesellschaft muß auf den evolutionären Programmen des Menschen aufbauen – ist die moderne Tiergartenbiologie eine wichtige Disziplin. Zwar hat der Mensch weitergehende Ansprüche und Bedürfnisse als das Tier, aber die Erfüllung der evolutionären Verhaltensprogramme ist für ihn ebenso existentiell. Sie ist eine absolut notwendige Voraussetzung für jede weiterreichende Kultur. Um Analyse und Konzeption einer »artgerechten« Gesellschaft geht es im folgenden Kapitel.

Verhaltensgerechte Umweltgestaltung: eine hoffnungsvolle Aufgabe

Was heißt eigentlich verhaltensgerechte Umweltgestaltung? Betrachten wir zunächst einige Beispiele!

Immer wieder hören wir von Menschen, die in Urlaub fahren, in Rente gehen oder durch viel Geld unabhängig geworden sind: »Jetzt will ich mein Leben genießen«. Aber das scheint gar nicht so einfach zu sein. Das ständige Herumliegen am Strand macht träge und übellaunig, erzeugt »aggressive Langeweile« mit allen Folgen. Also macht man Aktivurlaub, treibt Sport oder beschäftigt sich mit dem und jenem. Aber das erwartete Glücksgefühl stellt sich auch dann nicht immer ein. Die Verhaltensbiologie läßt die Ursache des Übels leicht erkennen: den fehlenden Einsatz evolutionärer Aktivitätsprogramme, insbesondere im Ernstfall. »Natürlich« sind wir auf eine Umwelt programmiert, die uns bestimmte Aktivitäten abfordert. Wir müssen uns anstrengen, müssen laufen, kämpfen, explorieren. Wer glaubt, im Nichtstun das Glück zu finden, hat die Rechnung ohne die evolutionären Aktivitätsprogramme gemacht. Tatsächlich hat uns aber die Evolution auf den Ernstfall programmiert und nicht auf das Spiel. Letztlich ist nur der Einsatz der Energien im Ernstfall befriedigend. Das Spiel im weitesten Sinne bleibt Surrogat.

Ein wichtiger Bereich verhaltensgerechter Umweltgestaltung ist die Anerkennungskultur. In einer ständischen, starren Gesellschaftsstruktur hat der einzelne keine Möglichkeit, sich einen höheren Rang zu verschaffen. Die Folgen sind verheerend. Geschichte und Literatur sind voll von traumatischen Schilderungen dieser Unterdrückung des natürlichen Rangstrebens. In einer liberalen und demokratischen Wohlstandsgesellschaft haben wir »freie Bahn«. Prinzipiell hat jeder die Möglichkeit aufzusteigen, andere zu übertreffen, sich Rang und Anerkennung zu verschaffen. Es kommt zu einem permanenten »Gerangel«. Dabei geht es im allgemeinen nicht zimperlich zu. Die Mittel sind oft genug unfair, hart, brutal. So hat sich im wesentlichen eine Kritikkultur entwickelt: Für Fehler wird man kritisiert, bestraft, herabgesetzt etc., für erbrachte Leistungen nur selten anerkannt. Das ist schon in der Schule so: Fehler werden angekreidet, Lob ist ausgesprochen selten. Was wir brauchen, ist eine verhaltensgerechte Anerkennungskultur. Jeder Mensch muß seinen Aggressionstrieb ausleben können, und es wäre doch ohne Zweifel vorteilhaft, wenn er ihn durch Anerkennung für Leistung befriedigen könnte und nicht durch Intrigen oder Imponierverhalten. Das weitverbreitete Mobbing in zahlreichen Unternehmen bedeutet im Grunde ein Defizit an unternehmerischer Anerkennungskultur.

Ganz besonders, ja existentiell wichtig für eine verhaltensgerechte Umweltgestaltung, ist die Überführung außersozietärer Aggression in innersozietäre. Die außersozietäre Aggression, also die Aggression gegenüber anderen, feindlichen Sozietäten, ist im allgemeinen vernichtend. Hier haben auch die Kriege ihren Ursprung. Der Mensch hat aber – törichterweise – nicht nur vorhandene Unterschiede von Sozietäten zum Anlaß außersozietärer Aggression genommen, sondern dazu noch neue, ideologische, politische oder moralische Unterschiede geschaffen. So kam es auch zu den kriegerischen Auseinandersetzungen mit anderen Ideologien, zu Glaubenskriegen etc. Um dieser unsinnigen außersozietären vernichtenden Aggression ein Ende zu setzen, wäre es erforderlich, die außersozietäre Aggression in eine innersozietäre zu verwandeln. Diese ist nämlich ritualisiert, sie kann auch hart sein, aber sie ist nicht vernichtend. Bedingung für die Umwandlung außersozietärer in innersozietäre Aggression ist das gemeinsame Handeln, denn nur dadurch entsteht eine Sozietät. Gewiß liegen hier schon gute Ansätze vor: die Vereinten Nationen, das Vereinte Europa, der globale Fußball. Andererseits aber werden immer neue Gräben aufgerissen. Wir meinen, daß auch hier die Erkenntnisse der Verhaltensbiologie äußerst hilfreich sein könnten.

Zuletzt sei noch auf die Bindung hingewiesen. Auch die persönliche Bindung gehört zu den evolutionären Verhaltensprogrammen, die unbedingt zu erfüllen sind. Tatsächlich ist die Bindung in unserer Wohlstandsgesellschaft weitgehend verlorengegangen. Das hängt mit dem Mangel an gemeinsamem Handeln zusammen. In der Wohlstandsgesellschaft braucht man sich nicht gegenseitig, man ist nicht auf andere angewiesen. Durch das Fehlen des gemeinsamen Handelns wird aber Bindung zerstört. Nun will sicher niemand, daß man der Bindung wegen auf Wohlstand verzichtet. Eine verhaltensgerechte Umweltgestaltung kann also nur darin bestehen, daß man das gemeinsame Handeln pflegt. Hier liegt auch eine ganz wichtige Aufgabe der Erziehung. Zweifellos gibt es in unserer Zeit gute Ansätze in diese Richtung, aber sie sind meist nur punktuell. Der Mangel an Systematik ist unseres Erachtens u.a. auf die Unkenntnis verhaltensbiologischer Programme zurückzuführen.

Diese Andeutungen mögen genügen, um zu zeigen, was wir unter einer artgerechten Gesellschaft verstehen: Es ist eine Gesellschaft, bei der der Mensch tatsächlich im Mittelpunkt steht, genauer: die evolutionären Verhaltensprogramme des Menschen. Es wird zwar oft behauptet, daß der Mensch im Mittelpunkt stehe, wir haben jedoch noch nirgendwo erfahren, was das zu bedeuten hat. Die Verhaltensbiologie zeigt den Weg: Es geht um eine Umweltgestaltung, die den evolutionären Verhaltensprogrammen des Menschen in humaner Weise gerecht wird.

Führen durch Fordern?

Jetzt sind wir in der Lage, das Thema des Buches, »Führen durch Fordern«, näher zu erläutern. Dazu halten wir uns die folgenden beiden Feststellungen vor Augen:

Die erste Feststellung betrifft die Selbstbestimmung. Wir haben aufgezeigt, daß durch die Befreiung von ideologischer und politischer Bevormundung der Mensch weitgehend auf sich selbst gestellt ist. Die Selbstbestimmung ist, wie wir ausgeführt haben, das kostbarste Gut, das wir im Laufe der Evolution bekommen haben. Aber auch damit ging und geht der Mensch oft töricht um. Er hat es ideologisch mit Füßen getreten, hat es der Bevormundung geopfert. Andererseits – und das gehört zum Kern unserer Botschaft – ist die Selbstbestimmung auch bei Wegfall ideologischer Vorschriften gefährdet: durch Unsicherheit, Unkenntnis der evolutionären Programme, Fehlverhalten. Uns liegt die Selbstbestimmung am Herzen, wir wollen sie erhalten und pflegen. Wir wollen die Bedingungen aufzeigen, die für eine erfolgreiche Selbstbestimmung erforderlich sind. Deswegen wenden wir uns in erster Linie an Führungskräfte, denn sie können in besonderem Maße diese Bedingungen realisieren.

Die zweite Feststellung betrifft den Begriff Führung. Tatsächlich wird dieser Begriff noch immer häufig mit Befehl und Gehorsam assoziiert, mit Zwang, mit Anweisen, Anordnen und Fordern. Viele Menschen verstehen dabei unter Fordern das Abverlangen eines vorgegebenen Arbeitspensums. Ein Musterbeispiel ist die Fließbandarbeit. Daß Führung noch immer mit Fordern in diesem Sinne verbunden wird, ist insofern verständlich, als die Zeit der ideologischen und politischen Bevormundung ja noch nicht lange vorüber ist. Und in einer ideologischen Gesellschaft ist Führung im Sinne von Anweisen, Abfordern, Appellieren etc. die adäquate Form von Führung. Ja, nicht selten wurde und wird sogar Angst als Führungsmethode eingesetzt. In der Arbeitswelt wird gelegentlich noch immer Führung in Form des Taylorismus praktiziert: Der Mitarbeiter – kann man im Taylorismus von Mitarbeiter sprechen? – ist gehalten, extrem spezifische Arbeitsgänge in vorgeschriebener Weise und vorgeschriebener Zeit zu absolvieren. Wir brauchen diese Form von Führung als Fordern nicht weiter darzustellen, sie ist häufig genug beschrieben und praktiziert worden.

Eines steht fest: Selbstbestimmung und Führung durch Anweisung widersprechen sich. Die Führung in unserer liberalen, demokratischen Gesellschaft hat es mit Menschen zu tun, die weithin eigenverantwortlich handeln wollen und auch sollen. Wie kann das funktionieren? Wie kann man selbstbestimmte Mitarbeiter führen? Die Antwort werden wir noch ausführlich darlegen, hier sei sie nur kurz skizziert:

Die Verhaltensbiologie weist nach, daß der Mensch auf Leistung programmiert ist und daß er zudem durch Leistung Lust erleben kann, durch Flow, Anerkennung und Bindung. Führung braucht den Menschen nicht zu zwingen, Leistung zu erbringen, sie braucht nur die evolutionär programmierten Trieb- und Aktivitätspotentiale hervorzurufen und zielorientiert zu steuern. Führung muß nicht fordern im Sinne des Vollzugs eines vorgegebenen Arbeitspensums, Führung selbstbestimmter Menschen muß die auslösenden Reize setzen, also die Bedingungen herstellen, die deren Selbstforderung in Gang setzen. Erhält ein Mitarbeiter eine angemessene Herausforderung, die er tatsächlich als Reiz erlebt, dann wird er diese angehen und bewältigen, und er wird dabei noch Lust erleben. Eine gute Leistung, erst recht eine Spitzenleistung erbringt nur ein »Lustleister«.

Gewiß geht es auch bei der Führung selbstbestimmter Menschen um ein »Fordern«: um das Hervorrufen von Selbstforderung, um das Auslösen und Steuern der evolutionär vorhandenen Leistungspotentiale. Bezeichnen wir dieses Hervorrufen von Selbstforderung als Motivation, so geht es um Führung durch Motivation.

Das Führen durch Motivation ist nicht nur dem selbstbestimmten Mitarbeiter angemessen, es hat darüber hinaus zwei bedeutende Vorteile: Der erste besteht darin, daß die Leistung mit Lust verbunden ist. Es werden also beide evolutionären Verhaltensprogramme erfüllt: das Anstrengungs- und das Lustprogramm. Das wiederum bedeutet hohe Lebensqualität, ja, man darf sagen, Glück. Der zweite Vorteil besteht in der hohen Effektivität der Motivationsführung. Bei mehr oder weniger erzwungenen Leistungen wird ja nie die volle Kapazität eingesetzt. Angewiesene Arbeitsgänge treffen nur selten auf die individuellen Stärken der Betroffenen und führen noch seltener zu kreativem Handeln. Führung durch Motivation kann und soll an den Stärken der Mitarbeiter ansetzen und diese noch weiter fördern. Dies gilt auch für arbeitsteilige Leistungen in Teams.

Führen durch Fordern im angegebenen Sinne erfüllt die evolutionären Verhaltensprogramme des Menschen, d.h. sie leistet einen Beitrag zur »artgerechten« Gesellschaft. Sicher ist es für manche Führungskräfte reizvoll, diesen Beitrag auch in anderen gesellschaftlichen Bereichen zu erbringen. Die BioLogik kann ihm dabei von Nutzen sein.

II. BioLogik – der Weg zur Selbstbestimmung

1. BioLogik – von der Selbsterkenntnis zur Selbstbestimmung

BioLogik: am Beispiel der Bewegung

BioLogik ist zunächst mal eine Wortschöpfung. Sie wurde erstmals 1997 anläßlich der Gründung der »Prof. von Cube + Kollegen GmbH – BioLogik der Führung und Fortbildung« öffentlich gemacht. Das Forschungs- und Aufgabenfeld der so bezeichneten Disziplin ergibt sich aus der Erkenntnis der Evolutionsbiologie, daß der Mensch nicht nur bezüglich seiner Anatomie und Physiologie ein Produkt der Evolution ist, sondern auch bezüglich fundamentaler Verhaltensweisen. Nehmen wir einmal als Beispiel das Bewegungsprogramm. Der Mensch besitzt ja nicht nur einen evolutionär gewordenen Bewegungsapparat, insbesondere einen Laufapparat, er besitzt auch die evolutionäre »Auflage«, diesen Apparat angemessen einzusetzen. Dieses Verhaltensprogramm läßt sich schon bei Tieren eindrucksvoll beobachten. So muß etwa ein Pferd ausreichend bewegt werden. Stellt man es dauerhaft in die Box, wird es krank und geht ein. Ähnliches gilt für den Hamster. Sein Laufrad ist für Leben und Gesundheit absolut notwendig. Konrad Lorenz hat nachgewiesen, daß die sogenannten Werkzeuginstinkte – laufen, springen, fliegen, klettern, beißen, kämpfen usw. – mit eigener Spontaneität ausgestattet sind. Das spontane Potential ist dabei dem natürlichen Gebrauch angemessen. Das Bewegungspotential entspricht im wesentlichen dem zu erwartenden Gebrauch bei der Nahrungssuche, beim Kampf, bei der Flucht etc. Schätzungen zufolge beläuft sich das Laufpotential des Menschen auf ca. 20 km täglich. Der Urmensch jedenfalls mußte diese Laufleistung erbringen, um sich und seine Familie ernähren und schützen zu können.

Nun gibt es sicher etliche Menschen, die das evolutionäre Laufpotential erfüllen. Sie joggen täglich viele Kilometer, sie spielen Tennis oder Fußball oder treiben sonstwie Sport. Andererseits gibt es aber auch viele Menschen, die sich nur wenig bewegen, die keinen Sport treiben, die jeder körperlichen Anstrengung aus dem Weg gehen. Diese Menschen leiden an Bewegungsmangel, d.h. sie leiden zunächst keineswegs, sie genießen vielmehr die Bequemlichkeit. Aber die Folgen des Bewegungsmangels stellen sich über kurz oder lang ein: Dickleibigkeit, Herz- und Kreislaufkrankheiten, Magen- und Darmkrankheiten, Zahnkrankheiten – Kauen ist auch Bewegung –, Rückenprobleme usw. Tatsächlich sind in unserer Wohlstandsgesellschaft auch zahlreiche Kinder durch die Folgen des Bewegungsmangels betroffen, sie sind zu dick, zu unsportlich, zu anfällig für Krankheiten. Ja, die Folgen von Bewegungsmangel – vor allem noch in Verbindung mit falscher Ernährung – sind zweifellos zum größten Problem der Wohlstandsgesellschaft geworden. Zwar wissen viele Menschen heute, daß Bewegungsmangel zu vielerlei Krankheiten führt, aber die wenigsten wissen, daß es sich um die Nichterfüllung eines evolutionären Programms handelt. Damit wird – neben der Erforschung der evolutionären Verhaltensprogramme – eine zweite wichtige Aufgabe der BioLogik deutlich: die Analyse des Umgangs mit den gegebenen Verhaltensprogrammen, insbesondere die Feststellung des falschen Umgangs, des Fehlverhaltens mit seinen verheerenden Konsequenzen.

Um derartiges katastrophales Fehlverhalten zu vermeiden, muß man die evolutionären Verhaltensprogramme, in unserem Beispiel das Bewegungsprogramm, nicht nur kennen, man muß auch richtig damit umgehen.

Hier zeichnet sich die dritte wichtige Aufgabe der BioLogik ab: die Verhaltensoptimierung. Da der evolutionäre Sinn des Laufprogramms, das Aufsuchen von Nahrung, von Sexualpartnern, von neuen Lebensräumen etc. in unserer Wohlstandsgesellschaft und unserer technischen Zivilisation verlorengegangen ist, müssen wir entweder das Programm widerwillig und verbissen erfüllen, was uns auch nicht gerade guttut, oder nach anderen Motiven suchen. Das ist durchaus möglich. Um sich selbst oder anderen Unlust zu ersparen, ja, dem Luststreben des Menschen entgegenzukommen, kann man die Anstrengung mit lustvollen Motiven verbinden: Das Laufen kann in reizvoller Umgebung stattfinden, man kann das »kommunikative Laufen« pflegen, man kann den Reiz des Risikos einsetzen oder des Strebens nach Sieg im Wettkampf, man kann das Bedürfnis nach Bindung als Motiv nutzen. Es gibt viele Möglichkeiten, unser evolutionäres Bewegungsprogramm mit Lust und Freude durchzuführen. Das gilt auch für andere evolutionäre Verhaltensprogramme.

Die drei Stufen der BioLogik

Am Beispiel des evolutionären Bewegungsprogramms wird das Forschungs- und Anwendungsfeld der BioLogik deutlich. Es handelt sich um drei aufeinanderfolgende Stufen: Verhaltensbiologie, Verhaltensanalyse, Verhaltensoptimierung. In der Verhaltensbiologie geht es um die Feststellung der evolutionären Verhaltensprogramme: Welche Bewegungsprogramme haben wir von der Evolution mitbekommen? Welche Denkformen liegen unserem

Erkennen zugrunde? Welche Triebe bestimmen unsere Emotionen und Motive? In der Verhaltensanalyse werden – auf der Basis der Verhaltensbiologie – die tatsächlichen Verhaltensweisen des Menschen mit den evolutionären Verhaltensprogrammen verglichen: das tatsächliche Bewegungsverhalten mit dem evolutionären Bewegungspotential, das tatsächliche Eßverhalten mit der naturgemäßen Ernährung, das tatsächliche soziale Verhalten mit dem Bindungsprogramm. Bei der Verhaltensoptimierung geht es um die Frage »Wie soll sich der Mensch verhalten?« Die Vermeidung gravierenden Fehlverhaltens sagt ja noch nichts aus über den optimalen Umgang mit den Verhaltensprogrammen. Aber was heißt überhaupt »optimaler Umgang«? Ist es besser, auf Lust zu verzichten, um Enttäuschungen zu vermeiden, oder soll die Lust ausgelebt werden, auch wenn sie mit Risiko verbunden ist?

Die drei hier angedeuteten Forschungs- und Aufgabenbereiche fassen wir zur BioLogik zusammen. Wobei wir uns darüber im klaren sind, daß die BioLogik zwar ein wissenschaftliches, genauer: ein naturwissenschaftliches Fundament besitzt, daß sie aber auch – auf diesem Fundament – in den Bereich der Ziele, Werte und Konzeptionen vorstößt. Daraus ergibt sich eine weitere Aufgabe der BioLogik: die Entwicklung von Strategien zur Erreichung der gesetzten Ziele.

Wir wollen den Forschungs- und Aufgabenkomplex der BioLogik zunächst an zwei weiteren Beispielen verdeutlichen: Aggression und Führung.

Bei der Aggression handelt es sich, wie wir wissen, um ein evolutionäres Verhaltensprogramm, genauer: um einen Trieb. Der evolutionäre Sinn der Aggression besteht im Sieg über den Rivalen, sei es bei der Verteidigung oder Eroberung eines Reviers, sei es beim Kampf um den höheren

Rang. Die Verhaltensanalyse zeigt, daß der Mensch oft genug unvernünftig mit der Aggression umgeht: Er läßt Aggression an Unschuldigen aus, legt ein widerliches Imponierverhalten an den Tag, versklavt andere Menschen und ist grausam. Worin besteht die Verhaltensoptimierung? Möchte man Gewalt, Grausamkeit, Vernichtung vermeiden, müssen andere Mittel der Triebbefriedigung eingesetzt werden, z. B. Kampfsport oder Anerkennung für Leistung. Die strategische Aufgabe der BioLogik besteht dann in der Umsetzung: Unter welchen Bedingungen erbringt ein Mensch Leistung, auf welche Weise erlebt er Anerkennung?

Kommen wir zur Führung! Gewiß ist es eine fundamentale Aufgabe von Führung, die Mitarbeiter angemessen zu fordern. Das entspricht ja auch dem natürlichen Aktivitätspotential des Menschen. Aber was heißt angemessen, welche Forderungen werden als Streß erlebt und welche als Lust? Die Verhaltensanalyse läßt so manche Fehler erkennen: Lustabschöpfung statt Flow-Vermittlung, auf Schwächen herumreiten statt Stärken fördern, Anerkennung vorenthalten usw. Die Verhaltensoptimierung besteht in der Vermittlung von Flow, Anerkennung und Bindung, in der Maximierung der Gesamtfitneß und der Organisation gemeinsamen Handelns. Die strategischen Aufgaben bestehen in der Verwirklichung dieser Maßnahmen in konkreten Situationen.

Im folgenden wollen wir die drei Stufen der BioLogik genauer darstellen. Sie bilden die Basis für Selbstbestimmung, Mitarbeiterführung und Führungskompetenz. Wir beginnen mit der ersten Stufe, der Verhaltensbiologie, wobei wir zwei Arten von Programmen unterscheiden: Werkzeugprogramme und Zielprogramme. Das Bewegungsprogramm beispielsweise ist ein Werkzeugprogramm. Bewegung ist ja kein Selbstzweck, es sei denn, man führe sie der Gesundheit wegen aus. Aber auch dann ist sie ja Mittel zum Zweck. Bewegung dient der Befriedigung des Nahrungstriebes, des Sexualtriebes, des Aggressionstriebes etc. Lorenz spricht hier von Werkzeuginstinkten. Aber auch das Denken entpuppt sich als Werkzeugprogramm. Steht es nicht auch im Dienste der Nahrungssuche, der Rangerhöhung, der Neugier, der Sicherheit? Wie steht es mit dem Lernen? Lernen wir des Lernens wegen, oder dient nicht auch das Lernen bestimmten Zwecken?

Anders als die Werkzeugprogramme sind die Zielprogramme, die Triebe, tatsächlich Selbstzweck. Ziel ist die Befriedigung der Triebe, genauer, eine möglichst lustvolle Befriedigung der Triebe. Auf diese Zielprogramme gehen wir anschließend ein.

2. Evolutionäre Werkzeugprogramme

Denken

Bei den Werkzeugprogrammen handelt es sich um angeborene Fähigkeiten, die für verschiedene Zwecke eingesetzt werden können. Sie sind zwar in gewissem Umfang trainierbar, ihrer Grundstruktur nach jedoch nicht veränderbar. Wir sprechen von Denken, Lernen, Kooperieren. Betrachten wir zunächst das Denken, insbesondere das logische Denken, aus der Sicht der Verhaltensbiologie.

Das logische Denken verwenden wir täglich und meist unbewußt. Wenn Hans so groß ist wie Kurt und Kurt so groß wie Max, dann ist Hans so groß wie Max. Das ist doch logisch. Wer denkt schon darüber nach? Daß das logische Denken vielleicht gar nicht so selbstverständlich ist, kam uns vermutlich erst im Mathematikunterricht zu Bewußtsein. Das logische Denken ist allen Menschen gemeinsam. Nur deswegen ist es ja möglich, Wissenschaft international zu betreiben. Die Ergebnisse eines chinesischen Mathematikers sind von einem deutschen exakt nachvollziehbar und umgekehrt. Das logische Denken gehört zum evolutionären Programm des Menschen.

In der Philosophie spielte das Phänomen des Denkens im Zusammenhang mit der Frage »Was können wir erkennen?« schon immer eine zentrale Rolle. Der Philosoph Immanuel Kant fand eine geniale Antwort auf diese Frage: Er stellte fest, daß das logische Denken eine Kategorie des menschlichen Erkennens ist, die von vornherein – a priori – vorhanden ist (Kant 1966). Das logische Denken ermöglicht überhaupt erst Erkenntnis, und diese ist nur im Rahmen unserer Denkkategorien möglich. Die Einsicht von Kant, daß das Denken ein Apparat ist, mit dem wir an die Welt herangehen, mit dem wir Erkenntnisse gewinnen – Erkenntnisse, die jedoch eben durch diesen Apparat begrenzt sind, sozusagen unveränderbar an ihn gebunden –, ist zweifellos in sich logisch. A priori heißt nach Kant: vor der Erfahrung. Die Denkkategorien machen Erfahrung erst möglich. Die Frage freilich, wie es zu diesen Denkkategorien kommt, läßt Kant unbeantwortet.

Hier setzen die Überlegungen von Konrad Lorenz ein. Auch unsere Denkfähigkeit, das logische Denken, das Denken in Ursache und Wirkung etc., ist ein Produkt der Evolution. Sie ist demzufolge der Wirklichkeit angepaßt – sonst hätte uns die Selektion längst ausgemerzt. Das bedeutet nicht, daß wir die ganze Wirklichkeit erfassen könnten, das bedeutet nur, daß das, was wir erkennen, ein Teil der Wirklichkeit ist. Lorenz stellt die Frage nach der Erkenntnis mit folgenden Worten: »Ist die menschliche Vernunft mit allen ihren Anschauungsformen und Kategorien nicht ganz ebenso wie das menschliche Gehirn etwas organisch, in dauernder Wechselwirkung mit den Gesetzen der umgebenden Natur Entstandenes? Wären unsere a priori denknotwendigen Verstandesgesetze bei einer ganz anderen historischen Entstehungsweise und einem somit ganz andersartigen zentralnervösen Apparat nicht ganz andere? Ist es überhaupt auch nur einigermaßen wahrscheinlich, daß die ganz allgemeinen Gesetzmäßigkeiten unseres Denkapparates nicht mit solchen der realen Außenwelt zusammenhängen sollten?« Aus der umfassenden und detaillierten Antwort, die Lorenz gibt, sei folgendes Bild herausgegriffen: »Aber so wie der Huf des Pferdes auf den Steppenboden paßt, mit dem er sich auseinandersetzt, so paßt unsere zentralnervöse Weltbild-Apparatur auf die reichhaltige reale Welt, mit der sich der Mensch auseinandersetzen muß, und wie jedes Organ, so hat auch sie ihre arterhaltend zweckmäßige Form in äonenlangem stammesgeschichtlichem Werden durch diese Auseinandersetzung von Realem mit Realem gewonnen.«

Wichtig ist die Bemerkung von Lorenz, daß es sich um ein Organ handelt, also um etwas, das für bestimmte Ziele benutzt wird, um ein Werkzeug. Tatsächlich benutzen wir das Denken ja stets im Dienste übergeordneter Ziele, sei es Nahrungssuche, Neugier, Erwerb von Rang und Anerkennung etc. Daß es sich beim Denken um ein Werkzeug handelt, wird neuerdings von der Gehirnforschung bestätigt. Tatsächlich wird nämlich unser Denken vom limbischen System gesteuert, also vom Sitz der Emotionen, dem Zentrum des Luststrebens.

Lernen

Sowohl das alltägliche Verständnis von Lernen als auch das übliche wissenschaftliche wird dem evolutionären

Sinn von Lernen nicht gerecht. Den evolutionären Sinn von Lernen, den Gewinn an Sicherheit, begreift man nämlich nur, wenn man Lernen nicht als Aufbau von Information versteht, sondern als Abbau von Information, genauer: als Abbau der uns umgebenden Information.

Gehen wir vom einfachsten Fall aus: dem Auswendiglernen. Man lernt ein Gedicht, einen Spruch, eine Sprache, man lernt die Namen von Ländern und Städten, von Pflanzen und Tieren, von Königen und Dichtern. Nun kann man über die Auswahl von Lerninhalten endlos streiten. Was soll gelernt werden, was ist nützlich, was gehört zur Bildung oder Allgemeinbildung? Der evolutionäre Sinn des Auswendiglernens wird so nicht deutlich. Um diesen zu erkennen, muß man genauer untersuchen, was beim Auswendiglernen vor sich geht. Nehmen wir an, es sei ein Text auswendig zu lernen. Lesen wir den Text ein erstes Mal, so bleibt nur wenig im Gedächtnis »hängen«. Immerhin, das Wenige bewirkt, daß die Information des Textes – für uns! – abgenommen hat. Lesen wir ihn nämlich ein zweites Mal, kommt er uns schon etwas bekannter vor. Bei jedem weiteren Lesen gelangt immer wieder ein Stück Information ins Dauergedächtnis. Schließlich kennen wir den Text auswendig. Ein auswendig gelernter Text hat aber – für den Betreffenden – keine Information mehr! Wenn wir dem Leser mitteilen, wie man das Wort »fordern« schreibt, so enthält diese Mitteilung sicher keine Information mehr.

Nehmen wir als weiteres Beispiel das Wahrscheinlichkeitslernen! Zahlreiche Untersuchungen zeigen, daß der Mensch die Wahrscheinlichkeiten, mit denen Ereignisse auftreten, einigermaßen genau erlernen kann. Er lernt, mit welcher Wahrscheinlichkeit er den Wecker überhört, ein Stau zu erwarten ist, ein Mitarbeiter zu spät kommt, der Chef übler Laune ist oder einen Witz erzählt. Auch beim

Wahrscheinlichkeitslernen läßt sich beweisen, daß die Information eines Ereignisses, wenn man die Wahrscheinlichkeit seines Auftretens nicht kennt, größer ist als die Information dieses Ereignisses, wenn man die Wahrscheinlichkeit des Auftretens kennt. Das heißt: Auch das Wahrscheinlichkeitslernen bedeutet, daß die Information der Außenwelt abgebaut wird. Wenn man Autofahren lernt, dann steht man zunächst vor einem Berg von Information. Hat man es gelernt, ist nicht nur der Berg verschwunden, man kann sich sogar mit seinem Beifahrer unterhalten oder Musik hören. Wenn man eine Sprache beherrscht, kann man sie als Werkzeug benutzen.

Damit wird der evolutionäre Sinn von Lernen deutlich. Je weniger Information die Außenwelt enthält, je bekannter sie also ist, desto sicherer kann man sich in ihr bewegen. Das, was sich täglich wiederholt – dieselben Menschen, dieselbe Arbeit, dieselben Wege –, enthält praktisch keine Information mehr, es bedarf keiner Aufmerksamkeit mehr und keiner Informationsverarbeitung. Lernen hat, gegenüber dem Instinkt, den Vorteil, daß man sich wechselnden Umwelten anpassen kann, ja, man kann neue Umwelten aufsuchen und sich diese durch Lernen sicher machen. Das anpassende Lernen ist also flexibler als der Instinkt, Lernfähigkeit erweist sich als Selektionsvorteil.

Und noch eines wird deutlich: Lernen bedeutet nur dann einen Gewinn an Sicherheit, wenn man sich an die real existierende Lebenswelt anpaßt. Andere Informationen – beispielsweise die Namen im Adreßbuch von New York – leisten in unserer Lebenswelt keinen Beitrag zur Sicherheit.

Will man also den evolutionären Sinn des Lernens erfüllen, muß man diejenigen Informationen auswählen, die zur Sicherheit beitragen. In der natürlichen Umwelt des Urmenschen war eine solche Auswahl sicher nicht erforderlich. In unserer modernen Welt hingegen sind Sprache, Verhaltensregeln, Naturgesetze, technische Vorgänge usw. Informationen mit Sicherheitseffekt. Gewiß wird man auch nicht umhin können, gelegentlich Informationen zu speichern, die man erst später braucht, das heißt deren informationsabbauende Wirkung erst später zur Geltung kommt, beispielsweise eine später benötigte Fremdsprache. Das Lernen von Informationen, die überhaupt nicht zur Lebenswelt gehören, bringt nicht nur keinen Gewinn an Sicherheit, es verursacht zusätzliche Unsicherheit und Verwirrung.

Mit der Erkenntnis des anpassenden Lernens als Informationsabbau der Außenwelt erhält die »Allgemeinbildung« eine neue Dimension: die Sicherheit. Angesichts unserer Risikogesellschaft wird es höchste Zeit, diese Dimension zu verwirklichen. In jedem Falle wird eines klar: Die Lernfähigkeit ist ein Werkzeugprogramm, das von Natur aus für den Gewinn an Sicherheit entstanden ist. Das schützt nicht davor, daß man auch das Werkzeug Lernen für unsinnige Zwecke verwenden kann.

Kooperieren

Kooperation ist – sogar in der langen evolutionären Perspektive – ein altes Programm. Schon vor 3,5 Milliarden Jahren haben sich Cyanobakterien zusammengetan, um in gigantischen Kolonien die Bedingungen für ihr Überleben zu optimieren. Dabei hatten sie eine Eigenschaft entwickelt, die von zentraler Bedeutung für das Kooperieren ist, die Arbeitsteilung. Während sich einige Kolonisten auf die Speicherung des Sonnenlichts durch Photosynthese konzentrierten, nahmen andere Nahrungsstoffe aus der Umgebung auf und lagerten giftige Überreste auf Abfallbergen ab, von denen sich eine dritte Gruppe ernährte; das verhinderte, daß die für die Photosynthese zuständigen Bakterien vergiftet wurden. Die wellenartigen Versteinerungen dieser Lebensform beweisen, daß soziale Kooperation schon ganz am Anfang der Entwicklung des Lebens auf der Erde einen Überlebensvorteil hatte (Bloom 1999, 26 ff.).

Im Verlauf von ca. 1,8 Milliarden Jahren entwickelten sich aus den Bakterien Einzeller mit Zellkern, Mitochondrien, Chloroplasten und einem Skelett. Es dauerte eben seine Zeit, bis sich ehemalig unabhängige Bakterien zu einer neuen Einheit zusammengeschlossen hatten, die als der eigentliche Beginn des Lebens eingestuft wird. Mit der Entwicklung der Vielzelligkeit und der Ausbildung differenzierter Organismen aus Milliarden von Zellen mit hochgradigen Spezialisierungen erkennen wir eine ungeheure Zunahme der Komplexität. Damit ist ein Weg eingeschlagen, der Kooperation erzwingt; denn die Autonomie und individuelle Beweglichkeit der ursprünglich zufällig zusammengekommenen Bakterien geht den Körperzellen eines Organismus verloren: Sie leben gemeinsam und müssen gemeinsam sterben.

Kooperieren mußten auch die soziallebenden Insekten wie z. B. Bienen, deren Existenz schon vor 220 Millionen Jahren erstmals nachgewiesen wurde, oder Ameisen, die ca. 80 Millionen Jahre alt sind. Zur Spezialisierung, welche bereits die Bakterienkolonien aufweisen, die bei den Ameisen in der Arbeitsteilung von Königin, Männchen, Arbeiterinnen und Soldaten besteht, kam hier ein weiterer sozialer Faktor: die Hierarchie. Die soziale Organisation fügt der horizontalen Verteilung durch Spezialisierung eine vertikale Verortung durch Dominanz hinzu; d. h. die unterschiedlichen Kooperationsbeiträge erfahren eine differenzierte Bewertung in der Sozietät.

Soziallebende Säugetiere haben die Basis ihrer Kooperation vor allem in der individuellen Bindung. Wie bei allen Säugetieren ist auch bei uns Menschen das persönliche Kennen des anderen in der Mutter-Kind-Beziehung begründet (Bowlby 1975). Sobald die elterliche Fürsorge stabil ist, können Menschen auch später in ihrem Leben stabile soziale Bindungen aufbauen und aufrechterhalten, z. B. zu Verwandten, Sexualpartnern, eigenen Kindern und darüber hinaus zu Freunden, Nachbarn, Kollegen.

Die Voraussetzung für Kooperation ist das Gefühl der Zugehörigkeit. Selbstverständlich muß man den Bindungspartner wiedererkennen und die Gewißheit haben, ihm vertrauen und sich auf ihn verlassen zu können. Wir erwarten auch eine stabile Identität, also daß die äußere Erscheinung und das Verhalten, die charakterlichen Wesenszüge und Grundüberzeugungen eines Partners ein gewisses Maß an Berechenbarkeit und Kontinuität aufweisen.

Um zielgerichtet und präzise kooperieren zu können, ist ein weiteres Kriterium zu erfüllen: die Verständigung. Reibungslose Zusammenarbeit etwa bei gemeinsamen zielgerichteten Unternehmungen machen die Existenz und den Einsatz eines Kommunikationssystems unabdingbar. Mit dessen Hilfe werden in der Umwelt vorkommende und für den Erfolg des gemeinsamen Handelns notwendige Informationen korrekt an die Kooperationspartner übermittelt.

Da sich durch Kooperation – zeitweilig oder andauernd – eine überindividuelle Einheit, die Sozietät konstituiert, muß jeder Kooperationspartner horizontal plaziert werden, nämlich dadurch, daß er einen speziellen Leistungsbeitrag in das gemeinsame Handeln einbringt; so garantiert die Gemeinschaft die Spezialisierung. Da sich alle je untersuchten Sozietäten gleichzeitig hierarchisch organisieren, müssen sich die Individuen entsprechend ihren unterschiedlichen Leistungsfähigkeiten zugleich in die hierarchische Ordnung, also vertikal, eingliedern.

Egal, welche Entwicklungsstufe der Naturgeschichte man betrachtet: Die Tatsache, daß Kooperation sich in den unterschiedlichsten Formen, Ausdifferenzierungen und Komplexitätsgraden immer wieder Bahn gebrochen hat, liefert den überzeugenden Beweis, daß dies ein Überlebensvorteil war und immer noch ist. Ob als Bakterien-Kolonie, in Form der Eusozialität bei soziallebenden Insekten oder in Gestalt von familialen Gruppen z. B. bei Säugetieren, Kooperation ist ein evolutionäres Patent, das in ganz unterschiedlichen Variationen immer wieder als Werkzeugprogramm des gemeinsamen Handelns ausgebildet wurde.

3. Evolutionäre Zielprogramme: die fünf Triebe

Warum heißen Triebe Triebe?

Wenn Herrchen oder Frauchen mit dem Hund spazierengeht, so können sie zunächst einmal Werkzeugprogramme beobachten: Der Hund läuft, schnüffelt, bellt, etc. Aber was sucht er, welches Ziel treibt den Hund an? Es sind fünf Ziele, die den Hund in Bewegung setzen, auch wenn nicht alle gleichzeitig verfolgt werden: die Befriedigung der Triebe – Nahrung, Sexualität, Aggression, Neugier und Bindung.

Natürlich sucht der Hund nach Nahrung, sei es ein weggeworfenes Brot, sei es eine Jagdbeute. Natürlich sucht er den Sexualpartner, um seine sexuelle Befriedigung zu erlangen, natürlich sucht er den Rivalen, um seine Kräfte zu messen, natürlich sucht er neue Gefilde auf, um sein Revier zu vergrößern, natürlich kommt er wieder zurück in die Geborgenheit seines Rudels. Kurz: Er sucht die (lustvolle) Befriedigung seiner Triebe.

Selbstverständlich besitzt der Mensch dieselben fünf Triebe. Sie sind es, die ihn »treiben«, die ihn Anstrengung auf sich nehmen lassen, die ihm das Überleben sichern und ihm – nicht zuletzt – enorme Lust verschaffen. Die Triebe sind die evolutionären Zielprogramme von Tier und Mensch, in den Trieben liegen die Urmotive, das muß man klar erkennen. Und weil in den Trieben der Angelpunkt menschlichen Verhaltens liegt, untersuchen wir jetzt genauer, was Triebe sind, welchen evolutionären Sinn sie haben und welche Triebe uns treiben.

Ein Trieb ist durch folgende fünf Komponenten charakterisiert:

1. Spontan ansteigende Handlungsbereitschaft (Hunger, sexuelle Bereitschaft, etc.). Objektiv sind es innere Reizquellen wie ein leerer Magen oder ein steigender Testosteronspiegel, die ansteigende Bedürfnisse anzeigen. Subjektiv werden solche Reize als Gefühle wahrgenommen, als Gefühle der Unzufriedenheit, der Unruhe, der Unrast. Sie drängen zur Ausübung der Triebhandlung.
2. Auslösender Reizmechanismus (Nahrungsreize, sexuelle Reize, etc.). Zu jedem Trieb gibt es auslösende Reize: Zum Nahrungstrieb gibt es Nahrungsreize, zum sexuellen Trieb sexuelle Reize. Sie bringen entsprechende Triebhandlungen in Gang: Nahrungsaufnahme, Sexualakt, Kämpfen, Erkunden. Die Triebhandlung selbst wird mit Hilfe von Werkzeuginstinkten durchgeführt; sie läuft um so heftiger ab, je höher die Triebstärke oder je höher die Reizstärke ist. Man spricht daher vom Gesetz der doppelten Quantifizierung.

3. Aufsuchen auslösender Reize, wenn sie nicht vorliegen (Appetenzverhalten). Oft sind die auslösenden Reize bei angestiegener Handlungsbereitschaft nicht vorhanden. In diesem Falle ist eine weitere Phase des Triebgeschehens angesagt: das Appetenzverhalten. Tier oder Mensch suchen den Reiz mit einer immer größer werdenden Anstrengung auf. Im Appetenzverhalten zeigt sich die Spontaneität des Triebes besonders deutlich.
4. Triebhandlung (Nahrungsaufnahme, sexueller Akt, etc.). Die Triebhandlung ist durch eine starke Aktivität gekennzeichnet. Man denke an sexuelle Aktivitäten, an Kämpfe, an Risikobewältigung etc. Schon die Aktivitäten sind mit Lust verbunden, der Höhepunkt der Lust wird allerdings erst im Abschluß der Phase empfunden.
5. Endhandlung (Sättigung, Orgasmus, etc.). Die Endhandlung bewirkt die mehr oder weniger schlagartige Reduktion der Triebstärke: Der Hunger wird gestillt, der Durst gelöscht, der Orgasmus erlebt, der Rivale besiegt. Die Endhandlung, verbunden mit dem Verschwinden der inneren Bereitschaft, ist aber nur der objektive Tatbestand. Entscheidend ist ein Gefühl: Die aufgelöste Triebspannung erzeugt ein intensives Lusterlebnis, und das gilt für alle Triebe. Die Lustempfindung ist allerdings bei den einzelnen Trieben nach Dauer, Art und Intensität recht unterschiedlich. Der Leckerbissen erzeugt ein anderes Lustgefühl als ein Orgasmus oder ein Sieg. Deswegen kann man auch einen Mangel an sexueller Lust nicht so ohne weiteres durch »Freßlust« ausgleichen.

Im folgenden wollen wir die fünf Triebe des Menschen skizzieren. (Eine ausführliche Darstellung findet sich in dem Buch »Fordern statt Verwöhnen«, v. Cube 1998). Insbesondere wollen wir dabei auf die spezifischen Merkmale eines Triebes – Spontaneität, auslösender Reizmechanismus, Appetenzverhalten, Triebhandlung, Lustempfinden – hinweisen.

Die fünf Triebe des Menschen

Nahrungstrieb: Den Nahrungstrieb verspüren wir sozusagen am eigenen Leib: Wir spüren, wie der Hunger größer wird, wie Nahrungsreize auf uns wirken, wie wir sie suchen und auswählen – sei es beim Einkauf, beim Kochen, im Restaurant. Gewiß ist unser Appetenzverhalten, das anstrengende Aufsuchen der Nahrung, in unserer Wohlstandsgesellschaft stark reduziert, aber einige Reste können wir noch feststellen. So ist etwa das Ausschauhalten nach einer Einkaufsquelle, nach einem Restaurant oder einer Imbißstube – die Psychologen sprechen von selektiver Wahrnehmung – ein solcher Rest von Appetenzverhalten. Gelegentlich organisieren wir sogar ein leidlich anstrengendes Appetenzverhalten: Wir gehen kilometerweit zu einem »Ausflugslokal«. Die Triebhandlung ist in aller Regel mit Lust verbunden – sei es, daß wir bei großem Hunger etwas Eßbares hinunterschlingen, sei es, daß wir zum Nachtisch noch etwas besonders Leckeres genießen.

Der Nahrungstrieb wurde schon immer als nie versiegende Lustquelle genutzt. Man verschafft sich immer höhere, immer raffiniertere Reize. Nicht umsonst wird die Kochkunst seit altersher und auf der ganzen Welt hochgeschätzt. »Verwöhnte Gaumen« führten schon früh zu einem blühenden Handel mit exotischen Nahrungsmitteln, insbesondere mit Gewürzen, die ja ganz speziell der Reizerhöhung dienen. Die Tendenz ist weiter steigend.

Wie sehr der Mensch den Nahrungstrieb nutzt, um sich Lust zu verschaffen, sieht man auch an den zahlreichen Dicken, insbesondere natürlich in Wohlstandsgesellschaften, und an den Versuchen, die Folgen dieser Lust wieder loszuwerden. Was wird nicht alles an Diätkost und -kuren angeboten! Dabei wird fast immer versprochen, daß man beim Abnehmen keineswegs auf Lust verzichten müsse. Die Werbeleute kennen den Menschen eben am besten, wie schon Lorenz sagte.

Es liegt mir fern, den Lustgewinn durch Nahrungsreize zu verteufeln – ich weiß diese Lust selbst durchaus zu schätzen –, es geht mir um eine weitergehende Reflexion. Der Spaß, im wörtlichen Sinne, hört eben dann auf, wenn der Lustgewinn dazu führt, daß man sich selbst schädigt, die Umwelt oder die Gemeinschaft.

Sexualtrieb: Am Sexualtrieb wird das Triebgeschehen besonders deutlich. Jeder hat schon erlebt, wie die Triebstärke ansteigt, die Aufmerksamkeit sich auf auslösende Reize richtet oder solche aufsucht. Die Reize bestehen in der Regel im anderen Geschlecht. Oft genügen dabei schon geschlechtsspezifische Körperformen oder Bewegungen, sexuelle »Ausstrahlung«, sexueller Charme. Der Mensch kann sexuelle Reize noch künstlich erhöhen – durch raffinierte Kleidung, künstliche Gerüche, reizvollen Schmuck und vieles andere.

In der Werbung werden sexuelle Reize durch überdimensionale Hüften oder Brüste, Schultern oder Muskeln betont. Die Strategie ist nicht neu. Werbung durch überdimensionale Sexreize gibt es schon bei Tieren. Man denke etwa an die prachtvollen Schwanzfedern einiger Vogelarten. Besonders eindrucksvoll ist das Appetenzverhalten des Sexualtriebs. Tiere müssen oft kilometerweit laufen, springen, fliegen, schwimmen – je nach Art –, bis sie den Sexualpartner gefunden haben. Dann müssen sie noch – meist sind es die Männchen – um den Partner werben, müssen tanzen, balzen, kämpfen. Beim Menschen verläuft das Appetenzverhalten im Grunde ebenso: Man geht auf

»Partnersuche«, sei es am Arbeitsplatz, in der Disko, auf Reisen oder übers Internet. Man muß tanzen, werben, »anbaggern«, Rivalen »ausstechen« etc.

Daß die Triebhandlung mit Lust erfolgt, braucht nicht gesagt zu werden. Ja, die Lust ist hier so mächtig, daß der Begriff Lust häufig mit sexueller Lust identifiziert wird. Daß sexuelle Lust besonders intensiv erlebt wird, läßt sich verhaltensbiologisch leicht erklären: Während nämlich die Nahrungsaufnahme in jedem Falle zu erfolgen hat, selbst dann, wenn wenig Lust damit verbunden ist, besteht für den Sexualakt keine unabdingbare Notwendigkeit. Tier und Mensch müssen daher, um die mit dem Sexualakt verbundene Anstrengung auf sich zu nehmen, mit besonders hoher Lust »belohnt« werden.

Neugiertrieb: Der Neugiertrieb ist schon bei höheren Tieren festzustellen, bei Hunden, Katzen, Ratten, Raben, Affen usw. Der Mensch ist sicher das neugierigste »Tier«. Doch was ist Neugier? Welchen evolutionären Sinn hat Neugier?

Der Mensch sucht das Neue auf, um Sicherheit zu gewinnen. Worin liegt denn der Sinn des Erkundens neuer Länder? Er liegt im Kennenlernen dieser Länder, im Bekanntmachen des Unbekannten, im Gewinn an Sicherheit. Auch wenn wir einen neuen Menschen kennenlernen, vergrößern wir unsere Sicherheit: Der Unbekannte wird zum Bekannten, zum Berechenbaren, zum Vertrauten. Warum will man ein Problem lösen? Man löst es, damit es kein Problem mehr ist. Man macht aus dem Unbekannten etwas Bekanntes, aus dem Neuen etwas Vertrautes, aus der Unsicherheit Sicherheit. Das Neue ist also der Reiz der Neugier – der Sinn der Neugier ist Sicherheit.

Die Bezeichnung »Gier« weist auf ein besonders starkes Appetenzverhalten hin. Wir suchen ständig Neues auf, neue Probleme, neue Menschen, neue Abenteuer. Gewiß –

das Neue, das Unbekannte ist mit Risiko behaftet, mit Unsicherheit. Aber der Einsatz lohnt sich: Je ausgedehnter die erforschte Umgebung ist, je mehr Probleme gelöst sind, je mehr Wissen man hat, je mehr Neues zu Bekanntem geworden ist, desto größer ist die erreichte Sicherheit. Der Neugiertrieb ist in Wirklichkeit ein Sicherheitstrieb!

Für die Anstrengung, die mit dem Aufsuchen des Neuen und mit der Verwandlung von Unsicherheit in Sicherheit verbunden ist, werden wir mit Lust belohnt. Jeder kennt die Lust, die mit der Lösung eines Problems oder der Bewältigung einer Gefahr verbunden ist: Sie reicht vom Aha-Erlebnis bis zum Freudentanz.

Kein Wunder also, daß Bergsteiger das Klettern selbst schon als lustvoll empfinden, nicht erst das Erreichen des Gipfels, daß Chirurgen, Manager, Wissenschaftler, Schachspieler, Rocktänzer, Künstler und viele andere ihre Tätigkeit mit intensiver Lust erleben. Csikszentmihalyi (1987) bezeichnet diesen »besonderen dynamischen Zustand«, dieses »holistische Gefühl bei völligem Aufgehen in einer Tätigkeit« als Flow. Die Verhaltensbiologie kann dieses Erlebnis erklären: Das Flow-Erlebnis ist die Lust des Sicherheitstriebes! Charakteristisch für den Neugiertrieb oder Sicherheitstrieb ist die Einmaligkeit des Reizes. Hat man sich das Neue erst einmal bekanntgemacht, ist es als Reiz auch schon verschwunden. Deswegen bedarf es ja ständig neuer Reize und, wenn die Qualifikation zunimmt, auch höherer Reize, größerer Herausforderungen. Das Flow-Erlebnis ist es, daß uns zu immer neuen Ufern treibt.

Aggressionstrieb: Mit dem Begriff Aggression verbinden viele Menschen von vornherein Gewalt, Grausamkeit, Krieg etc. Das ist sicher nicht falsch, aber doch sehr einseitig. Bekanntlich gibt es auch verbale Formen von Aggression: Beleidigungen, Beschimpfungen, Demütigungen. Wenn jemand einen anderen als Idioten, als Esel oder Schwein bezeichnet, so »verletzt« er ihn ebenfalls und setzt ihn – ganz im wörtlichen Sinne – herab. Faßt man aber das Herabsetzen eines Menschen, insbesondere vor anderen, als Aggression auf, so ist es nur logisch, daß auch das eigene Heraufsetzen, das Imponieren, ein aggressiver Akt ist. In beiden Fällen wird ja vom Aggressor eine Distanz hergestellt. Der Angegriffene wird untergeordnet, er wird erniedrigt.

Wir wundern uns immer wieder, daß in der psychologischen Literatur, aber auch der alltäglichen Auffassung nach Aggression in erster Linie als Reaktion gesehen wird. Man wird beleidigt und wird aggressiv, man wird kritisiert und wird aggressiv, man wird überholt und wird aggressiv usw. Aber es muß doch zuerst jemand da sein, der beleidigt, der kritisiert, der überholt. Aggression ist zuallererst – das hat Konrad Lorenz in aller Deutlichkeit aufgezeigt – spontan, so spontan wie Sexualität oder Neugier.

Tatsächlich wird in der Psychologie auch von Dominanzstreben gesprochen. Richtig, aber man muß doch sehen, was dahintersteckt: Es ist das spontane Streben, über dem anderen zu stehen, einen höheren Rang einzunehmen, mehr Anerkennung zu haben, größeres Ansehen zu genießen. Dominanzstreben bedeutet, andere zu besiegen, Dominanzstreben ist spontane Aggression. Und noch eines wird zu wenig beachtet: Die Endhandlung der Aggression, der Sieg, ist lustvoll!

Man sehe sich doch den Torschützen an beim Fußball oder den Torwart, wenn er gehalten hat. Man sehe sich den Sieger an im sportlichen Wettkampf, im Konkurrenzkampf um die Marktführerschaft, um Rang, Position, Auszeichnungen. Es ist enorm lustvoll, oben zu stehen, die »Nr. 1« zu sein, der Größte, der Erfolgreichste, der Bedeutendste. Nicht umsonst locken Werbetexte und Buchtitel mit solchen Versprechungen, wobei oft noch zusätzlich versprochen wird, Macht und Erfolg ganz mühelos zu kassieren.

Wir halten es für eine ganz wichtige Feststellung, daß Aggression, wenn sie ihr Ziel, den Sieg, erreicht hat, mit enormer Lust erlebt wird. Dabei handelt es sich um eine ganz eigenständige Lust. Sicher spielt auch die Lust eine Rolle, die indirekt mit dem Sieg verbunden ist: die Lust an Einkommensprivilegien, Freiheitsprivilegien oder Sexprivilegien. Wahrscheinlich hat die Evolution den Weg über Privilegien eingeschlagen, z. B. über Nahrung oder Sexualität. Aber die Aggressionslust hat sich verselbständigt, als Lust der Anerkennung, der Macht, des Ansehens, des »Vorranges«. Natürlich ist Aggressionslust ein Selektionsvorteil: Wer dieser Lust wegen nach oben strebt, hat konkrete Vorteile. Führt der Weg nach oben über Leistung, was schon bei Tieren der Fall ist – man denke an Futtersuche, Jagdstrategien, soziale Verhaltensweisen –, dann wird der Sinn von Aggression in einer Sozietät besonders deutlich: Es geht um die Steigerung der Leistungsfähigkeit, um die Maximierung der »Gesamtfitneß«.

Erst wenn man Aggression in diesem umfassenden Wirkungsfeld erkennt und die ungeheure Lust des Siegens begreift, kann man das Motiv Aggressionslust richtig einschätzen. Dann erst wird klar, welche Anstrengungen man auf sich nimmt, diese Lust zu erleben, welche Gefahren man eingeht oder in Kauf nimmt. Die Parallele zum Sexualtrieb ist unverkennbar. Allerdings wird Aggressionslust noch stärker tabuisiert als sexuelle Lust. Was werden doch für hehre Motive vorgeschoben, wie wird gelogen und geheuchelt: Selbstverständlich hat der Politiker nur das Wohl der Gemeinschaft im Auge, der Wissenschaftler dient ausschließlich der Wissenschaft oder dem Wohl der

Menschheit, der Manager rackert sich nur für die Firma ab oder für seine Familie.

Vor kurzem wurde in einer Managerzeitschrift über die alten Unternehmer und Spitzenmanager hergezogen, die das Feld partout nicht räumen wollen. Sie wurden als »stur« bezeichnet, als uneinsichtig und starrsinnig. Man versteht nicht, daß sie nicht abtreten wollen – um so mehr, als die Alten meist genug materiellen Reichtum eingesammelt haben, um sich ein schönes Leben machen zu können. Warum gehen sie nicht in den, so wird scheinheilig argumentiert, »wohlverdienten« Ruhestand? Ja, sind sich denn die ungeduldig Drängelnden über die wahren Motive nicht im klaren? Eigentlich müßten sie doch wissen, daß die hohe Position, der hohe Rang, das hohe Ansehen, daß Macht und Ruhm mit ungeheurer, gelegentlich suchtartiger Lust verbunden sind. Sie streben doch selbst danach! Wer eine solche Lust genießen kann, tritt doch nicht freiwillig ab – seien es Könige, Politiker, Manager oder sonstige Bosse. Vergangenheit und Gegenwart sind voll von solchen Beispielen.

Nein, um alte Herrscher zum Rückzug zu bewegen, bedarf es klarer Erkenntnisse und kluger Strategien. Man darf ihnen um Himmelswillen ihre Lust nicht nehmen. Man schaffe Ehrenämter, Beraterverträge oder – der Öffentlichkeitswirkung wegen besonders beliebt – Wohltätigkeitsfunktionen.

Wir wollen hier nicht weiter ins Detail gehen, wir wollen nur in aller Deutlichkeit die Aggressionslust als starkes Motiv aufzeigen, als Motiv für enorme Anstrengung, für Risiken, Intrigen oder gar Verbrechen. Man versteht die Menschheit samt ihrer Geschichte nicht, wenn man nicht die ungeheure Macht der Aggressionslust zur Kenntnis nimmt.

Bindetrieb: Der Bindetrieb dient der Herstellung von

Gemeinsamkeit. Bekanntlich leben zahlreiche Tierarten – Wölfe, Löwen, Affen u.a. – in Sozietäten. Das bringt Selektionsvorteile mit sich: Die Tiere schützen einander, gehen gemeinsam auf Nahrungssuche, ziehen ihre Jungen gemeinsam auf, kämpfen gemeinsam gegen Feinde. Besonders effektiv ist das gemeinsame Handeln dann, wenn es arbeitsteilig geschieht, das heißt, wenn die Mitglieder der Sozietät diejenigen Aufgaben übernehmen, für die sie sich besonders eignen.

Gemeinsames Handeln kann nur dann funktionieren, wenn die Mitglieder der Sozietät miteinander kommunizieren, sich verstehen, ein gemeinsames Ziel verfolgen. Beispiele liefern der Fußball oder das Streben nach Marktführerschaft. Gemeinsames Handeln, insbesondere erfolgreiches, wird mit Bindung belohnt. Bindung ist ein wundervolles Gefühl, vielleicht das schönste überhaupt. Das wissen vor allen Dingen Menschen, die Bindung vermissen oder verloren haben.

Bindung ist ein Selektionsvorteil, denn sie hält die Aggression in Schranken, verhindert Reibungsverluste und gibt Sicherheit. So wirkt sich Bindung positiv auf das gemeinsame Handeln aus, das dann wiederum die Bindung verstärkt.

Ohne Zweifel hat der Mensch eine starke Appetenz nach Bindung. Er sucht Gemeinsamkeit auf und empfindet diese (in der Regel) als lustvoll; er empfindet es als lustvoll, mit anderen zusammen zu essen, zu spielen, zu lachen, zu arbeiten, zu kämpfen. Er braucht den Mitspieler, den Mitarbeiter, den Mitstreiter, den Mitmenschen. Bindung erweist sich so als Vertiefung der Lust. Der Volksmund hat recht: Geteilte Freude ist doppelte Freude. Im übrigen äußern sich auch beim Menschen intensive Bindungen in vielfältigen Berührungen; es scheint allerdings, daß die Sprache, ähnlich wie bei der Aggression, einen erheblichen Teil der Realisation übernommen hat – oft zu Lasten der Intensität von Bindung!

Beim Menschen wird die starke Appetenz nach Bindung zusätzlich bestätigt bei längerer Trennung. Jeder weiß ja, daß beim Wiedersehen nach langer Zeit besonders intensive Berührungen ausgetauscht werden. Dauerhaft isolierte, einsame Menschen leiden unter Bindungsmangel, sie werden oft aggressiv oder zumindest »schrullig«.

Es erhebt sich nun die Frage, ob die Bindung bei Tier oder Mensch auf einem Trieb beruht. Dafür spricht die außerordentlich starke Appetenz. Sie wird besonders dann deutlich, wenn Bindung verlorengegangen ist, etwa nach aggressiven Auseinandersetzungen oder nach dem Verlust eines Partners. So läßt sich bei Menschenaffen nachweisen, daß nach aggressiven Auseinandersetzungen um Rangpositionen, bei denen es durchaus auch zu Verletzungen kommen kann, eine Versöhnung erfolgt mit allen Merkmalen intensiver Bindung: Berühren, Umarmen, Groomen, Küssen etc. (de Waal 1989). Dies ist nicht verwunderlich, denn die Versöhnung ist in einer Sozietät absolut lebensnotwendig: Eine Sozietät überlebt nur durch gemeinsames Handeln und damit durch Bindung.

Die wahren Motive

Daß die Triebbefriedigung Lust bereitet und daß diese Lust ein starkes Motiv ist, wird niemand bestreiten. Die Verhaltensbiologie kann diesen Sachverhalt durch den evolutionären Vorteil erklären, der mit der Lustempfindung verbunden ist. Die Frage ist, ob es überhaupt andere Motive gibt oder ob sämtliche »Beweggründe« letztlich in den Trieben zu suchen sind.

Hier kommen wir auf Grund unserer bisherigen Untersuchungen und Überlegungen zu der Überzeugung, daß sich tatsächlich die Motive des Menschen auf sein Triebsystem zurückführen lassen. Wir wissen, daß diese Überzeugung auf Widerstand stößt, auf Ablehnung oder gar Empörung. Sie wird von vielen als primitiv, einseitig oder »biologistisch« bezeichnet und abgetan. Aber selbst wenn wir nach besten Kräften nach menschlichen Handlungen mit anderen Motiven suchen, landen wir immer wieder bei den fünf Trieben – einzeln oder in Kombination. Dies gilt auch für Versuche, andere, meist höhere, Motive auszumachen.

Nehmen wir als Beispiel die Musik. Gewiß kann man hier von einem ästhetischen Motiv sprechen, Musik zu hören oder zu machen, geht man aber auf den Ursprung von Musik zurück, so finden wir ihn schon in der Stimmungsübertragung in Tiersozietäten. Natürlich ist es von Vorteil, wenn eine Sozietät gemeinsam handelt, also aus derselben Stimmung heraus – sei es eine aggressive oder sexuelle Stimmung, eine Freß- oder Fluchtstimmung. Die jeweilige Stimmung wird durch spezielle Tonfolgen erreicht. Das gilt auch für den Menschen. Man denke an Marschmusik, Tanzmusik oder Wiegenlieder. Gewiß kommen in der klassischen Musik ästhetische Motive hinzu. Geht es aber in der Ästhetik nicht ebenfalls um ein Triebmotiv, nämlich um Flow? Csikszentmihalyi hat dies überzeugend nachgewiesen.

Um unsere Thesen zu untermauern, werfen wir einen Blick auf drei einschlägige Veröffentlichungen über die Motive des Menschen: den altbekannten Maslow (1981), die Untersuchung von Fuchs und Huber über die 16 Lebensmotive (2002) und das Buch »Warum wir siegen wollen« von Joseph H. Reichholf (2001).

Zunächst zu Maslow (1981). Wenn in Führungskreisen über Motive und Motivation von Mitarbeitern gesprochen wird, wird mit Sicherheit auf die »Maslowsche Bedürfnispyramide« verwiesen. Nach Maslow hat der Mensch bestimmte Bedürfnisse, die stufenweise aufeinander aufbauen: Auf die physiologischen Bedürfnisse, wie Essen und Trinken, folgen Sicherheitsbedürfnisse, wie Sicherheit am Arbeitsplatz und Altersversicherung, soziale Bedürfnisse, wie Zuwendung und Zugehörigkeit, Bedürfnisse nach sozialer Wertschätzung, wie Erfolg und Anerkennung, und Bedürfnisse nach Selbstverwirklichung, wie das Erreichen selbstgesteckter Ziele.

Es sei Aufgabe der Führung, so Maslow, diese Bedürfnisse zu erfüllen, und zwar in bestimmter Reihenfolge: zuerst die physiologischen Bedürfnisse, dann die Bedürfnisse nach Sicherheit, Bindung, Anerkennung und »Selbstverwirklichung«.

Zweifellos hat Maslow die fundamentale Bedeutung der Bedürfnisse richtig erkannt. Nicht richtig ist jedoch die Auffassung, daß man diese Bedürfnisse nacheinander erfüllen und dann sozusagen »abhaken« könne. Gewiß ist Sicherheit absolut notwendig – im Zustand der Unsicherheit findet keine Exploration statt –, es müssen jedoch stets neue Unsicherheiten in Sicherheit verwandelt werden können. Nur so erlebt ja der Mitarbeiter Flow, nur so hat er ein Motiv für Leistung. Dies läßt sich freilich nur dann erkennen, wenn man weiß, daß es sich um einen Trieb handelt. Selbstverständlich gilt dies sinngemäß auch für die anderen »Bedürfnisse«, für Anerkennung und Bindung.

Was den Maslowschen Begriff der »Selbstverwirklichung« betrifft, so erscheint uns dieser recht problematisch. Er ist mit zu vielen, oft metaphysisch inspirierten Wunschvorstellungen verbunden. Nach den Erkenntnissen der Verhaltensbiologie könnte man unter Selbstverwirklichung den reflektierten und verantwortlichen Umgang mit den eigenen Trieben verstehen. Diese Auffassung stünde im Einklang mit den traditionellen Tugenden wie Klugheit, Weisheit oder Mäßigung.

Fuchs und Huber (2002) benennen 16 Motive: Macht, Unabhängigkeit, Neugier, Anerkennung, Ordnung, Sparen, Ehre, Idealismus, Beziehungen, Familie, Status, Rache, Eros, Essen, körperliche Aktivität, Ruhe. Nun erkennt man sofort, daß einige der genannten Motive sich mit den fünf Triebmotiven vollständig decken: Essen, Eros, Neugier, Anerkennung, Beziehungen. Andere lassen sich nahtlos diesen Triebmotiven zuordnen. So gehören Macht, Status und Rache zum Triebmotiv Aggression, Familie gehört zum Bindetrieb, Ordnung und Sparen zum Sicherheitstrieb. Die körperliche Aktivität beschreibt das Appetenzverhalten und die Ausführung der Triebhandlungen. Übrig bleiben die Begriffe Unabhängigkeit, Ehre, Idealismus, Ruhe. Nun scheint uns Ehre in den Bereich Rang und Anerkennung zu gehören. Auch bei Idealismus könnte man an eine besonders ehrenhafte, als moralisch hochstehend angesehene Form von Anerkennung denken. Bei den übriggebliebenen Begriffen handelt es sich unseres Erachtens nicht um Motive, sondern um Mittel, Triebbefriedigung zu erreichen. Insgesamt können die 16 »Lebensmotive« durchaus als Bestätigung unserer These von den Triebmotiven angesehen werden.

Reichholf meint, es gehe beim Siegen – zunächst im Sport – »um die Ehre«. Nach Reichholf handelt es sich dabei um die »absonderlichste« Eigenheit des Menschen. »Denn es gibt anscheinend nichts Vergleichbares in der gesamten Natur. Kein anderes Lebewesen kommt auf die Idee (und ist jemals darauf gekommen, nach allem, was wir wissen), um nichts als um die Ehre, der Erste geworden zu sein, über mehr oder minder große Strecken um die Wette zu laufen.« Der Autor fragt erstaunt, was den »weisen Menschen« zu so »törichtem Verhalten« treibt. Nicht einmal bei den Primaten »findet sich ein so verrücktes Rennen bar jeden Preises.« Es rankt sich also, so der Verfasser, »etwas Geheimnisvolles, Rätselhaftes um das Siegenwollen, das wie eine zwanghafte Vorstellung aus dem Inneren zu kommen scheint und eigentlich von äußeren Dingen gar nicht wesentlich beeinflußt wird.«

Reichholf stellt weiterhin – zu Recht – fest, daß wir »fasziniert daran hängen, wenn die Wettkämpfe über den Bildschirm flimmern, mit Bangen, Daumendrücken und uns ärgern«, wenn unser Favorit nicht gesiegt hat. Aufschlußreich ist seine Feststellung, daß die Athleten die Siegesposen offenbar nicht lernen müssen. Sie bringen sie automatisch mit: »hochgerissene Arme, mit denen sie sich selbst überhöhen und den bewundernden Blicken der Menge und Fernsehkameras zeigen«.

Reichholf selbst gibt am Schluß seines Buches eine Antwort auf die Frage der Ehre: »Der Mensch ist seiner Art nach auf Sieg programmiert!« Das ist das zentrale Ergebnis all dieser Befunde und Überlegungen. Das Siegenwollen durchdringt unser ganzes Leben. Es wird uns nur meistens nicht bewußt. Reichholf stellt fest, daß der Mensch nach Bestätigung und Erfolg strebt. Der Weg dahin führt in der Regel über die Arbeit. Aber auch die Menschen, die ihr finanzielles Auskommen haben, streben danach, und sei es »über Hobbies«. »Flugs ist man dann Spezialist auf irgendeinem Fachgebiet, gefragt und geachtet – und schon ist das Leistungsprinzip wieder angeschaltet und treibt den Menschen voran.«

Die Antwort, die Reichholf auf das »absurde« Wettkampfverhalten, das Siegen-wollen um jeden Preis, gibt, bleibt unseres Erachtens unvollständig. Er erwähnt weder den Triebcharakter der Aggression noch die Lust am Sieg, die Aggressionslust. Genau hier aber liegt das Motiv für die »Ehre«, für die Anstrengung, Sieger zu werden. Die Aggressionslust ist es auch, die jemanden ein Ehrenamt übernehmen läßt, »ohne adäquate Entlohnung oder um gar keines Lohnes willen«, wie Reichholf schreibt. So ist es: Das Ehrenamt ist die Bestätigung für das Lustprinzip. Es geht um die Lust der Anerkennung. Sie ist entscheidend, nicht materielle Entlohnung.

4. Verhaltensanalyse: falscher Umgang mit evolutionären Verhaltensprogrammen

Falscher Umgang mit Werkzeugprogammen

Wir haben festgestellt, daß der Mensch bestimmte evolutionäre Verhaltensprogramme besitzt, daß er den Trieben seine Lustempfindungen verdankt und daß er bestrebt ist, diese zu maximieren. Bei diesem Unterfangen kommt es jedoch zu gravierendem Fehlverhalten, zu Verwöhnung, zu Angstzuständen, zu Bindungsverlusten u.a. Das Fehlverhalten ist jedoch nicht auf das Luststreben als solches zurückzuführen, sondern auf den falschen Umgang mit den evolutionären Verhaltensprogrammen. Aber nicht nur die Zielprogramme, auch die Werkzeugprogramme können falsch eingesetzt werden und so schlimme Folgen nach sich ziehen. Wir wollen einige Beispiele skizzieren.

Beim Lernen wird oft nicht beachtet, daß es ein Anpassungsvorgang ist. Aber woran soll angepaßt werden? Natürlich muß an die Umwelt angepaßt werden, in der wir leben, in der wir aktiv sind. Nur so macht die Anpassung Sinn, nur so trägt Lernen zur Sicherheit bei. Lernprozesse, die nicht an die Lebenswelt anpassen, sind unnötig, ja, sie verunsichern den Lernenden und können mehr schaden als nützen. Deswegen weckt das »Lernenmüssen« oft unangenehme Gefühle, das »lebenslange Lernen« wird zur Horrorvorstellung. Das muß nicht so sein. Das

Lernen ist ein wunderbares Werkzeug, wenn es für ein sinnvolles Werk eingesetzt wird: für den Gewinn an Sicherheit und die so möglich werdende Erweiterung der Lebenswelt.

Auch beim Denken werden gravierende Fehler gemacht. Wir meinen dabei nicht nur Fehler im logischen Denken wie beispielsweise sogenannte Umkehrschlüsse. So gilt zwar, daß ein Quadrat ein Viereck mit vier gleich langen Seiten ist, aber der Umkehrschluß gilt nicht. Ein beliebter logischer Fehler funktioniert nach dem Schema: Alle Esel sind sterblich, alle Menschen sind sterblich, also sind alle Menschen Esel. Solche Fehler sind leichter korrigierbar als gedankliche Wunschvorstellungen. Aufgrund unserer Fähigkeit nämlich, Vorstellungen haben zu können, zu assoziieren und zu kombinieren, können wir die sonderbarsten Gedankenprodukte schaffen. Wir können Elefanten mit Flügeln ausstatten, Menschen mit Pferdefüßen oder mit Hörnern, wir können uns Unholde vorstellen, Marsmenschen oder Engel. Wir können uns aber auch ganz andere Wunschvorstellungen ausdenken: aggressionsfreie Menschen, eine Gesellschaft von Gleichen oder diverse Schlaraffenlandvorstellungen. Sicher gab und gibt es fruchtbare Visionen, die zur Verbesserung der Lebensbedingungen beigetragen haben – auch die Vorstellung einer Arbeitswelt nach dem Motto »Lust an Leistung« ist eine solche fruchtbare Vision –, andererseits haben ideologische, religiöse oder moralische Denkprodukte auch viel Unglück über die Menschheit gebracht.

Wir wollen das Thema hier nicht weiter vertiefen, wir wollen nur klarstellen, daß das Denken ein Werkzeug ist, das sich nur allzuleicht in den Dienst verschiedener Zielvorstellungen nehmen läßt.

Auf den falschen Umgang der Menschen mit ihrem Bewegungsprogramm sind wir schon eingegangen. Bewegungsmangel mit allen Konsequenzen steht im Zusammenhang mit einem noch umfangreicheren und schlimmeren Fehlverhalten: der Verwöhnung. Die Konsequenzen von Verwöhnung sind verheerend: Krankheiten, hohe Aggressivität, Drogenkonsum, Umweltzerstörung. Verwöhnung ist ein Eingriff in ein biologisches Gleichgewicht. Wir sind nun einmal auf Anstrengung programmiert und nicht auf das Schlaraffenland. Wird die Anstrengung nicht abgerufen, zerstört man das »verhaltensökologische Gleichgewicht«.

Auch die Schädigung des Werkzeugprogramms Kooperation hat schlimme Konsequenzen; denn die Fähigkeit der Kooperation ist Voraussetzung für gemeinsames Handeln. Dieses kann nur funktionieren, wenn die Mitglieder der Sozietät miteinander kommunizieren und ihr Handeln zugunsten eines gemeinsamen Zieles aufeinander abstimmen, wie etwa bei einer Treibjagd. Bei sozietär lebenden Tieren ist die Kooperation ein absolut notwendiges Werkzeug für das Überleben der Mitglieder.

Der Mensch kann sich – zumindest zeitweise – über Kooperation hinwegsetzen. Durch seine Reflexionsfähigkeit besitzt er ein Bewußtsein seiner selbst, er kann seine eigene Individualität sozusagen aus der Sozietät herauslösen und nur auf seinen eigenen Vorteil bedacht sein. Nur der Mensch kann in diesem Sinne Egoist sein. Durch die Herauslösung aus der Sozietät, das Kappen kooperativer Stränge, wird er zwangsläufig zum Schmarotzer: Er nimmt am Erfolg der Sozietät teil, ohne seinen Beitrag zum gemeinsamen Handeln zu leisten. Da diese Versuchung ohne Zweifel groß ist, muß eine menschliche Sozietät oft erst über die Einsicht in diese Zusammenhänge hergestellt werden. Wie oft müssen Führungskräfte auf allen Ebenen den Appell wiederholen: »wir wollen gemeinsam...«, »nur gemeinsam sind wir stark...«, »nur wenn wir zusammenarbeiten, haben wir Erfolg«. Der Mangel an Kooperation ist ein gewichtiges Beispiel für den falschen Umgang mit evolutionären Verhaltensprogrammen.

Falscher Umgang mit den Trieben

Auf den falschen Umgang mit dem Sexualtrieb haben wir schon hingewiesen. Auch hier gilt, daß das befreite Luststreben nicht zwangsläufig ins Unglück führen muß. Man muß nur wissen, wie die Triebe funktionieren und zusammenwirken.

Ein besonders schwerwiegender Fall eines falschen Umgangs mit Trieben liegt im Bereich des Sicherheitstriebes vor: Es geht um den Umgang mit der Angst. Natürlich hat das Gefühl von Angst eine evolutionär wichtige Aufgabe zu erfüllen. Angst warnt vor Gefahren, insbesondere vor tödlichen Gefahren. So empfindet man Angst, wenn man vor einem Abgrund steht, wenn man als Beifahrer einem rasenden Motorradfahrer ausgeliefert ist, wenn man um den Arbeitsplatz bangen muß oder um die Treue seines Lebenspartners. Angst hat den evolutionären Sinn, die drohende Gefahr zu vermeiden oder abzuwehren – sei es durch Flucht oder durch Bewältigung der Gefahr.

Ein weiterer schwerwiegender Verstoß gegen diese positive Seite der Angst liegt dann vor, wenn die Gefahr nicht beseitigt wird, wenn also die Angst dauerhaft wirkt, wenn man ständig Angst haben muß, den Arbeitsplatz zu verlieren oder den Partner, wenn man stets in Angst leben muß, seine Existenz einzubüßen, seine Gesundheit, seine Altersvorsorge. Nicht die Angst, die Gefahr anzeigt und die mit der Bewältigung der Gefahr auch wieder verschwindet, wirkt sich negativ aus, es ist die dauerhafte Angst, die einen zermürbt, die zu schlimmen seelischen und körperlichen Krankheiten führt. Deswegen sei gleich hier die Warnung ausgesprochen: Mit Hilfe von Angst zu führen ist töricht, dauerhafte Angst vernichtet jede Initiative, jede Kreativität, jede Art von Lust.

Die verheerenden Schädigungen durch dauerhafte Angst beschreibt Hüther in seinem Buch »Biologie der Angst« (1997). Er stellt fest, daß die häufigste Ursache von Angst das Verhalten unserer Mitmenschen ist. Tatsächlich erzeugt dieses oft genug Unsicherheit, Verlust an Bindung und Vertrauen etc. Aber auch die Unerreichbarkeit von Zielen verursacht häufig Ängste. Daraus läßt sich umgekehrt schließen, daß man bei der Herausforderung von Mitarbeitern die Ziele erreichbar gestalten muß. Als weiteren Angstauslöser macht Hüther das Defizit von relevanten Informationen aus. Das ist insofern verständlich, als fehlende Informationen zwangsläufig zu Unsicherheit führen und angsterzeugende Vorstellungen auslösen können.

Beim falschen Umgang mit den Trieben spielt der falsche Umgang mit Aggression eine besonders große Rolle. Man kann Gewalt ausüben, Macht mißbrauchen, andere beleidigen, demütigen oder lächerlich machen. Solche Formen aggressiver Triebbefriedigung schädigen allerdings nicht nur das Opfer, sie führen auch für den Aggressor letztlich zu einem Verlust an Ansehen und Bindung. Das gilt auch für die zerstörerischen Formen der Aggression wie Grausamkeit und Imponierverhalten.

Die angeführten Beispiele mögen genügen, um zu zeigen, daß nicht die Triebe als solche schlecht sind oder »nieder«. Es ist der falsche Umgang mit den Trieben, der zu schlimmem Fehlverhalten führen kann. Für diesen Umgang aber sind wir durch unsere Reflexionsfähigkeit, durch unsere Selbstbestimmung, verantwortlich. Darauf hat Lorenz in aller Deutlichkeit hingewiesen. In seiner Abhandlung »Die acht Todsünden der zivilisierten Menschheit« weist er nach, welche »Sünden« die Menschheit durch die Ignoranz der evolutionären Verhaltensprogramme schon begangen hat und immer noch begeht. Stichworte sind: Verwöhnung, Angst, Verwüstung des Lebensraumes, kollektive Gewalt, Verlust an Bindung u. a.

Beispiele aus der Arbeitswelt

Im folgenden wollen wir auf zwei wichtige Beispiele für falschen Umgang mit Trieben eingehen, auf Mobbing und (überspannte) Flexibilität. Sie zeigen besonders deutlich, daß man mit den Erkenntnissen der Verhaltensbiologie die Phänomene nicht nur analysieren, sondern auch in den Griff bekommen kann.

Mobbing: Unter Mobbing versteht man dauerhaftes Schikanieren am Arbeitsplatz, wie ständige Kritik, Beschimpfungen, Drohungen, Lächerlichmachen, subtile Formen von Gewalt. Gewiß, nicht jede Feindseligkeit am Arbeitsplatz ist als Mobbing zu bewerten, charakteristisch für Mobbing ist das dauerhafte und gezielte Quälen ganz bestimmter Mitarbeiter, und zwar meist solcher, die sich nur ungenügend wehren können. Dem entspricht auch die Tatsache, daß mehr Frauen als Männer gemobbt werden.

Das Mobbingopfer leidet unter den ständigen Schikanen. Es kommt zu gesundheitlichen Beeinträchtigungen, wie Schlaf- und Konzentrationsstörungen, Nervosität, Reizbarkeit, Angstzustände, Depressionen usw. In den meisten Fällen können sich die Opfer nicht mit eigener Kraft befreien, sie werden vom Arbeitsplatz weggemobbt oder dauerhaft krank.

Die Ursachen von Mobbing sind nach Angaben der Zeitschrift »Psychologie heute« noch weithin unbekannt. Es wird nur oberflächlich von »niedriger Moral« der mobbenden Gruppe oder von »schlechtem sozialem Klima« gesprochen.

Um Mobbing zu verstehen, muß man vom Aggressionstrieb ausgehen und diejenigen ins Auge fassen, die ihre Aggression am Opfer »rauslassen«. Was heißt aber »Aggression an anderen rauslassen«? Die Antwort hängt mit der ungenügenden Befriedigung des Aggressionstriebes zusammen. Wo sucht man den Sieg, wenn man ihn dringend braucht, wenn man nach Aggressionslust dürstet? Man sucht ihn dort, wo er am wahrscheinlichsten zu finden ist: beim Schwächeren, beim Wehrlosen, beim »Prügelknaben«!

So ist es: Die Mobber empfinden ein Defizit an Sieg, an Rang und Anerkennung. Sie suchen den Sieg beim Schwächeren und genießen die Lust der Triebbefriedigung. Die Dauerhaftigkeit von Mobbing weist darauf hin, daß in vielen Fällen auch noch die Lust der Grausamkeit eine Rolle spielt.

Aufgrund dieser Erkenntnis werden auch die üblichen Gegenmaßnahmen – Hilfe durch Vorgesetzte, der Versuch das Selbstbewußtsein des Opfers zu stärken, Trennung vom Arbeitsplatz – als kontraproduktiv entlarvt: Hilfe durch Vorgesetzte bestätigt die Schwäche des Opfers, das Selbstbewußtsein zu steigern und sich zur Wehr zu setzen ändert nichts am Defizit der Mobbenden, die Trennung vom Arbeitsplatz nützt momentan dem Gemobbten, ändert aber nichts am Anerkennungsdefizit der Akteure. Nein, um das Phänomen Mobbing wirkungsvoll zu bekämpfen oder, besser noch, gar nicht aufkommen zu lassen, muß die Anerkennungskultur insgesamt überprüft und verbessert werden.

Überspannte Flexibilität: Keine Frage, in einer Zeit der schnellen Veränderungen ist Flexibilität notwendig und nützlich: flexible Arbeitszeiten, flexible Lohnabschlüsse flexible Organisationsformen etc. Gesucht sind Mitarbeiter, die flexibel reagieren auf neue Arbeitsformen, neue

Kundenwünsche, neue Standorte, neue Herausforderungen. Gefragt ist der »flexible Mensch«. Eine neue Kardinaltugend ist geschaffen, ja, ein neues Menschenbild! Der flexible Mensch schreckt vor keiner Anpassung zurück, er stellt sich auf jeden Wechsel ein, er akzeptiert eine »Flickenteppich-Biographie«, er kann, wie es in den Blättern für Vorgesetzte heißt, mit Unsicherheit leben, mit Intransparenz, mit Ängsten.

Halt! Hier wird der Bogen der Flexibilität überspannt. Mit Ängsten kann niemand auf Dauer leben. Ängste sind Unsicherheiten, die man nicht bewältigen kann, denen man ausgeliefert ist. Ein ängstlicher Mensch wagt nichts, er zieht sich zurück, er wird krank. Nein, der Mensch ist nicht beliebig formbar. Auch seine Flexibilität hält sich in Grenzen. Dazu kommt, daß flexibles Verhalten nur auf relativ niedrigem Leistungsniveau möglich ist. Die Gefahr besteht also, daß man auf ein niedrigeres Leistungsniveau absinkt.

Daß Flexibilität und Bindung nicht recht zusammenpassen, licgt auf der Hand: Bindung setzt ja nicht nur permanente Kommunikation voraus – diese könnte auch in wechselnden Gruppen stattfinden –, Bindung hat sehr viel mit Zuverlässigkeit und Vertrauen zu tun. Vertrauen aber muß wachsen, Zuverlässigkeit muß erfahren werden. Nur bei »eingespielten« Teams funktioniert das gemeinsame Handeln. Überzogene Flexibilität führt zum Verlust an Zugehörigkeit, an Bindung, an gemeinsamem Handeln. In erfolgreichen Unternehmen spielt Bindung eine wichtige Rolle: Die Identifikation ist hoch, die Fluktuation gering.

Halten wir fest: Der Mensch verfügt über ein hohes Maß an Flexibilität, und das kann er heute gut gebrauchen. Das darf aber nicht dazu führen, wieder einmal einen neuen Menschen zu postulieren, einen Menschen, der mit Unsicherheit leben oder gar sein »kausales Denken« über

Bord werfen kann. Wer das behauptet, dem beweisen wir bei jedem Satz, den er ausspricht, daß er kausal denkt und auch gar nicht anders kann.

Wir warnen vor dem immer wieder gemachten Fehler, ein System zu erfinden, ein Glaubenssystem, ein ideologisches System, ein Wirtschaftssystem, und dann zu versuchen, den Menschen diesem System anzupassen. Umgekehrt ist vorzugehen: Der Mensch steht im Mittelpunkt, und das System hat sich gefälligst dem Menschen anzupassen.

5. Verhaltensoptimierung

Das Leben genießen?

Um unser Verhalten zu optimieren, im Sinne eines reichen, zufriedenen, glücklichen Lebens, müssen wir die evolutionären Verhaltensprogramme kennen und unser Handeln an ihnen ausrichten. Was die Verhaltensprogramme betrifft, haben wir festgestellt, daß der Mensch zwei zusammengehörige Programmkomplexe besitzt: ein Anstrengungsprogramm und ein Lustprogramm. Das Anstrengungsprogramm dient der Durchführung des Appetenzverhaltens und der Triebhandlungen, wie etwa Laufen oder Explorieren. Das Lustprogramm sorgt für das Motiv, Anstrengung zu erbringen, um die Triebe zu befriedigen. Der Mensch ist zudem bestrebt, die Lust zu maximieren. Hier liegt das Urmotiv des Menschen.

Die Verhaltensanalyse, also die Analyse des tatsächlichen menschlichen Verhaltens auf der Basis der Verhaltensbiologie, zeigt deutlich, daß das folgenschwerste Fehlverhalten des Menschen auf ignorante Eingriffe in die evolutionären Verhaltensprogramme zurückgeht. So führt etwa der mangelnde Einsatz der Aktivitätspotentiale zur Verwöhnung mit allen Konsequenzen. Die Nichterfüllung des Lustprogramms – lange Zeit als moralisch besonders verdienstvoll angesehen – führt dauerhaft zu schwerwiegenden Verhaltensstörungen. Das gilt nicht nur für sexuelle Frustration, das gilt vor allem auch für aggressive Frustration: Menschen, die dauerhaft unterdrückt werden und ihren »Frust« auch noch »hinunterschlucken« müssen, werden unweigerlich seelisch und körperlich krank.

Also: Beide evolutionären Grundprogramme, Anstrengung und Lust, müssen erfüllt werden, wie das ja von der Evolution her »vorgesehen« ist. Das optimale Verhalten besteht weder in Anstrengung ohne Lust noch in Lust ohne Anstrengung, es besteht im Zusammenspiel von Anstrengung und Lust. Dabei kann die Lust in der Anstrengung selbst erlebt werden wie beim Flow, sie kann aber auch der Anstrengung folgen wie bei der Anerkennung. In jedem Falle ist es gerechtfertigt, von Lust durch Leistung zu sprechen.

Nun kommt aber beim Menschen noch hinzu, daß er die Lust zu steigern, ja zu maximieren versucht, was, wie wir gesehen haben, durchaus möglich ist. Der Schlüssel hierzu liegt im Gesetz der doppelten Quantifizierung. Erhöht man nämlich – bei irgendeinem Trieb – die Reizstärke immer mehr, so erfolgt die Triebhandlung schon bei verhältnismäßig niedriger Triebstärke. Das bedeutet aber: Die Lustempfindung ist nicht maximal. Zum Zwecke der Lustmaximierung muß auch die Triebstärke möglichst hoch sein. Das erreicht man natürlicherweise durch das Appetenzverhalten. Man muß sich anstrengen, um entsprechende Reize, insbesondere hohe Reize zu erlangen. Der Leistungssportler strengt sich an, um hohe Anerkennung zu bekommen, der Musiker übt mit großer Ausdauer, um vor sich und dem Publikum zu bestehen, der – gute – Lehrer bereitet sich sorgfältig vor, um seine Schüler zu begeistern usw. Hohe Anstrengung und hohe Reize führen zu einem Maximum an Lust.

Noch eines ist wichtig beim Bestreben, Lust zu steigern: die Streuung über mehrere Triebe. Luststeigerung auf einem einzigen Trieb führt leicht zu Sucht oder zu Unlust auf anderen Trieben.

Wenn er Lust durch Leistung erleben will, muß der Mensch aber auch sein sozietäres Umfeld beachten. Er lebt ja wie viele andere »Tiere« in Sozietäten. Deswegen hat er auch einen ausgeprägten Bindetrieb. Das Leben in Sozietäten erfordert aber die Einhaltung der sozietären Moral. Stichworte sind: Zuverlässigkeit, Wahrhaftigkeit, Gerechtigkeit (Dehner 1998). Der Mensch ist darüber hinaus – so ist es auch in den Menschenrechten festgelegt – der humanen Moral verpflichtet. Stichworte sind hier: Hilfsbereitschaft, Rücksicht auf Schwächere, Fairneß etc. Ideologische Moralvorschriften, wie etwa vorgeschriebenes Standesverhalten oder sexuelle Verhaltensweisen, stehen auf einem anderen Blatt, sie können sehr wohl auch inhuman sein.

Lust durch Leistung, begründet durch die Erkenntnisse der Verhaltensbiologie und eingebettet in die sozietäre und humane Moral, erweist sich als Ergebnis der dritten Stufe der BioLogik, der Verhaltensoptimierung. Wir werden dies an zahlreichen Beispielen aus der Praxis untermauern.

Hier sei noch auf die besondere Verantwortung der Führung hingewiesen. Grundsätzlich ist natürlich jeder bestrebt, Lust durch Leistung zu erleben. Den Verantwortlichen in Politik, Wirtschaft, Industrie, Erziehung, Medien etc. ist jedoch eine weitere Aufgabe gestellt: die Verwirklichung der Gesellschaft und ihrer Institutionen im Sinne der Verhaltensoptimierung, im Sinne der Lust durch Leistung.

Homo sapiens: universale Humanität

Wir können das Kapitel »BioLogik« nicht abschließen, ohne auf einen ganz wesentlichen Punkt aufmerksam zu machen: auf den globalen Charakter der BioLogik. Es ist nur logisch, daß sich die Verhaltensbiologie mit dem Homo sapiens beschäftigt, mit seinen evolutionären Verhaltensprogrammen, mit seinem tatsächlichen Verhalten, mit der Vision einer artgerechten Gesellschaft – gleichgültig, an welcher Stelle der Welt er sich befindet. Den Soziologen mögen die kulturellen Unterschiede der einzelnen Nationen, Kulturen, Sozietäten interessieren, der Verhaltensbiologe interessiert sich für das Gemeinsame von Homo sapiens, und das Gemeinsame besteht – selbstverständlich – in seiner evolutionären Herkunft. Überall auf der Welt, in allen Völkern und Rassen haben die Menschen dieselben Triebe, überall geht es um Nahrung, Sexualität, Neugier, Aggression und Bindung.

In den vier Jahrzehnten, die ich (v. Cube) an verschiedenen Universitäten tätig war, habe ich zahlreiche Studierende und Kollegen aus aller Herren Länder kennengelernt. Von Mexiko bis China, von Südafrika bis Rußland. Dabei habe ich immer wieder festgestellt, daß es dieselben Motive und Probleme sind, die die Menschen bewegen. Immer ging es um Aggression, um Rangstreben und Anerkennung, um Neugier und Sicherheit, um Liebe und Bindung – im wissenschaftlichen wie im privaten Bereich. Und genau auf dieser Ebene gab es – abgesehen von sprachlichen Schwierigkeiten – nie ein Problem der Verständigung. Und noch ein weiteres, nicht hoch genug einzuschätzendes Phänomen hat sich gezeigt: die gegenseitige Achtung als Menschen mit denselben Trieben und Motiven. Über unterschiedliche Glaubenssysteme kann man sich im wörtlichen Sinne auseinandersetzen, ja, sogar meiden oder hassen. Wenn man sich aber über die Spielarten der Liebe in den verschiedenen Kulturen unterhält, kommt man sich ebenfalls im wörtlichen Sinne nahe.

Dem reflektierenden Menschen ist es unverständlich, daß sich die Menschen seit jeher in feindliche Sozietäten ausgegrenzt oder abgegrenzt haben – seien es Nationen, Rassen, Kulturen, Ideologien, Glaubenssysteme. Wieso wiegt das Trennende schwerer als das Gemeinsame des Homo sapiens? Wir, und hier sprechen wir als Team, halten derartige Abgrenzungen für töricht, für unsinnig, für dumm. Tatsächlich hat sich im Laufe der Geschichte immer wieder herausgestellt, daß solche künstlichen Abgrenzungen verschwunden sind und das Gemeinsame zum Vorschein kam. Man denke etwa an die »Erbfeindschaft« zwischen Frankreich und Deutschland. Heute steht die Gemeinsamkeit im Vordergrund, die menschliche Übereinstimmung. Warum nicht gleich so?

Fragt man sich, wie es zu solchen feindlichen, ja todfeindlichen Abgrenzungen kommen konnte, stößt man auf das Fehlverhalten des Menschen im Sinne des falschen Umganges mit evolutionären Verhaltensprogrammen. Die größte Rolle spielt dabei der falsche Umgang mit der Aggression, vor allem das Imponierverhalten. Ja, wenn man die eigene Sozietät als Elite versteht, als auserwählt, als die größte und beste, dann hat man genau die Distanz zu anderen geschaffen, die zu Gewalt und Vernichtung führt.

Nein, es ist höchste Zeit, den Weg von der außersozietären Aggression zur globalen innersozietären Aggression einzuschlagen und weiterzuverfolgen. Dabei kann die BioLogik gute Dienste leisten, denn sie beschäftigt sich – um das noch einmal zu sagen – mit dem Homo sapiens: Die BioLogik ist logischerweise global.

Doch nun zur globalen Verhaltensoptimierung, zur Lust durch Leistung!

III. Lust durch Leistung – höchste Lebensqualität

1. Wann erleben wir Lust durch Leistung?

Flow: Lust des Sicherheitstriebs

Wir erinnern uns: Das Flow-Erlebnis ist die Lust des Neugiertriebs oder, wie wir sagen, des Sicherheitstriebs. Mit normaler Intensität erleben wir diese Lust nahezu täglich. Tritt in unserer Lebenswelt etwas Neues auf – neue Menschen, neue Probleme, neue Situationen –, so gehen wir mehr oder weniger vorsichtig darauf zu. Das Neue ist ja logischerweise das Unbekannte, und das Unbekannte kann auch gefährlich sein. Daß wir auf Neues zugehen, bedeutet: Das Neue ist ein Reiz. Aber worin besteht der Sinn von Neugier, der evolutionäre Vorteil? Die Antwort ist wichtig, denn nur die Verhaltensweisen haben in der Evolution überlebt, die von Vorteil sind.

Was macht der Neugierige? Er macht aus dem Neuen, d.h. aus dem Unbekannten, Bekanntes. Er will den neuen Menschen kennenlernen, sich vertraut machen. Er will ein neues Problem lösen, dann ist es keines mehr. Er möchte eine Situation »meistern«. Die Tatsache, daß der Neugierige aus dem Neuen, also aus dem Unbekannten Bekanntes macht, ist zweifellos von evolutionärem Vorteil. Dieser reicht aber noch viel weiter: Da nämlich das Unbekannte immer auch mit Unsicherheit verbunden ist, macht der Neugierige im Grunde aus Unsicherheit Sicherheit. Der Neugiertrieb ist in Wirklichkeit ein Sicherheitstrieb: Der Neugierige stellt die Sicherheit wieder her, und das ist von großem evolutionärem Vorteil.

Die Neugier wäre kein Trieb, wenn es nicht auch ein Appetenzverhalten gäbe. Tatsächlich geben wir uns ja mit dem Neuen, das täglich passiert, gar nicht zufrieden. Wir suchen Neues auf, unter Umständen sogar mit viel Anstrengung. Wir suchen neue Informationen auf, neue Erkenntnisse, neue Herausforderungen, neue Menschen, neue Länder. Das Aufsuchen von Neuem ist oft mit Anstrengung verbunden. Man denke etwa an die Erforschung der Erde, überhaupt an Forschung. Worin aber besteht nun der evolutionäre Sinn dieses anstrengenden Suchverhaltens? Warum nehmen wir Anstrengung auf uns, um Neues aufzusuchen? Je mehr Informationen wir aus unserer Umwelt haben, je mehr Erkenntnisse wir gewonnen haben, je mehr Herausforderungen wir bestanden haben, vielleicht auch noch, je mehr Menschen wir kennen, um so größer wird der Sicherheitsbereich. Es geht also um die permanente Erweiterung des Sicherheitsbereiches. Darin liegt der Sinn von Neugier, darin liegt der evolutionäre Vorteil.

Jetzt wird auch klar, worin das Flow-Erlebnis in Wirklichkeit besteht: Es besteht in der Verwandlung von Unsicherheit in Sicherheit, im Gewinn an Sicherheit. Dieser Gewinn an Sicherheit ist mit Lust verbunden, wie ja auch alle anderen lebenswichtigen Aktivitäten.

Halten wir fest: Beim Sicherheitstrieb gibt es, wie bei jedem Trieb, eine wachsende Triebstärke, ein Reizschema, ein Appetenzverhalten und eine Triebhandlung, die mit Lust erlebt wird. Möchte man den Sicherheitstrieb mit dem Flow-Erlebnis als Lustquelle ausschöpfen oder für andere erschließen, so muß man wissen, welche besonderen Bedingungen mit diesem Trieb verbunden sind und wie wir diese herstellen können.

Unsere fünf Triebe haben zwar eine gemeinsame Funktionsweise, jeder Trieb hat aber auch seine Besonderheiten. Beim Sicherheitstrieb liegen diese in den spezifischen Neugierreizen. Auf eine Besonderheit von Neugierreizen haben wir schon hingewiesen: auf die Einmaligkeit der Reize. Das Neue wird ja schnell zum Bekannten, der Reiz des Neuen ist bald verschwunden, man braucht wieder etwas Neues. Genaugenommen funktioniert der Reiz des Neuen so lange, bis die Information abgebaut ist. Je komplexer also das Neue ist, um so länger fungiert es als Reiz.

Aber das Problem, insbesondere in der Arbeitswelt, reicht weiter: Was ist überhaupt ein Neugierreiz, was weckt unsere Neugier? Sehen wir uns zunächst die Werbung an. In dieser spielt der Reiz des Neuen eine große Rolle. Die Ankündigung eines neuen Waschmittels, eines neuen Medikamentes, eines neuen Autos, eines neuen Buches oder einer neuen Mode erregt Aufmerksamkeit. Wirkt also das Neue schlechthin als Reiz?

Die Antwort lautet nein. Das Neue wirkt nur dann als Reiz, wenn zwei Bedingungen erfüllt sind: Das Neue muß an das schon Bekannte angebunden sein, es muß den Betreffenden etwas angehen. Für den Bergsteiger ist ein neuer Berg oder eine neue Wand ein starker Reiz, für den Wissenschaftler ein neues Problem aus seiner Disziplin, für den Techniker ein neues Verfahren usw. Die Beispiele aus der Werbung sind im allgemeinen für alle Konsumenten interessant, da sie mit dem Neuen etwas anfangen können. Wenn das Neue nicht an die Lebenswelt angebunden ist, wirkt es auch nicht als Reiz. Eine freischwebende Neuigkeit – ein Regierungswechsel in Lummerland – läßt uns kalt.

Eine weitere Bedingung für Neugierreize besteht in der prinzipiellen Erreichbarkeit des Neuen. Für den Bergsteiger ist ein Berg nur dann eine Herausforderung, wenn er sich die Besteigung prinzipiell zutraut – eventuell auch erst nach weiterer Qualifikation. Für einen Mitarbeiter ist eine neue Herausforderung, ein neues Verfahren, ein neues Medium, ein neues Arbeitsfeld nur dann ein Neugierreiz, wenn er sich die Bewältigung der Herausforderung vorstellen kann. Genau dieser Sachverhalt wird ja durch den Flow-Kanal beschrieben: Herausforderung und Qualifikation müssen im Gleichgewicht stehen. Wird die Herausforderung größer als die Qualifikation, kommt man leicht in die Zone der Angst; wenn die Qualifikation größer wird als die Herausforderung, kommt man leicht in die Zone der Langeweile. In beiden Fällen wirkt das Neue nicht als Reiz.

Das Flow-Erlebnis tritt bei solchen Leistungen auf, bei denen Unsicherheit in Sicherheit verwandelt wird. Je nach Bereich kann man auch sagen, bei denen Unordnung in Ordnung verwandelt oder Komplexität reduziert wird. Csikszentmihalyi nennt mehrere Berufe oder Tätigkeiten, in denen Flow durch solche Leistungen in besonders hohem Maße hervorgerufen wird: Ärzte, Wissenschaftler, Manager, Handwerker, Künstler, Sportler etc.

Um Lust durch Flow zu erleben, muß man wissen, daß nicht jede Tätigkeit mit Flow einhergeht. In monotonen Tätigkeiten läßt sich keine Unsicherheit in Sicherheit verwandeln. Sie enthalten keinen Flow. Tätigkeiten, bei denen es nicht gelingt, Unsicherheit zu beseitigen, führen leicht zu Angst und Streß. Das Optimum liegt im Flow-Kanal.

Anerkennung: Lust des Aggressionstriebs

Wir haben festgestellt, daß es sich bei der Aggression um den Trieb zum Sieg handelt: Man muß den Rivalen besiegen, der einem das Revier streitig macht, den Partner oder den Rang. Insbesondere haben wir darauf hingewiesen, daß auch der Aggressionstrieb, wie jeder Trieb, seine Spontaneität besitzt. Das wird viel zu wenig beachtet. Der

Mensch strebt den Sieg an, aktiv, unter Umständen mit viel Anstrengung. Er will einen Konkurrenten ausstechen, er will einen hohen Rang einnehmen, er will aufsteigen, er will an die Spitze, er will Nummer eins sein, Marktführer, Weltmarktführer, usw. Das Streben nach Sieg hat zweifellos einen evolutionären Vorteil: Man verschafft sich bessere Lebensbedingungen, insbesondere bezüglich Nahrung und Sexualität, in Sozietäten trägt das Streben nach Rang gleichzeitig zur Gesamtfitneß der Sozietät bei.

Die Triebhandlung der Aggression besteht in denjenigen Aktivitäten, die zum Sieg führen, Kampf, Wettkampf, Leistung. Die mit Lust erlebte Endhandlung besteht im Sieg, im höheren Rang, in Anerkennung. Was Anerkennung bedeutet, ist jedem bekannt, sei es Anerkennung in Form von Geld, höherem Rang, Privilegien, Lob etc. Worin aber besteht ein aggressiver Reiz? Was veranlaßt den Menschen, eventuell sogar bei niedriger Triebstärke, einen Sieg erringen zu wollen?

Nun wird man sagen: Das ist ja logisch. Der aggressive Reiz besteht in der Aussicht, einen Sieg zu erleben. Aber wann tritt eine solche Aussicht in Kraft? Sie tritt dann in Kraft, wenn man den Rivalen als besiegbar einschätzt, wenn man sich selbst für besser hält, wenn man glaubt, den Kampf oder Wettkampf gewinnen zu können. Der Reiz kann aber auch in einer Herausforderung zur Leistung bestehen, sofern die Bewältigung der Herausforderung Anerkennung verspricht. Eine Herausforderung, die jedermann bewältigen kann, bringt keine Anerkennung. Das ist ja das Problem beim Job-Rotation.

Nein, wenn man Anerkennung erleben will, muß man schon etwas Besonderes leisten, etwas »Herausragendes«. Man muß Leistung zeigen oder Mut beweisen. Deswegen ist es ja auch sinnvoll, die eigenen Stärken zu erkennen und einzusetzen. Nur im Bereich eigener Stärken kann man besondere Leistung erbringen, nur so kann man letztlich Anerkennung erfahren.

Kommen wir noch einmal zurück zum Rivalen als Mittel zum Sieg. Man muß hier nämlich eine wichtige Unterscheidung treffen: zwischen dem innersozietären und dem außersozietären Rivalen. Beim innersozietären Rivalen geht es um den Sieg innerhalb derselben Sozietät, beispielsweise in einem Unternehmen. Der Kampf um den höheren Rang, um Macht und Anerkennung dient hier der Steigerung der Gesamtfitneß durch optimale Positionierung. Mit der Klärung der Positionen muß auch die Konkurrenz beendet werden, sonst kommt es zu einem dauerhaften Gerangel, das die Leistungsfähigkeit der Sozietät untergräbt. Die Konkurrenz wird – zumindest bei Tieren – mit fairen Mitteln ausgetragen. Unfaire Mittel schaden der Sozietät.

Anders liegt der Fall bei außersozietären Rivalen. Hier geht es darum, eine fremde Sozietät zu besiegen. Bei den Tieren verläuft die außersozietäre Aggression oft tödlich – aber nicht nur bei den Tieren. Auch der Mensch praktiziert bis heute eine vernichtende außersozietäre Aggression, denn darum geht es ja bei Kriegen. Aber das muß nicht so sein. Auch die außersozietäre Aggression kann mit fairen Mitteln ausgefochten werden, wenn man eine übergeordnete Sozietät herstellt. Man denke an konkurrierende Unternehmen, an den permanenten Wettkampf beim Fußball, an den Wettbewerb von Ländern um den höheren Rang. Man spricht hier auch von Gruppenaggression. Selbstverständlich hat eine Sozietät nur dann eine Siegeschance, wenn die innersozietäre Aggression schweigt. Der Reiz der außersozietären Aggression liegt in der Aussicht, eine ganze Sozietät besiegen zu können, wobei der Reiz um so höher ist, je mehr Anerkennung auf dem Spiel steht.

Anerkennung ist – in welcher Form auch immer – mit

hoher Lust verbunden und daher ein starker Anreiz für Leistung. Was wird nicht alles unternommen, um zu Anerkennung, zu Rang und Ansehen zu kommen! Man rackert sich nicht nur im Beruf ab, man übernimmt noch Ehrenämter in der Hoffnung, irgendwann mit Orden oder Titeln »ausgezeichnet« zu werden.

Doch eines muß man klar erkennen: Man kann sich materielle Güter kaufen, gelegentlich auch Orden, Titel oder andere Rangabzeichen – Anerkennung kann man sich nicht kaufen, man kann sie nur durch Leistung erwerben.

Bindung: Lust des gemeinsamen Handelns

Wenn von Bindung die Rede ist, denkt man als erstes an Liebe, an Freundschaft, Familie, Angehörige, unter Umständen auch an liebgewonnene Tiere. Das Gemeinsame dabei ist die enge und in der Tendenz auch dauerhafte Beziehung zu den betreffenden Menschen oder Tieren. Dies gilt ebenso für die Liebe. Sie hat zwar auch eine sexuelle Komponente, die – zumindest am Anfang – als Gefühl engster Verbundenheit empfunden wird, als Gefühl größter Nähe. Liebende wollen, zumindest am Anfang, dauerhaft zusammensein, sich berühren, sich spüren, sich als neue Einheit fühlen. Bei der Freundschaft entfällt zwar die sexuelle Komponente, dafür ist sie aber besonders dauerhaft: Viele Menschen erleben wechselnde Liebesbeziehungen in ihrem Leben, eine Freundschaft besteht demgegenüber oft ein ganzes Leben.

Bindung ist gekennzeichnet durch Nähe, Kommunikation, mentale Übereinstimmung, gemeinsames Handeln. Nicht umsonst spricht man in der Alltagssprache von Menschen, die einem nahestehen. Die engste Bindung besteht zu dem Menschen, der einem »am nächsten steht«. Natürlich kann Bindung nur dann entstehen und aufrechterhalten werden, wenn sie zum Ausdruck gelangt, wenn man mit dem Betreffenden kommunizieren kann, sei es verbal oder durch Körpersprache. Allerdings kann sich die Kommunikation auf mehr oder weniger formaler Ebene abspielen, Bindung erfordert darüber hinaus ein gegenseitiges Verstehen, ein notwendiges Maß an mentaler Übereinstimmung. Die entscheidende Bedingung für Bindung ist aber das gemeinsame Handeln, vor allem das erfolgreiche. Dieses setzt die anderen Bedingungen – Nähe, Kommunikation, mentale Übereinstimmung – voraus und verstärkt sie zugleich.

Bindung ist – wir finden kein besseres Wort – ein wunderbares Gefühl, vielleicht das Erstrebenswerteste überhaupt. Dem entspricht das starke Appetenzverhalten: Kein Mensch – und das gilt auch für ein sozietär programmiertes Tier – kann auf Dauer allein bleiben. Isolation führt zu schweren psychischen und physischen Schäden. Leider ist die Bindung – im Gegensatz zu Aggression oder Neugier – in unserer Wohlstandsgesellschaft und Massengesellschaft zurückgegangen. Im Wohlstand braucht man sich gegenseitig nicht, das gemeinsame Handeln geht zurück, in der Massengesellschaft herrscht Anonymität, also das Gegenteil von Bindung. Hier liegt eine ganz wichtige Aufgabe von Führung: die Wiederherstellung von Bindung.

Was aber hat Bindung mit Leistung zu tun?

Zunächst muß eines klar sein: Bindung erfordert – neben dem anfänglichen Appetenzverhalten – eine dauerhafte Anstrengung. Bindung ist eine Beziehung auf Gegenseitigkeit, ein Geben und Nehmen, man muß sich, wie die Umgangssprache richtig sagt, »um den anderen bemühen«. Menschen, die glauben, sie hätten ohne jede Leistung Anspruch auf Bindung, mißachten ein evolutionäres

Verhaltensprogramm und bekommen die Folgen zu spüren.

Aber der Zusammenhang von Bindung und Leistung reicht erheblich weiter: Wie schon gesagt, ist ein Mindestmaß an Bindung Voraussetzung für das gemeinsame Handeln, zum anderen verstärkt das gemeinsame Handeln die Bindung. Bindung ermöglicht Leistung in doppelter Hinsicht: Zum einen gibt Bindung Sicherheit, und Sicherheit ist bekanntlich die Voraussetzung für explorative Leistung, für Risiko und Flow. Deswegen ist ja eine stabile Bindung in der Familie, im Freundeskreis, in der Arbeit so wichtig für fruchtbare und produktive Leistung. Unsichere Menschen wagen nichts, sie bringen sich bestenfalls mit Routine über die Runden.

Zum anderen ermöglicht gemeinsames Handeln eine Steigerung der Leistung. Natürlich stimmt die Aussage: Gemeinsam sind wir stark. Man denke an Treibjagden, an Seilschaften, arbeitsteilige Teams im Mannschaftssport oder in der Arbeitswelt. Gemeinsames Handeln erzeugt und verstärkt Bindung, Bindung wird zur Belohnung gemeinsamen Handelns. Diese Erkenntnis ist für jeden einzelnen von großer Bedeutung, insbesondere natürlich für die Verantwortlichen in einer Sozietät.

Ein besonderes Problem ergibt sich für größere Sozietäten. Können hier die Grundbedingungen für Bindung überhaupt erfüllt werden? Tatsächlich ist der Mensch von seiner Evolution her nicht auf die heutigen Großsozietäten angelegt. Man muß also versuchen, die Bedingungen für Bindung auch unter diesen Umständen herzustellen: Nähe durch Symbole, Kommunikation durch Medien, mentale Übereinstimmung durch Identifikation, gemeinsames Handeln durch Organisation. Darauf kommen wir später zurück.

Noch eines ist wichtig, wenn das gemeinsame Handeln

mit Bindung belohnt werden soll: die Einhaltung der sozietären und humanen Moral. In einem Team muß Zuverlässigkeit herrschen, Wahrhaftigkeit und Gerechtigkeit, und es müssen die menschlichen Tugenden erfüllt werden: Hilfsbereitschaft, Unterstützung der Schwächeren, Fairneß etc. Ideologische Moralvorschriften dürften nur in entsprechenden Gruppierungen eine Rolle spielen.

Optimale Leistung durch kombinierte Triebbefriedigung?

Sieht man einmal vom Nahrungstrieb und vom Sexualtrieb ab, sind es die Triebmotive Flow, Anerkennung und Bindung, die Leistung hervorrufen und zur Bewältigung von Herausforderungen führen. Dabei kann jedes einzelne Motiv für sich schon Anstrengung bewirken, es können aber auch unterschiedliche Kombinationen auftreten. Ein Bergsteiger etwa kann schon allein des Flows wegen eine Klettertour in Angriff nehmen, er kann aber auch darüber hinaus auf Anerkennung für seine Leistung hoffen. Ein Wissenschaftler wird in erster Linie vom Neugiertrieb angetrieben, aber auch er läßt sich gerne noch anerkennen – sei es durch Rang, Titel oder öffentliche Auftritte. Ähnliches gilt für Ärzte oder Manager. Auch sie erleben starken Flow, denn sie haben mit Menschen zu tun, und auch sie genießen hohe Anerkennung, hohen gesellschaftlichen Rang.

Natürlich gibt es auch lustvolle Kombinationen mit dem Bindungsmotiv, wenn es um gemeinsames Handeln geht. Ein Fußballspieler etwa hat neben Flow und – sollte er der Siegermannschaft angehören – Anerkennung auch intensive Bindungserlebnisse. Man braucht sich doch nur die »Verschmelzung« der Spieler nach einem Tor anzusehen.

Die Beispiele lassen sich beliebig fortsetzen. Man denke an Handwerker oder Künstler, an alle Teams, die gut zusammenarbeiten. Für das Thema Lust durch Leistung ist die Frage interessant, ob sich mit der Anzahl der Motive auch die Leistung erhöht, ob bestimmte Kombinationen von Motiven besonders wirksam sind oder ob es eventuell auch kontraproduktive Motivkombinationen gibt.

Um es gleich vorwegzunehmen: Eine wissenschaftliche Untersuchung über die Wirkung verschiedener Motivkombinationen ist uns nicht bekannt. Wir berichten daher zunächst aus eigener Erfahrung.

Wir, die Autoren, halten zahlreiche Vorträge zum Themenbereich Lust durch Leistung, Führen durch Fordern etc., und wir tauschen unsere Erlebnisse und Erfahrungen aus. So können wir übereinstimmend sagen, daß sich die eigene Lust durch Leistung zweifellos erhöht, wenn alle drei Motive zusammenwirken. Als erstes erlebt man vor und während des Vortrages Flow. Die dazu erforderliche Unsicherheit wird durch die wechselnde Hörerschaft, die unterschiedlichen Situationen, Stimmungen, Erwartungen gewährleistet, vor allem aber durch den absichtlichen Verzicht auf ein Manuskript. In der freien Rede liegt ein enormer Flow: Kann man die Abfolge der Informationen mit Sicherheit abrufen? Findet man den Bezug zur Hörerschaft, die richtigen Worte, das angemessene Niveau? Gelingt die Rückkoppelung mit den Hörern? Kann man eventuelle Störungen überspielen? Das Flow-Erlebnis während eines freien Vortrages läßt sich durchaus mit dem Flow beim Durchklettern einer Felswand vergleichen.

Ist der Vortrag beendet und »gut angekommen«, erhält man in der Regel Beifall. Hier ist der Vergleich mit dem Künstler angebracht. Für ihn ist der Beifall das Lebenselixier. Aber auch wir genießen gegebenenfalls die Lust der Anerkennung. Wer täte das nicht?

Leider kommt beim Vortrag das dritte Motiv, die Bindung, im allgemeinen zu kurz. Doch gibt es immer wieder Situationen, wie etwa ein gemeinsames Abendessen oder dergleichen, in denen Bindung entsteht. Ein Merkmal hierfür besteht in weiteren Einladungen, weitergehenden Kontakten.

Fassen wir unsere Erfahrungen zusammen, so können wir eindeutig sagen: Lust und Leistung werden durch das Zusammenwirken von Flow, Anerkennung und Bindung gesteigert, die Motive summieren sich.

Dieses Ergebnis wird durch unsere weiteren Erfahrungen und andere Autoren im wesentlichen bestätigt. So läßt sich etwa Bindung durch zusätzlichen Flow verstärken: Wenn ein Team immer wieder neue, interessante Herausforderungen zu bewältigen hat, also mit Flow versorgt wird, dann werden auch die Beziehungen zwischen den Mitgliedern intensiviert, die Bindung wird verstärkt.

Ein anderes Beispiel liefert die Kombination von Anerkennung und Bindung. Gewiß: Wenn man einen Freund, einen Kollegen, einen Mitarbeiter für eine besondere Leistung ausdrücklich anerkennt, empfindet dieser zunächst »Aggressionslust«. Darüber hinaus kann eine solche Anerkennung aber auch Bindung in die Wege leiten. Carnegie empfiehlt diesen Weg sogar ausdrücklich, um »Freunde zu gewinnen«. Ganz unproblematisch ist dieses Vorgehen jedoch nicht.

Damit sind wir bei den problematischen Motivkombinationen. Flow und Anerkennung vertragen sich nicht nur gut, sie können sich auch noch gegenseitig hochschaukeln. Auch Flow und Bindung passen gut zusammen und können sich ebenfalls gegenseitig verstärken. Anders verhält es sich bei der Kombination von Anerkennung und Bindung. Natürlich ist in einer Sozietät beides erforderlich. Anerkennung sorgt für Leistung, Bindung für gemeinsames Handeln. Fehlt in einer Sozietät ein wichtiges Leistungsmotiv, dann hat sie keinen Erfolg. Fehlt es am gemeinsamen Handeln, hat sie ebenfalls keinen Erfolg. Ein gutes Team mit mittelmäßigen Leistungsträgern bringt ebensowenig wie ein schlechtes Team mit hervorragenden Leistungsträgern. Beide Motive, Anerkennung und Bindung, unter einen Hut zu bringen scheint nicht immer einfach zu sein. Hier kann man von Schimpansen und Bonobos einiges lernen.

Wir werden im Kapitel BioLogik der Mitarbeiterführung auf diese Probleme noch eingehen, hier sei nur festgehalten, daß sich die Motive im allgemeinen verstärken, daß es also günstig ist, mit Flow, Anerkennung und Bindung zu »arbeiten«, daß es andererseits auch bei manchen Kombinationen Probleme geben kann.

2. Lust durch Leistung in allen Lebensbereichen

Sport

Wir kommen noch einmal zurück zu unseren evolutionären Bewegungsprogrammen und zu der Feststellung, daß diese Programme in unserer Wohlstandsgesellschaft und technischen Zivilisation oft genug nicht erfüllt werden. Die Konsequenzen haben wir aufgezeigt.

Hier hat der Sport, und zwar zunächst einmal der Breitensport, seine unverzichtbare Aufgabe: Er übernimmt die Funktion des anstrengenden Appetenzverhaltens. Nun haben wir aber kein unmittelbares Motiv mehr, unser Bewegungsprogramm einzusetzen. Wir brauchen nicht mehr zu jagen und zu sammeln, wir brauchen nicht mehr – handgreiflich – zu kämpfen, wir brauchen nicht mehr neue Reviere zu erkunden oder zu erobern. Dennoch müssen wir das hierfür vorgesehene Anstrengungsprogramm erfüllen. Also können wir uns entweder verbissen zur Anstrengung zwingen, oder wir können andere Motive heranziehen: Wir können die erforderlichen Bewegungen mit der Lust des Risikos verbinden, mit Anerkennung, mit Bindung, mit anderen Worten: Wir können Risikosport ausüben, ritualisierte Kämpfe und Wettkämpfe durchführen, Mannschaftssport betreiben. So gelingt es uns, Lust durch Leistung zu erleben.

Beim Leistungssportler werden Flow und Anerkennung permanent gesteigert. Dadurch, daß der Leistungssportler sich laufend verbessern will, also Qualifikation und Herausforderungen in gleichem Maße steigert, klettert er im Flow-Kanal immer höher. Beim Bergsteiger ist das sogar wörtlich zu nehmen. Das Fortschreiten im Flow-Kanal ist ansonsten nicht selbstverständlich. In etlichen beruflichen Tätigkeiten führt höhere Qualifikation in die Zone der Langeweile, höhere Herausforderung in die Zone der Angst. Der Spitzensportler erlebt permanent Expertenflow.

Um die Lust durch Leistung im Sport sozusagen mitzuerleben, seien im folgenden einige Beispiele aus unserem eigenen Erfahrungsbereich angeführt.

Frank trainiert die Herrenmannschaft eines Handballvereins in Südhessen. Seit der gemeinsamen Studienzeit berichtet er immer wieder davon, wie sehr sich »seine Jungs« anstrengen und für den Verein einsetzen.

Faszination Handball

Zunächst fällt auf, daß viele Spieler schon lange dabei sind. Die meisten haben bereits im Alter von sechs bis acht Jahren angefangen und sind heute, Anfang zwanzig, immer noch aktiv. Zwar haben die Spieler in der Zwischenzeit auch schon andere Sportarten ausprobiert, z.B. Fußball, Tennis, Turniertanzen, aber im Vergleich mit diesen Sportarten empfinden sie Handball als vielseitiger, komplexer und erlebnisintensiver: »Ich habe auch Tennis gespielt, bin aber beim Handball geblieben, weil ich der Meinung bin, daß der Sport sehr umfassend ist: Es gibt große Spieler, es gibt kleine Spieler, kräftige oder schnelle Spieler, es ist für jeden etwas dabei. Auch wenn man nicht der technisch versierteste Spieler ist, kann man durch spielerische Leistung und durch gutes Zusammenspiel zum Erfolg des Teams beitragen.«

Die Spieler berichten, daß sie während des Spiels einen guten Spielablauf gar nicht richtig wahrnehmen. »Das Spiel muß halt weitergehen, da habe ich gar keine Zeit über eine schöne Spielsituation nachzudenken. Die schnellen Bewegungsabläufe, der Umgang mit dem Ball, das Werfen und Fangen versetzen die Spieler in eine permanente Anspannung, sie sind hochkonzentriert bei der Sache: »Man hat während des gesamten Spiels eine ganz spezielle Anspannung, man ist nonstop da. Da kommt viel Schweiß rüber, die Muskeln sind immer angespannt.« Die eingeschränkte Außenwahrnehmung, von der die Spieler berichten, das Spielen wie im Rausch, die hohe Konzentration, das Aufgehen in der Tätigkeit zeigen, daß sich die Handballspieler in einem Zustand intensiven Flows befinden: »Handball, das ist für mich Faszination.«

Die Spieler müssen immer wieder Situationen der Unsicherheit überwinden, müssen sich blitzschnell entscheiden: Wann gebe ich ab? Wem spiele ich zu? Kann ich einen Torwurf wagen? Wie stelle ich mich frei? Bei der Vielzahl der Spielvariationen müssen sie sich für die richtige entscheiden. Gelingt es ihnen, sich freizuspielen, dem Mannschaftskollegen eine gute Vorlage zu machen oder selbst ein Tor zu werfen, verwandeln sie in der Situation Unsicherheit in Sicherheit. Sie erleben Flow.

Kämpfen und Siegen

Dazu kommt aber noch ein weiteres Motiv: der Wettkampf, die Auseinandersetzung mit dem Gegner. Gelingt es dem Verteidiger im Zweikampf, dem Angreifer den Ball wegzunehmen, dann ist er Sieger, und so fühlt er sich auch: »Das ist ein anderes Gefühl als Freude, das ist einfach geil.« Die Spieler geben immer wieder an, wie wichtig die Auseinandersetzung im unmittelbaren Körperkontakt mit dem Gegner ist: »Der Zweikampf Mann gegen Mann gefällt mir sehr gut. Zum Beispiel das Blocken. Wenn der Gegner denkt, er ist frei, und wenn er werfen will, dann fang ich den Ball ab, das ist super.« Der Sieg über den Gegner wird unmittelbar und intensiv erlebt. Ein errungener Sieg stärkt darüber hinaus das Selbstvertrauen: »Als junger Spieler ist es wichtig, daß man seinen Gegner gut erwischt, dann entwickelt man Sicherheit, dann ist man im Spiel, und das kann vom Gefühl her ganz wichtig sein.« Der Kampf mit dem Gegner wird von den Spielern drastisch geschildert: »Wenn man in der Abwehr einen guten Gegenspieler hat, und man schafft es, daß er nicht zum Zug kommt, dann hat man ihn zerstört. Dann hat man ihn besiegt. Dann kann man auch jemanden kaputtmachen, der gut war. Das ist ein gutes Gefühl.« Dabei betonen die Spieler immer wieder, wie wichtig der faire Umgang miteinander ist: »Mir ist wichtig, daß ich in einer harmonischen Mannschaft spiele, wo jeder jedem etwas sagen kann, was man sich gegenseitig nicht gleich krumm nimmt, auch nicht in Streßsituationen. Wenn einer nicht Sportsmann genug ist, um eine Auseinandersetzung auszuhalten, dann muß er halt etwas anderes machen.«

Die Aggression kommt beim Handball deutlich zum Ausdruck. Ziel ist es schließlich, dem Gegner den Ball wegzunehmen, mehr Tore zu werfen und damit einen Sieg zu erringen. Zweifellos löst jeder errungene Sieg ein Lustgefühl aus, ja der Sieg wird selbst lustvoll erlebt. Wer sich beim Gegner durchsetzt, erlebt Anerkennung und Wertschätzung.

Die Spieler als Team

So sehr die Motive Flow und Anerkennung die einzelnen Spieler immer wieder zur Leistung antreiben, so wenig können sie als Einzelkämpfer wirksam werden: »Nur mit spielerischem Können, ohne eine gute Mannschaft, ohne guten Zusammenhalt geht es nicht. Damit das Zusammenspiel gelingt, muß das Team gut aufeinander eingespielt sein. Die Spieler müssen die Fähigkeiten ihrer Mannschaftskollegen kennen und darauf vertrauen können, daß jeder seinen Leistungsbeitrag präzise und zuverlässig einbringt. Die Gesamtkoordination wird vor allem vom Spielführer geleistet: »Mit mir steht und fällt die Deckung. Nicht, weil ich so ein guter Deckungsspieler bin, sondern weil ich meinen Leuten von hinten Bescheid gebe, was ich sehe. Ich muß die Angriffsstrategie des Gegners einschätzen und ansagen, welche Deckungsstrategie als Abwehrmaßnahme geeignet ist. Ich muß mit dem ›Halben‹ und dem ›Vorne-Mitte‹ gut kommunizieren. Das geht über lautes Schreien, damit im Trubel der Situation auch jeder mitkriegt, was er tun soll.«

Das erfolgreiche gemeinsame Handeln sichert nicht nur den Mannschaftserfolg. Aus dem guten Zusammenspiel entsteht auch eine starke emotionale Bindung zwischen den Spielern: »Wir sind in diesem Jahr eine super Einheit. Ich möchte mich nicht von einer Regionalliga verpflichten lassen, auch wenn das finanziell reizvoll wäre; ich möchte mit unserer Mannschaft weitermachen.« Und ein Mitspieler fügt hinzu: »Ein wichtiges Ziel ist es für mich, daß die Geselligkeit nicht zu kurz kommt, daß wir Spaß miteinander haben.« Die guten Bindungen verstärken zusätzlich die positiven Emotionen der Spieler untereinander: »Vor dem Spiel kommt schon ein Kribbeln auf, dann kommen die Emotionen, dann will man in die Halle. Schön ist es, wenn man dann die anderen Spieler sieht, wir geben uns alle die Hand oder klatschen uns ab, das ist ein gutes Gefühl.« Auch bei einem Treffer kommt es zu spontanen Bindungsbezeugungen, wenn sich die Spieler umarmen oder gegenseitig auf die Schulter klopfen. Nicht von ungefähr beziehen sich Wirtschaftsunternehmen immer wieder auf die Qualitäten von Mannschaften im Sport, wenn es darum geht, die Motivation und den Teamgeist zu beschwören. Nur sehen wir eines auch ganz deutlich: Weder die von oben verordnete Unternehmenskultur noch Beteuerungen wie: »Wir sind ein Topteam« oder »Wir sind offen und fair im Umgang miteinander« schaffen die gewünschte Leistungs- und Einsatzfreude beim Teamwork.

Hobby

Viele Menschen engagieren sich in ihrer Freizeit und pflegen mehr oder weniger intensiv ein bestimmtes Hobby. So mancher Personalchef hat uns schon gefragt, wie er denn die Initiative, die seine Mitarbeiter im Privaten an den Tag legen, in der Arbeit freisetzen könnte. Um zu verstehen, welche Energie Menschen entwickeln, wenn sie sich in einem Gebiet fordern, das sie interessiert, das ihnen intensiven Flow vermittelt, sei hier, stellvertretend für viele Menschen, die sich in ihrem Hobby engagieren, die Geschichte von Onkel Eberhard, dem aktiven Rentner, erzählt.

Onkel Eberhard war schon immer ein begeisterter Handwerker. Sein Interesse an der Technik ist groß, und so manches Gespräch konnte sich über Stunden hinziehen, wenn man über ein technisches Problem mit ihm sprach. Sein ganz spezielles Interesse galt allerdings dem Modellbau, insbesondere der Modelleisenbahn.

Dazu richtete er unter Aufwendung nicht unerheblicher Mittel die perfekte Werkstatt, in der es an nichts fehlte, im Keller seines Hauses ein. Er eignete sich jetzt immer umfassenderes Wissen über den Eisenbahnbau an. Er baute eine Modellbahn durch seinen Garten, gestaltete die Landschaft mit Hügeln und einem kleinen Teich.

In einem Katalog für Gartenbahnen entdeckte er das Bild einer Schmalspurdiesellok. Er fand heraus, daß diese Lok aus der Baureihe 2095/11 auf der Strecke zwischen Innsbruck und Zell am See eingesetzt war. Auf der Grundlage von Bildern und Recherchen begann er mit dem Bau der 2095/11. Keine vorgefertigten Teile, kein Bausatz sollte bei der Konstruktion des Unikats Verwendung finden. Selbst die eisernen Räder der Lok ließ er einzeln, nach einem von ihm gefertigten Holzmodell, gießen. Für den Antrieb beschaffte er sich zwei Rollstuhlelektromotoren; und sogar bei der Lackierung verwendete er als Grund das leuchtende Originalrot der Innsbruck-Schmalspurbahn. So entstand in der Gesamtbauzeit von vielen hundert Arbeitsstunden ein überaus beeindruckendes Lokmodell mit einer Spurweite von siebeneinviertel Zoll und einer Länge von ca. 1,5 m. Gespeist von zwei Autobatterien war die Lok in der Lage, drei bis vier Waggons zu ziehen, auf denen bis zu 15 Kinder Platz fanden. Um die Lok zum Einsatz zu bringen, mußten nun auch Gleise her. In mühevoller Arbeit baute der Onkel aus Flachstahlstangen gerade Gleise und Bogensegmente, die er auf jedem größeren Platz zusammenstecken konnte.

Ganz anders als viele Menschen im Ruhestand, die passiv ihre Zeit verbringen, empfindet Onkel Eberhard sein Leben nicht negativ, fremdbestimmt und entwürdigend. Man muß dabei aber unbedingt berücksichtigen, daß er auch nicht nichts tut. Nein, er hat sich nicht nach Mallorca zurückgezogen, wie einige seiner Skatbrüder. Seine Lebensfreude, sein Glück liegen anderswo: in der selbstbestimmten Aktivität beim Modellbau. Hier ist seine technische Leidenschaft auf einen ihn faszinierenden Gegenstands- und Aufgabenbereich getroffen. Im Lauf der Zeit hat sich daraus ein zutiefst sinnerfülltes Tun entwickelt, das schließlich zu einer echten Liebhaberei wurde. Hier ist er engagiert.

Wir erkennen, daß sich Onkel Eberhard beim Modelleisenbahnbau immer wieder im Zustand des Flow befindet. Alle Anstrengung scheint ihm nicht nur nicht zuzusetzen und seine Lebensenergie zu verbrauchen; nein, aus alledem bezieht Onkel Eberhard Kraft, Elan, Energie. Erst wenn er all das nicht mehr tun könnte (Mallorca), verlöre er sein Lebensglück. Wir konstatieren, daß das Paradies kontraproduktiv ist: das Ende aller Bewegung, der Totpunkt aller Aktivität. Leben aber heißt sich bewegen, sich einsetzen, engagiert sein. Für Onkel Eberhard ist die Betätigung im Modelleisenbahnbau zum Lebenssinn geworden. Dabei wird er immer wieder angetrieben von den zu meisternden Schwierigkeiten, die ihm, wenn er sie schließlich bewältigen kann, Flow-Erlebnisse vermitteln. Damit hat es jedoch noch nicht sein Bewenden. Denn neben der Befriedigung des Neugiertriebs werden ja zwei weitere Ur-Motive angesprochen: Zum einen der Aggressionstrieb. *Natürlich* bekommt er von den mitfahrenden Kindern und deren Eltern Anerkennung, sein Engagement wird lobend erwähnt von Firmeninhabern und Vereinsvorständen; und wenn er einmal einem Kollegen aus dem

Modellbahnverein mit einem Plan oder einer technischen Unterstützung aushilft, kann er sich dessen Dankbarkeit sicher sein. Zum anderen der Bindungstrieb. *Natürlich* erfährt er zwischenmenschliche Bindung, wenn er zusammen mit Modelleisenbahnbauern einen Schautag organisiert und erfolgreich durchführt; er erfährt Sympathie, wenn er einen Kollegen kompetent berät, beispielsweise über die Lösung (bahn-)fertigungstechnischer Probleme; und es entsteht mit dem einen oder anderen sogar ein freundschaftliches Verhältnis, wenn er mit ihm wiederholt kooperiert, wenn man sich im Lauf der Zeit aufeinander verlassen kann und dadurch Vertrauen entsteht.

Die Geschichte von Onkel Eberhard zeigt, daß Eigenaktivität, Selbstforderung und die Konzentration auf ein ausgewähltes Interessengebiet zu intensiven Lusterlebnissen und Lebensqualität führen. Daß es gelingt, soziale Elemente in die technische Neugier zu integrieren, ist nicht ganz selbstverständlich. Manchmal kommt es auch vor, daß Menschen, die sich ganz und gar einer Sache verschrieben haben, Probleme im Umgang mit den Kollegen, im Teamwork bekommen.

Vertrieb

Herr Münzer arbeitet seit über zehn Jahren im Vertrieb und ist für den Verkauf von Computerfachbüchern und CD-ROMs zuständig. Im Verlagsbereich sind Messen und Ausstellungen wichtige Gelegenheiten, um in den Kontakt mit Kunden zu kommen. Dabei ist die Klientel auf den Messen sehr unterschiedlich. So kommen z. B. auf die »Hobby-Elektronik«-Messe hauptsächlich Klein- und Privatkunden. Die Stimmung bei den Messebesuchern ist dabei besonders wichtig, wie Herrn Münzers Erfahrung zeigt. Nach einem mühsamen Messeauftakt und wenig Interesse von Seiten der Besucher auf der »Hobby-Elektronik« machte sich bald Enttäuschung bei den Ausstellern breit. »Wenn die Messe so läuft, dann hätten wir gleich zu Hause bleiben können«, beklagte sich der Chef von Herrn Münzer über die mangelnde Resonanz. Auch sein Mitarbeiter empfand die Situation als frustrierend. Das Herumstehen und Zeittotschlagen machte ihn immer unruhiger, und schließlich bat er seinen Chef darum, etwas Neues ausprobieren zu dürfen. Dieser sagte angesichts der schlechten Stimmung am Stand: »Machen Sie mal, schlimmer kann es ja nicht mehr werden.« Herr Münzer stellte sich also vor dem Stand auf und begann mit lauter Stimme im Stil eines Marktverkäufers das Publikum anzulocken: »Guten Morgen, meine Damen und Herren, es ist genau 11.35 Uhr und 23 Sekunden, wir sind wieder da, Ihr Fachbuchverlag, und wir haben etwas ganz Besonderes für Sie. Nirgendwo bekommen Sie was geschenkt, aber wir schenken Ihnen heute was.« Sein Chef traute den eigenen Augen nicht, als er seinen Mitarbeiter von dieser Seite erlebte. Auch Herr Münzer selbst war überrascht von seinem Auftritt. Nach anfänglicher Unsicherheit stellte er fest, daß sich immer mehr Besucher einstellten, die neugierig zuhörten. Als ein Vater mit seinem kleinen Sohn sich dem Stand näherte, sprach Herr Münzer den Sohn an: »Na, dein Papa hat ja noch gar nichts in seiner Tasche, komm her ich schenk euch was.« Mit strahlenden Augen brachte der Junge seinem Vater die CD-ROM. Die Umstehenden amüsierten sich über die kleine Szene. Ein anderer Messebesucher ließ sich von der munteren Stimmung am Stand mitreißen und fing spontan an, mit Herrn Münzer um die angebotene Ware zu feilschen. Es sprach sich bei den Messebesuchern herum, daß es einen Stand gab, an dem man, wenn man Glück hatte, etwas geschenkt bekommen konnte und wo etwas los war. Am Ende des Messetages hatte Herr Münzer mit seiner unkonventionellen Verkaufsmaßnahme einen überwältigenden Erfolg. Er konnte die besten Verkaufsergebnisse erzielen, die bis dahin auf einer Messe erreicht wurden. »Das war eine echte Gaudi«, kommentiert Herr Münzer seine spontane Messeshow. »Das Schwierigste dabei sind die ersten zwei Sätze. Wenn man aber ins Reden gekommen ist und das Publikum mitmacht, fallen einem immer neue Sprüche ein, und das ist einfach toll.« Auf der nächsten Messe bekam Herr Münzer eine Verstärkeranlage, und mittlerweile ist er der Spezialist für Präsentation und Messeauftritte in seiner Firma.

»Natürlich kann ich so bei einem Großkunden nicht auftreten. In der Einzelbetreuung zählt das persönliche Kennen und das Vertrauen, das ich zu meinen Kunden aufbaue. Die persönliche Bindung ist dabei der Erfolgsfaktor überhaupt. Meine Produkte kann der Kunde auch woanders kaufen, aber die Zuverlässigkeit und Qualität meiner Betreuung nicht. Weil die Kunden unterschiedlich sind, ist es wichtig, zunächst eine persönliche Bindung aufzubauen. Das gelang mir in einem schwierigen Fall z. B. dadurch, daß ich die Fehler meines Vorgängers schnell und kulant behob.« Der vorherige Kundenbetreuer hatte nämlich das Sortiment nicht regelmäßig aktualisiert und alte Fachbuchausgaben nicht kostenlos retourniert. Es gab Handbücher, die acht Jahre alt waren, und das ist in der Computerbranche fatal, weil in kürzester Zeit die Inhalte veralten. »Das war meine Chance zu zeigen, was ich unter Kundenbetreuung verstehe.« Herrn Münzers erste Aktion bei dem vernachlässigten Kunden bestand darin, alle alten Ausgaben kostenlos zurückzunehmen. Er aktualisierte den Bestand und sicherte zu, daß künftig alle drei Monate Bücher und CD-ROMs zurückgenommen und durch Neuauflagen ersetzt würden. Der Kunde war sichtlich froh, daß er nun einen Ansprechpartner hatte, der schnell und unkompliziert die Produktpflege übernahm. »Mit dieser spontanen Maßnahme habe ich den Kunden für uns zurückgewonnen. Mittlerweile sind alle Vorbehalte gegenüber unserem Verlag wieder ausgeräumt, und wir haben gemeinsam ein sehr gutes Arbeitsverhältnis. Und wenn ich mich mit einem Kunden wohlfühle, dann werde ich richtig gut, dann komme ich auf die besten Ideen. Nebenbei sind das auch die Kunden, mit denen ich meine besten Ergebnisse erziele.«

Es macht Herrn Münzer großen Spaß, auf Menschen zuzugehen, sei es auf einer Messe oder in der Einzelbetreuung. Immer wenn es ihm gelingt, eine Brücke zum Gegenüber zu schlagen, und wenn die Kommunikation mit dem Kunden glückt, dann erlebt er eine tiefe Befriedigung.

Spezialistentum

Gelegentlich fragt man sich schon, ob man in einer besonders spezialisierten Tätigkeit Flow erleben kann, etwa bei der Bearbeitung eines sehr speziellen wissenschaftlichen Problems, beim Lackieren von Autos, beim Verkauf von Unterwäsche, bei immer denselben Handgriffen am Fließband. Kann es in solchen Tätigkeiten eine »Verhaltensoptimierung« geben? Dabei steht nicht nur der Flow auf dem Prüfstand, sondern auch der Sinn: Kann man in hochspezialisierten Tätigkeiten überhaupt einen Sinn erkennen?

Zunächst möchte ich (v. Cube) zwei persönliche Erlebnisse mitteilen. Das eine liegt ein halbes Jahrhundert zurück, das andere nur wenige Monate. Als ich mein Studium der Biologie begann, erteilte mir der Professor schon in der ersten Seminarveranstaltung folgenden Auftrag: »Sie halten in vier Wochen ein Referat zum Thema Xeromorphie der Hochmoorpflanzen.« Ich wußte damals nicht, was Xeromorphie ist (die Anpassung der Pflanzen an extrem trockene Standortbedingungen), ich wußte auch nicht recht, was ein Hochmoor ist. Der Auftrag traf mich unvorbereitet. Gleich am nächsten Tag fuhr ich mit dem Rad von Stuttgart aus zu einem Hochmoor im Schwarzwald. Und dann beschäftigte ich mich vier Wochen lang mit den Pflanzen im Hochmoor. Ich studierte vor Ort und wälzte Bücher. Ich konzentrierte mich nur noch auf ein einziges Problem: auf die Xeromorphie von Hochmoorpflanzen. Die Anstrengung – im Schwäbischen sagt man »Brettle bohren« – hat sich mehrfach gelohnt. Ich erlebte einen »Dauer-Flow«, ich erhielt für mein Referat Anerkennung vom Professor und den Kommilitonen, ich wurde zum gesuchten Gesprächs- und Teampartner. Dieses Erlebnis hat mich geprägt. Ich habe gleich zu Beginn meines Studiums das erfahren, was der Pädagoge Kerschensteiner »den Geist des Forschens« nennt. Ich erlebte genau das, was wir in diesem Buch deutlich machen wollen. Die lustvolle Selbstforderung durch Herausforderung.

Und noch eines konnte ich an mir selbst feststellen: die dauerhafte Wirkung der damals erlebten Lust durch Leistung. Sicher geht es anderen Menschen auch so. Wer dieses »tolle« Gefühl« einmal so richtig eingesogen hat, der möchte nicht mehr darauf verzichten, der sucht es sein Leben lang auf.

Vor kurzem hatte ich ein weiteres Erlebnis, das mich an die Xeromorphie erinnerte. Ich besuchte den Vortrag einer Kollegin zum Thema »lebende Fossilien«. Bald stellte sich heraus, daß es im Grunde nur um ein einziges solches Fossil ging: um den sogenannten Peripatus, ein wurmähnliches Tier mit Stummelfüßchen. Der Vortrag wurde mit zahlreichen Bildern des Peripatus angereichert. Beim Vorzeigen eines dieser Bilder brach die Kollegin in Entzücken aus: »Sehen sie nur, wie schön er ist!« Nach dem durchaus interessanten Vortrag sagte eine ältere, mir unbekannte Dame zu mir: »Wie kann man sich ein ganzes Leben lang mit so einem Wurm beschäftigen!«

Genau um diese Frage geht es. Auf der einen Seite gibt es Menschen, die sich lange Zeit, unter Umständen wirklich das ganze Leben lang mit einem hochspezialisierten Gegenstand befassen und dabei enormen Flow erleben, hohe Leistung erbringen und dafür Anerkennung und Bindung erfahren. Auf der andere Seite gibt es den berüchtigten Taylorismus, der durch die Aufgliederung der Arbeit in hochspezialisierte Handgriffe charakterisiert ist. Paradebeispiel ist das Fließband. Bei dieser Art von Arbeit erlebt der Mitarbeiter keinen Flow, erhält nur wenig Anerkennung und bleibt meistens auch isoliert. Es erhebt sich also die Frage: Unter welchen Bedingungen gibt es auch in extrem spezialisierten Arbeiten Lust durch Leistung?

Die Antwort ergibt sich aus dem Kern des Flow-Erlebens, aus der Verwandlung von Unsicherheit in Sicherheit. Ein Flow-Erleben in einem eng begrenzten Tätigkeitsfeld kann nur stattfinden, wenn eine ausreichende Menge an Unsicherheit vorhanden ist, an Unordnung, an Komplexität, an Entropie. Und der Flow kann nur so lange anhalten, bis die Unsicherheit aufgebraucht, also die Sicherheit hergestellt ist. Jeder hat doch schon die Erfahrung gemacht, daß man interessante, inhaltsreiche Bücher oder Filme mehrfach lesen oder ansehen kann, ohne Langeweile zu empfinden. Andere Bücher oder Filme geben schon beim ersten Mal keinen Flow her. In gewisser Weise gilt dies auch für Partnerschaften: Flowhaltige Partner, also solche, die immer wieder neue Ideen haben und für Überraschungen gut sind, können ein Leben lang Lust vermitteln. Andere werden schnell langweilig, sie geben nichts her.

Sehen wir uns nun unsere Beispiele noch einmal an! Das Thema Xeromorphie enthält sicher genügend Flow-

Potential für Wochen oder Monate. Die Einzelfakten müssen ja in einen Zusammenhang gebracht werden, es müssen Hypothesen aufgestellt und geprüft werden. Aus dem Thema Peripatus kann man durchaus ein Leben lang Flow schöpfen. Es geht um vielerlei Probleme: um die Überlebensbedingungen des Fossils, um seine Anatomie, sein Verhalten, seine Fortpflanzung, seine Verbreitung, seine Verwandten, seine Schönheit. Er enthält jede Menge Flow. Am Fließband hingegen gibt es nur Routine, es gibt keine Unsicherheit die man in Sicherheit verwandeln könnte. Dem entspricht die Bemerkung eines Textilunternehmers, der uns gegenüber behauptete, seine Frauen am Fließband seien nach eigener Bekundung zufrieden. Unsere Nachfrage ergab den Grund ihrer Zufriedenheit: Die Frauen sagten: »Wir können dabei so schön an anderes denken«.

Man kann nicht generell sagen, daß Spezialistentum keine Lust durch Leistung ermöglicht – im Gegenteil: Gerade Spezialisten können immensen Flow erleben und als Experten meist auch noch Anerkennung genießen. Voraussetzung dafür ist freilich ein hoher Flow-Gehalt des Spezifikums. Aber es gibt auch ein Spezialistentum ohne Flow, ein Spezialistentum der Routine. In solchen Fällen bewährt sich Job-Rotation, Job-Enrichment, wobei die Anreicherung nur sinnvoll ist, wenn sie neue Unsicherheit enthält. Es gehört mit zu den Führungsaufgaben festzustellen, welches Spezialistentum im Einzelfall vorliegt.

3. Lust durch Leistung – Beispiele aus Produktion und Dienstleistung

Lohn ohne Arbeit: paradiesische Zustände?

Ein großes, international tätiges Logistikunternehmen hatte aufgrund von umfassenden Umstrukturierungsmaßnahmen bundesweit für ca. 50 Mitarbeiter aus dem Bereich Beratung keine Verwendung mehr. Aufgrund ihrer tarif- und arbeitsrechtlich gesicherten Position konnten diese Mitarbeiter jedoch nicht entlassen werden. Dadurch entstand eine eigentümliche Situation für die Betroffenen: Einerseits konnten sie ihre Stelle weiterhin besetzen, andererseits hatten sie nun nichts mehr zu tun, d.h. keine konkrete Aufgaben in ihrem angestammten Fachbereich mehr zu erfüllen. Es war schon paradox: Die Mitarbeiter hatten einen Job, aber keine Arbeit.

Der eine Teil der Mitarbeiter ging weiterhin ins Büro, wo sie allgemein anfallende Tätigkeiten in aller Gründlichkeit, in jedem Fall aber ohne den sonst üblichen Zeitdruck geruhsam abarbeiten konnten. Die Kommunikation mit Kollegen und Mitarbeitern wurde intensiver gepflegt; der Lektüre der Mitarbeiterzeitung und der betriebsinternen Veröffentlichungen wurde ausgiebig Aufmerksamkeit und Zeit geschenkt. Die Fotos vom letzten Betriebsausflug konnten endlich bearbeitet und an die Kollegen gemailt werden. Für diese Gruppe war der regelmäßige soziale Kontakt zu den Kollegen nach wie vor wichtig. So konnten sie, wenn das nun nicht mehr über die Identifikation mit der eigenen Tätigkeit möglich war, wenigstens über die zwischenmenschlichen Kontakte zu den Kollegen dafür sorgen, sich weiterhin dem Unternehmen zugehörig zu fühlen.

Der andere Teil der freigesetzten Mitarbeiter blieb während der eigentlichen Arbeitszeit zu Hause. Dort widmeten sie sich Aktivitäten wie Renovierungsarbeiten in Haus und Hof, der Gartenpflege, der Betreuung der Kinder oder eines Elternteils. Manche engagierten sich ehrenamtlich im kommunalen oder kirchlichen Bereich; und etliche sehnten die Zeit ihrer Frühpensionierung herbei. Denn ihre momentane Situation hatte eine unangenehme Seite: Die Mitarbeiter konnten jederzeit durch einen Anruf der Personalabteilung aus den häuslichen und nachbarschaftlichen Tätigkeiten herausgerissen und auch kurzfristig zu einem Arbeitseinsatz verpflichtet werden.

Wenn die Mitarbeiter mit Job, aber ohne Arbeit von ihrer Situation erzählten, so löste das im Freundes- und Bekanntenkreis vor allem eine Reaktion aus: »Mensch, da hast du aber einen tollen Job. Dir geht's doch gut: Geld verdienen, ohne arbeiten zu müssen.« Beim einen oder anderen entstand sogar Neid; besonders wenn er an den Streß und Zeitdruck dachte, dem er selbst in der täglichen Arbeit ausgesetzt war; oder wenn er überlegte, daß im eigenen Unternehmen derzeit auch Rationalisierungspläne kursierten, die bei ihm und etlichen Kollegen Angst vor einem Stellenabbau hervorriefen, von dem sie selbst betroffen sein könnten.

Diese Reaktionen geben einer allgemeinen Einstellung Ausdruck, der Einschätzung nämlich, daß das Glück darin liegt, nichts arbeiten zu müssen und trotzdem die monatliche Gehaltsüberweisung regelmäßig und zuverlässig zu erhalten. Letztlich steckt die Vorstellung vom Paradies oder vom Schlaraffenland dahinter nach der Maxime: Alles haben – nichts tun. Die Vermutung lautet, daß es sich hier um einen Zustand der reinsten Verwöhnung handelt. Die freigesetzten Mitarbeiter des Logistikunternehmens befinden sich tatsächlich in einer außerordentlichen, arbeitsgeschichtlich einmaligen Situation. Für sie ist die

Utopie der Lust ohne Anstrengung Realität geworden. Doch sieht der ideale Arbeitsplatz wirklich so aus? Empfinden die Betroffenen unter diesen Bedingungen ihre Lebensführung tatsächlich als optimal?

In unserem Workshop über »Gesundheit durch Lust an Leistung« zeigte sich ein ganz anderes Bild als das von zufriedenen, ausgeglichenen Mitarbeitern. Folgende Stimmen beschreiben deren Gesamtbefindlichkeit:

»Dadurch, daß ich nichts mehr zu tun habe, fühle ich mich zutiefst verunsichert«, »Ich darf nicht mehr arbeiten und muß mich bei meinen Kollegen, die ihre Arbeit kaum bewältigen können, ständig dafür rechtfertigen«, »Das Gefühl, nicht mehr gebraucht zu werden, schmerzt mich«, »Ich fühle mich ohnmächtig: Früher habe ich in der Beratung anderen geholfen, heute kann ich mir selbst nicht helfen«, »Ich bin wie eine Nummer: Herumgestoßen auf einem Verschiebebahnhof, werde ich nur noch als Kostenfaktor betrachtet«, »Mir fehlt nicht nur die Anerkennung, darüber hinaus habe ich das Gefühl, gemobbt zu werden, nicht mehr dazuzugehören«, »Die Reaktionen meiner sozialen Umwelt sind eine Mischung aus Angst (bald könnte es auch mir so gehen) und Bedauern«, »Ich fühle mich entwürdigt und gekränkt: Zunächst war ich apathisch, dann habe ich mit Wut und Aggression reagiert«, »Ich kann es noch nicht verkraften, daß ich meine Arbeit nicht mehr selbständig planen und durchführen kann – mir fehlt meine Arbeit als Berater«.

Die Schilderungen der Betroffenen stehen vollkommen im Widerspruch zu der Einschätzung, daß die Situation »Keine Arbeit in der Arbeit« paradiesisch sei. Ganz im Gegenteil: Die Mitarbeiter ohne Arbeit fühlen sich schlecht, verunsichert, entwürdigt; und die Gefahr ist groß, daß sie körperlich oder psychisch erkranken. Das vermeintliche Paradies erweist sich als Vorhölle; es ist eine Utopie, die, sobald man sie verwirklicht, ihre Insassen krank macht. Das monatliche Gehalt zu beziehen, ökonomisch und existentiell abgesichert zu sein, reicht eben nicht aus, wenn man nicht gleichzeitig Anforderungen erfüllen und Leistung erbringen darf. Glück und Zufriedenheit entstehen erst dann, wenn Menschen selbständig planen und durchführen, sich einbringen, Ziele erreichen können, kurz, wenn sie initiativ und aktiv und nicht zur Passivität des Schlaraffenlands verurteilt sind.

Frau Müller-Jung bekommt Lust an ihrer Arbeit

Frau Müller-Jung ist Sachbearbeiterin im Rechnungswesen bei den Stadtwerken einer mittelgroßen Stadt im Südwesten Deutschlands. Ihre Tätigkeit besteht darin, die bei der Erstellung eines Hausanschlusses anfallenden Kosten aufzunehmen und in das elektronische Abrechnungssystem einzubuchen. Ein Gebäude kann erst dann betrieben werden, wenn es durch den Anschluß mit der bereits vorhandenen Infrastruktur der Ver- und Entsorgungsnetze Wasser/Abwasser, Strom und Gas verbunden worden ist. Frau Müller-Jung muß für die dabei anfallenden Tätigkeiten die Material- und Lohnlisten korrekt führen, Arbeitszeiten und -aufwand notieren, Genehmigungen einholen, Rechnungen stellen und begleichen. Sie nahm die anstehenden Arbeiten als unkoordinierte Einzelaktionen wahr, die oftmals mit großer operativer Hektik kurzfristig von den ausführenden Abteilungen an sie herangetragen wurden. Frau Müller-Jung berichtete auch, daß sie unter diesen Bedingungen ihre Arbeit als Streß erlebte.

In dieser Zeit beschloß die Geschäftsführung, ein EDV-System zu installieren, das eine betriebswirtschaftliche und prozeßbegleitende Komplettlösung zur Verbesserung der Abläufe im ganzen Unternehmen, insbesondere aber im Rechnungswesen garantierte. Zusammen mit einem zertifizierten SAP-Partner wurde die EDV auf »R/3« umgestellt. Frau Müller-Jung wurde im Bereich Rechnungswesen die Ansprechpartnerin für die Mitarbeiter des SAP-Partners, der mit der Implementierung des Systems beauftragt war. So bemerkte sie, daß »ihr« Abrechnungskunde ja auch die verschiedenen anderen Abteilungen beschäftigte. Im Zug der Softwareumstellung wurde der intensive Austausch mit den beteiligten Meistereien notwendig. Aufgrund dieser Informationen kann Frau Müller-Jung nunmehr die hinter den einzelnen Daten und Zahlen liegenden technischen Zusammenhänge nachvollziehen und in den Prozeß der Rechnungsstellung mit einbeziehen. Und so gelingt es ihr heute, so manchen besorgten Kunden zu beruhigen, was die noch anstehende Endabrechnung angeht. »Plötzlich wurde meine Arbeit spannend«, berichtete sie.

»Ich tauschte mich intensiv mit meinen Kollegen aus und lernte nicht nur eine neue Software anzuwenden, sondern verstand, wie Mitarbeiter, Verwaltungsbeamte und Kunden in den Gesamtprozeß eingebunden sind. Seit dieser Zeit mache ich meine Arbeit richtig gerne. Ich verstehe nun besser, was ich tue, kenne die Beteiligten und bin im ganzen Haus Ansprechpartnerin für Fragen zu unserem Rechnungswesen.«

Frau Müller-Jung ist mittlerweile in den Abteilungen bekannt und beliebt. Sie unterrichtet Auszubildende und versteht es, spannend und nachvollziehbar den Aufgabenbereich des Rechnungswesens darzustellen. Sie wird inzwischen als Expertin in ihrem Gebiet auch gerne für Fragen der Unternehmensentwicklung hinzugezogen.

Tatsächlich haben sich die Arbeitsinhalte von Frau Müller-Jung nicht geändert. Auch heute ist es ihre Aufgabe, im Rechnungswesen der Stadtwerke den Hausanschluß buchhalterisch zu bearbeiten. Doch wo sie sich früher als Spielball der Anforderungen unterschiedlicher Abteilungen erlebt hat, bearbeitet sie heute aktiv den Gesamtprozeß »Hausanschluß«. Dabei weiß sie genau, wie die einzelnen Bereiche zusammenwirken, damit die vom Kunden gewünschte Dienstleistung erbracht werden kann. Diese Kenntnis versetzt sie in die Lage, auf die vielfältigen Situationen schnell und flexibel zu reagieren. Sie gestaltet den Arbeitsablauf mit. Sie erarbeitet mit den Meistern und Technikern und mit den zuständigen Behörden kompetent Lösungen für den einen oder anderen Sonderfall.

Die Tatsache, daß ihr die Arbeit Spaß macht, daß sie Lust an Leistung hat, sorgt nicht nur für eine höhere Lebensqualität in der Arbeit, sondern fördert auch ihr gesamtes Wohlbefinden und ihre Gesundheit. Und das bemerken auch ihre Kunden, Kollegen und Mitarbeiter. Ihre positive Grundeinstellung zur Arbeit strahlt aus auf den Umgang mit Menschen und verbessert so die Stimmung und Atmosphäre im Zwischenmenschlichen. Ebenso positiv beeinflußt ist auch die Zusammenarbeit zwischen den Kollegen im Versorgungsbetrieb. Die Unternehmensleitlinie »Wir kommunizieren offen« wird im konkreten gemeinsamen Handeln aktiv mit Leben erfüllt. Und die gefestigten Bindungen ermöglichen es den Kollegen, auch einmal eine Auseinandersetzung zu führen, ohne daß dabei kostbares Porzellan zerschlagen wird. Im Gegenteil, man geht für das gemeinsame Handeln gestärkt daraus hervor.

Hausmeister Brehm rettet das Krankenhaus

Herr Brehm arbeitet als Hausmeister in einer Klinik in Sachsen. Seine Hauptaufgabe besteht darin, die technische Versorgung der Klinik zu gewährleisten, kleinere Reparaturen selbständig zu erledigen und bei größeren technischen Problemen den entsprechenden Servicetechniker mit der Lösung zu beauftragen. Die Erfahrung, die er über viele Jahre gesammelt hatte, war, daß die Mitarbeiter des Hauses es als selbstverständlich betrachteten, daß die Haustechnik funktionierte. Kam es aber irgendwo zu Ausfällen oder Störungen, so wurde dies sofort kritisiert. Er empfand seine Arbeitssituation folgendermaßen: »Man hält den Laden die ganze Zeit am Laufen, und wenn einmal etwas nicht funktioniert, dann kommt gleich eine Beschwerde.« Er formuliert damit eigentlich das typische Hausfrauensyndrom. Die Arbeit wird als selbstverständlich wahrgenommen. Die Konsequenz: Herr Brehm geht auf Distanz zu seiner eigentlichen Tätigkeit. Letztlich fühlt er sich seiner Institution gar nicht mehr so recht zugehörig.

Dieser Zustand änderte sich schlagartig mit der Bedrohung der Klinik durch das Elbhochwasser im Sommer 2002. Die Aufrechterhaltung der Haustechnik, insbesondere der Stromversorgung und der Kommunikation über Funk, wurde für das erfolgreiche Krisenmanagement ausschlaggebend. Dadurch erfuhr in der akuten Notsituation auch die Arbeit des Hausmeisters eine ungeheure Aufwertung. Solange die Versorgung mit Elektrizität gewährleistet war, mußte das Haus nicht evakuiert werden. Um diesen Zeitpunkt möglichst lange aufzuschieben, bezog Herr Brehm in der kritischen Nacht unmittelbar beim Stromaggregat im Keller Stellung. Dort saß er barfuß auf einem Campingstuhl. Er hatte seine Schuhe und Strümpfe ausgezogen, damit er spüren konnte, wenn das Wasser im Keller einbrach, selbst wenn er nach den vielen Stunden des Wartens eingenickt sein sollte. Als es dann soweit war und das Wasser eindrang, verharrte er auf seinem Posten; denn er wollte die Anlage nicht abschalten, bis das Wasser die kritische Höhe erreicht hatte. Doch dazu kam es nicht. Durch seine Einsatzbereitschaft ermöglichte es Herr Brehm, daß die Klinik nicht vollständig evakuiert werden mußte. In der Ernstfallsituation konnte er sein Engagement für die Klinik unter Beweis stellen. In der Folge hat er das bekommen, was er vorher so lange Zeit entbehren mußte: Anerkennung und Wertschätzung von der Klinikleitung, der Ärzteschaft, den Krankenschwestern und Pflegern und nicht zuletzt von den Patienten. Der Klinikdirektor berichtete in der Rückschau auf das Krisenmanagement, daß der Hausmeister seit diesem Zeitpunkt »wie ausgewechselt« gewesen sei.

Was hat dieses hohe Maß an Einsatz und Engagement bei Herrn Brehm ausgelöst? Es ist nicht die Tätigkeit, die er in der Ausführung selbst als faszinierend erlebt. Eigentlich könnte jeder andere im Keller sitzen und darauf warten, bis das Wasser einen gewissen Pegel überschreitet, bevor er das Stromaggregat abschaltet. Natürlich ist das nicht tägliche Routine, ein Hauch von Abenteuer weht durch die flutbedrohten Kellergänge. Besondere Kenntnisse, Expertentum und außerordentliche Qualifikationen sind zur Erledigung dieses Jobs jedoch nicht notwendig. Das heißt, daß Flow als zentraler Beweggrund ausscheidet. Nein, die Gefahrensituation bietet Herrn Brehm eine ganz andere Gelegenheit; die Chance nämlich, mit seinem besonderen und von den anderen Mitarbeitern überhaupt nicht erwarteten Beitrag das Funktionieren der Klinik aufrechtzuerhalten. Denn wer in der Not die Gemeinschaft schützen kann, der wird für alle wertvoll.

Man könnte nun einwenden, daß es kein ehrenwertes Motiv ist, das den Hausmeister dazu veranlaßt, sich in der genannten Art einzusetzen. Es ist weder besonders moralisch, noch sehr altruistisch, wenn es letztlich »nur« um die Anerkennung geht, so könnte die Begründung lauten. Aber machen wir uns damit nicht etwas vor? Nämlich, daß alle gemeinschaftsdienlichen Taten gleichzeitig immer selbstlos und uneigennützig sein müssen? Nein, schon der schottische Ökonom Adam Smith (2001) hat vor über 300 Jahren formuliert, er sei froh darüber, daß Bäcker nicht aus Gemeinsinn ihre Brötchen backen, sondern weil sie Anerkennung in Form von Geld dafür erhalten.

Sonst wären wir beim Brötchenkauf auf die Gnade und Sympathie des Bäckers statt auf Anerkennung und Wertschätzung seiner Leistung angewiesen. Es erweist sich, daß Anerkennung die Währung für Leistung ist. Das Streben nach Anerkennung ist demnach kein anrüchiges, sondern ein durch und durch ehrenwertes Motiv dafür, Leistung und besonderen Einsatz zu erbringen.

Oft genug beobachten wir einen Mangel an Anerkennung, den viele Menschen schmerzhaft empfinden. Wie Herr Brehm leiden sie unter dem Defizit unzureichenden positiven Feedbacks. Natürlich sind Menschen auf Anerkennung angewiesen. Wenn sie lange genug keine erhalten, streben sie mit aller Kraft danach. Anerkennung für Leistung zu erhalten, ist ein starkes Motiv, ein mächtiger Beweggrund. In Beruf und Freizeit, im Arbeitsteam und in der Familie spielen Anerkennung und Wertschätzung eine wichtige Rolle für Lebensqualität und Arbeitszufriedenheit, wie etliche Studien zu diesem Thema nachweisen.

Tonis Erfindung

Toni war ein einfacher Arbeiter in der Produktion eines mittelständischen schwäbischen Medizingeräteherstellers. Seine Arbeit bestand darin, die Oberfläche kleiner Drehteile von der Größe eines Fingerhuts in einer Sandstrahlkabine zu säubern. Eine saubere Oberfläche war die Grundvoraussetzung dafür, daß beim späteren Galvanisieren die hochreine Güte der Kleinteile erreicht werden konnte. Bei aller Notwendigkeit, diese Arbeit gewissenhaft durchzuführen, war die Tätigkeit des Sandstrahlens selbst doch höchst eintönig. Toni nahm jedes einzelne Teil in die Hand, hielt es eine gewisse Zeit unter den Sandstrahl, drehte es, damit es von allen Seiten gesäubert wurde, und steckte es dann wieder in eine Box zur Weiterbearbeitung. Den Arbeitern an den Sandstrahlkabinen wurde es nach kurzer Einarbeitungszeit natürlich langweilig. Hier handelte es sich nicht um eine Tätigkeit, die ihre Aufmerksamkeit voll in Anspruch nahm – im Gegenteil. Einige seiner Kollegen verwendeten den nicht genutzten Teil ihrer Wahrnehmungskapazität für intensive Gespräche während der Arbeit. Sie tauschten sich beispielsweise über die jüngsten Fußballergebnisse der Regionalliga aus, diskutierten das Für und Wider bestimmter Autotypen und Motorisierungsklassen oder besprachen die Organisation des anstehenden Schützenfests. Andere verchromten die Beschläge ihrer Motorräder, was sie natürlich nur dann taten, wenn sie sich sicher sein konnten, daß der Meister gerade in einer Besprechung war. Manche Mitarbeiter veranstalteten auch Wettrennen mit den Gabelstaplern durch das Materiallager, um sich die Zeit zu vertreiben.

Für Toni kamen diese Formen der Ablenkung von der eintönigen Arbeit jedoch nicht in Frage. Wenn es z.B. während der Arbeitzeit zu einem kleinen Leerlauf kam, suchte er seine Kollegen in der Schlosserei auf, um sich bei ihnen über Vorrichtungen und technische Verfahren in der Galvanikabteilung zu informieren. Er besorgte sich Zangen, Gabelschlüssel und Schraubendreher und andere Werkzeuge, um kleinere Reparaturen an den Sandstrahlkabinen durchzuführen. Deshalb war er bei den Kollegen der Instandhaltung auch beliebt. Denn sie wußten, daß er ihnen mit dem selbständigen Durchführen kleinerer Reparaturen einige Arbeit abnahm. Der Bereich »Sandstrahlen« lief nach der Erfahrung der Instandhaltungsschlosser praktisch wie von selbst. So sehr Toni die Abwechslung genoß, wenn er die Maschinen wartete, so eindringlich wurde ihm immer wieder klar, daß seine eigentliche Arbeit darin bestand, monotone und langweilige Einzeltätigkeiten durchzuführen.

Während der langen Phasen, in denen Toni die Drehteile säuberte, setzte er sich immer wieder mit der Frage auseinander, wie man in einem Durchgang nicht nur ein Teil bearbeiten konnte, sondern mehrere auf einmal. Im Lauf der Zeit entwickelte er eine Idee: Das Drehkarussell in der Sandstrahlkabine. Die Vorrichtung bestand aus einem Metallteller, an dessen Rand 50 Stifte angebracht waren. Auf jeden Stift konnte ein Drehteil gesteckt werden. Um die Drehteile so an der Sandstrahldüse vorbeizuführen, daß die gesamte Oberfläche gesäubert wurde, mußte das Karussell mit einem Antrieb versehen und in die Kabine eingebaut werden. Auf diese Weise konnten in einem Arbeitsgang 50 Teile bearbeitet werden! Toni war von dieser Lösung fasziniert. Er stürzte sich mit Feuereifer darauf, seine Idee in die Tat umzusetzen. Er verwendete dafür vor allem die Zeit nach Feierabend und die Wochenenden. Ohne seine Kollegen zu informieren, arbeitete er zwei Monate lang intensiv an seiner Erfindung. Schließlich war es soweit. Etwas zurückhaltend weihte er zunächst seinen Meister ein. »Chef, ich habe da so eine Idee, ich möchte Ihnen etwas zeigen.« Die anfängliche Zurückhaltung des Meisters war wie weggeblasen, als er die Funktion und Wirkungsweise des Karussells erkannt hatte. Gleich bei der Vorführung im ersten Einsatz funktionierte es hervorragend. 50 Drehteile auf einen Streich! Während bisher ein Teil ca. eine Minute Arbeitszeit beansprucht hatte, waren nun 50 Teile in weniger als zehn Minuten fertig. Ein Ingenieur der Entwicklungsabteilung war bei der Präsentation von Tonis Erfindung anwesend. Nach eingehenden Kontrollen wurde festgestellt, daß auch die Qualität der

Teile tadellos war. Der Medizingerätehersteller gab daraufhin beim Werkzeugbau des eigenen Unternehmens die Konstruktion weiterer Karusselle in Auftrag, um die übrigen Strahlkabinen damit auszurüsten. Toni war der Held des Tages. Neben vielfachem Lob und Anerkennung von allen Seiten bekam er auch eine Prämie von der Personalabteilung.

Bei allen Arbeitern an den Sandstrahlkabinen zeigt sich klar und deutlich, daß die Tätigkeit selbst nicht die gesamte Aufmerksamkeit bindet. Im allgemeinen füllen die Mitarbeiter ihre Freiräume mit arbeitsfremden Inhalten und Aktivitäten aus. Damit verliert die Arbeit das Schönste, was sie hat, nämlich in einem der letzten Ernstfälle unseres ansonsten sehr gesicherten Lebens tatsächlich Unsicherheit in Sicherheit zu verwandeln und dadurch die Lust des Flow-Erlebnisses zu gewinnen. Die Mitarbeiter empfinden ihre Arbeitsroutine und die damit verbundene Sicherheit als so groß, daß der eine oder andere in der Arbeitszeit selbst sogar aktiv neue Unsicherheit herstellt, wie das Beispiel mit den Gabelstaplern zeigt. Es wird deutlich, daß diese Mitarbeiter unter zuviel Sicherheit leiden, was sie veranlaßt, vor Ort neue Unsicherheiten aufzusuchen, ohne dabei an die daraus resultierenden Risiken oder Gefahren zu denken. Die meisten Programme zur Verbesserung der Arbeitssicherheit berücksichtigen dieses grundlegende menschliche Triebverhalten nicht, was leider auch allzu oft zu falschen Maßnahmen bei Sicherheitsschulungen und -trainings führt.

Tonis Verhalten ist etwas anders gelagert als das seiner Kollegen. Er begreift, obwohl die Tätigkeit selbst monoton ist, seine Arbeit weiterhin als Ernstfall. Das gelingt ihm aber nur, weil er seinen Freiraum so nutzt, daß er nicht nur Arbeitsaufträge ausführt, sondern auch die Mühe und Anstrengung z.B. bei der Wartung der Maschinen nicht scheut. So schafft seine Aktivität Freiräume, Phasen des selbstbestimmten Arbeitens und Gestaltungsmöglichkeiten. Im Gegensatz zu den Kollegen, die Ablenkung und Zerstreuung suchen, finden wir bei Toni Konzentration und Vertiefung. Deshalb ist seine Arbeit für ihn spannend; er erlebt Flow in der Tätigkeit selbst. Das ist für die meisten Menschen ein Optimum an Erlebnisqualität in der Arbeit, wie es viele empirische Studien über Arbeitszufriedenheit bestätigen. Doch dabei bleibt Toni nicht stehen. Er begnügt sich nämlich nicht länger wie bei den Reparaturen mit der Wiederherstellung des Status quo.

Weil ihm die Reparaturen in aller Regel gelingen, bekommt er positive Rückmeldungen durch den Prozeß selbst. Das führt zu einer Kompetenzerweiterung, fördert sein Zutrauen in die eigenen Fähigkeiten und stärkt sein Selbstwertgefühl. Auf der Basis dieses neugewonnenen qualifikatorischen Profils bietet Toni die Instandhaltung der Sandstrahlkabinen keine neue Herausforderung mehr. Deshalb lenkt er seinen Blick auf einen neuen Gegenstand. Damit löst er kein anstehendes Problem, wie bei der Reparatur der Maschinen, sondern er formuliert ein neues Problem. Denn das ist der entscheidende Unterschied zwischen Problemlösung und Innovation. Problemlösung besteht in der Bewältigung bestehender Aufgaben, Innovation bedeutet, erstmalig ein bisher in dieser Art nicht vorkommendes Problem zu erkennen und eine Lösung dafür zu »erfinden«. Als Toni das Licht aufgegangen war, daß man die Drehteile auf einem Karussell durch den Sandstrahl rotieren lassen konnte, war er davon so fasziniert, daß er seine ganze Freizeit, sein ganzes technisches Können dafür einsetzte, diese Idee zu realisieren. Es war eine Zeit höchster Motivation, ein Arbeiten mit schöpferischen und kreativen Elementen, eine Phase innovativer Produktivität. Keine Frage, Toni befand sich in einer besonderen

Situation intensiver Konzentration, er erlebte »Experten«-Flow auf hohem Niveau.

4. Lust durch Leistung – das wahre Glück?

Csikszentmihalyi: das Geheimnis des Glücks

Wir haben aufgezeigt, daß Lust durch Leistung höchste Lebensqualität bedeutet. Tatsächlich werden in dieser Kombination beide evolutionären Grundprogramme erfüllt: das Anstrengungsprogramm und das Lustprogramm. Was kann man noch mehr wollen? Ist Lust durch Leistung das wahre Glück?

Zumindest kommt Lust durch Leistung dem wahren Glück sehr nahe. Verhaltensbiologisch gesehen fehlen zum Glück zwei hier nicht näher ausgeführte lustvolle Triebbefriedigungen: Nahrung und Sexualität. Daß gutes Essen und befriedigende Sexualität zur Grundausstattung eines glücklichen Lebens gehören, wird niemand bestreiten. Die Lustmaximierung bezieht sich selbstverständlich auf sämtliche Triebe, wobei allerdings manche Kombinationen Probleme aufwerfen. Im folgenden wollen wir einen Blick werfen auf die Vorstellungen von drei bekannten Glücksautoren: Mihaly Csikszentmihalyi, Dale Carnegie, Stefan Klein. Wir halten es für spannend, die Auffassungen von Autoren, die nicht auf die Verhaltensbiologie Bezug nehmen, mit unseren Ergebnissen zu vergleichen. Es ist übrigens kein Zufall, daß die Glücksliteratur in neuerer Zeit so boomt. Der befreite Mensch, der selbstbestimmte und selbstverantwortliche, sucht – selbstverständlich – nach dem Glück. Aber er ist unsicher, er findet offensichtlich nicht so leicht den richtigen Weg.

In seinem Buch »Flow – das Geheimnis des Glücks« fordert Csikszentmihalyi, daß man die Dinge selbst in die Hand nehmen müsse. Man müsse »alle zur Verfügung stehenden Instrumente anwenden, um sich ein sinnvolles, erfülltes Leben zu schaffen«. Csikszentmihalyi gibt auch den Weg zu diesem Ziel an: das Flow-Erlebnis. Dieses haben wir ausführlich begründet und dargestellt. Deshalb gehen wir der Frage nach, was Csikszentmihalyi über die anderen evolutionären Lustquellen, Anerkennung und Bindung, schreibt.

Wenn wir es richtig beurteilen, sieht Csikszentmihalyi in der Anerkennung keine gesonderte Glückskomponente. Auffallend ist freilich, daß unter den zahlreichen Beispielen für hohen Flow sehr viele Menschen angeführt werden, die über Flow-Erlebnisse »hervorragende« Leistungen vollbracht haben. Das Phänomen des Herausragens, also der Anerkennung und des Ansehens, scheint also beim Glücksempfinden doch eine wichtige Rolle zu spielen.

Bezüglich der Bindung nimmt Csikszentmihalyi eine klare Position ein: Sie ist ein ganz wesentlicher Bestandteil von Glück. Hier geht der Autor ausdrücklich auf die Evolution zurück: »Es besteht kein Zweifel«, schreibt er, »daß wir vorprogrammiert sind, die Gesellschaft anderer zu suchen« (1992). Konsequenterweise spricht er auch vom »Schmerz der Einsamkeit«. Im Kapitel »Wie man Freundschaften genießt« zitiert Csikszentmihalyi zustimmend Aristoteles: »Denn ohne Freunde würde niemand leben wollen, auch wenn er alle anderen Güter hätte.« Freilich – Freundschaft wird bei Csikszentmihalyi aufs engste mit Flow verbunden, mit der gemeinsamen Bewältigung von Herausforderungen. Mit Freunden macht man Entdeckungen und besteht Abenteuer. Freundschaft ist für Csikszentmihalyi ein wichtiger Bestandteil von Glück: »Man muß sie genauso fleißig pflegen wie eine Karriere oder die Familie.«

Neben dem Flow als Hauptpfeiler des Glücks spielen also auch Anerkennung und Bindung eine zentrale Rolle, sofern sie von Flow begleitet werden. Was aber sagt der Autor zur sexuellen Komponente des Glücks? Natürlich kennt auch Csikszentmihalyi die extremen Glücksgefühle der Sexualität, und er sagt zu Recht, »daß die meisten unserer Handlungen direkt oder indirekt von sexuellen Bedürfnissen geleitet« seien, aber er weiß auch, wie leicht die sexuelle Lust schal werden kann. »Besonders schwer ist es, jahrelang mit dem gleichen Partner Freude an Sexualität zu bewahren.« Wie kann man Liebe frisch erhalten? Hier gibt Csikszentmihalyi einen für ihn typischen Rat: »Die Beziehung soll immer komplexer werden, man sollte zusammen reisen, das gleiche Buch lesen, Kinder großziehen, Pläne schmieden und verwirklichen – alles wird erfreulicher und sinnvoller.« Schön, aber wird auf diese Weise sexuelle Lust gesteigert? Wird nicht vielmehr gemeinsam Flow erlebt? Verrät sich Csikszentmihalyi nicht schon durch die Überschrift des Kapitels »Sex als Flow«?

Zusammenfassend können wir sagen: Csikszentmihalyi sieht den Hauptpfeiler von Glück im Flow. Aber auch Anerkennung und Bindung spielen eine wichtige Rolle beim Glücksempfinden. Insofern finden wir uns durch die Auffassungen von Csikszentmihalyi weithin bestätigt. Allerdings neigt unseres Erachtens Csikszentmihalyi dazu, die glücksbringende Funktion von Flow zu einseitig zu betrachten, was in seinen Ausführungen zur Sexualität und Nahrung besonders deutlich wird.

Carnegie: Freu dich des Lebens

Dale Carnegie gehört zu den bekanntesten Autoren der klassischen Ratgeberliteratur. In seinen Büchern widmet er sich den Fragen über Glück und Erfolg in Freizeit und

Beruf. Seine Ratschläge beziehen sich auf die Steigerung der Selbstsicherheit und auf den gelungenen Umgang mit anderen Menschen. Viele Führungskräfte, mit denen wir zusammengearbeitet haben, berichteten uns, daß sie Carnegie gelesen haben und seine Empfehlungen schätzen. Sein Ansatz wird auch als »Philosophie des gesunden Menschenverstandes« bezeichnet, und so beschreibt Carnegie anhand vieler Beispiele aus dem Alltag, wie es Menschen gelungen ist, Probleme mit ihrem Aussehen, ihrem Auftreten und ihrem Umgang mit anderen Menschen zu lösen. Er verweist auf persönliche Erlebnisse von Künstlern, Managern und Politikern, berichtet über historische Begebenheiten und führt nicht zuletzt die eigenen Lebenserfahrungen an, um daraus Grundregeln abzuleiten über den Umgang mit sich selbst und mit anderen Menschen.

Carnegie betont, wie wichtig es ist, sich selbst anzunehmen und sich nicht wegen mangelndem Selbstvertrauen zu verstellen oder gar andere erfolgreiche Menschen nachzuahmen. Aus seinen Beschreibungen geht hervor, daß es den Menschen erst dann gelingen kann, mit ihren Problemen fertig zu werden, wenn sie nicht mehr an sich selbst zweifeln. So berichtet er über eine Frau, die sich unattraktiv und unzulänglich fühlte und deshalb ständig versuchte, sich an andere anzupassen: »Ich war ein Versager. [...] Blitzartig erkannte ich, daß an meinem ganzen Elend meine Versuche schuld waren, mich in eine Form zu pressen, in die ich nicht hineinpaßte. Ich veränderte mich von einem Tag auf den anderen. Ich fing an, ich selbst zu sein ... meine eigene Persönlichkeit zu erforschen, ... meine Stärken, meine Schwächen zu entdecken ... Es dauerte alles sehr lange – aber heute bin ich so glücklich, wie ich es nicht einmal im Traum zu hoffen gewagt hätte« (2001).

Carnegie zeigt, welche oft unerwarteten positiven Konsequenzen die Befragten erfuhren, wenn es ihnen gelang, zu sich selbst zu stehen. Er kann aber doch nicht angeben, welches Grundmotiv hinter seinen Ratschlägen für mehr Erfolg steckt und was den positiven Impuls bei den Betroffenen ausgelöst hat. Schauen wir uns die dargestellten Zusammenhänge unter verhaltensbiologischer Perspektive an! Selbstzweifel, Sorge und Angst lösen Verunsicherung aus. Machen Menschen ihr eigenes Erscheinungsbild, ihr Auftreten oder ihr Verhalten für die Verunsicherung verantwortlich, dann versuchen sie oft, dieses zu verändern. Gelingt das nicht, weil Aussehen und grundlegende Verhaltensdispositionen nur bis zu einem gewissen Grad beeinflußbar sind, droht eine permanente Verunsicherung. Menschen können aber erst auf der Basis von Sicherheit aktiv und initiativ werden, Neues angehen, neue Herausforderungen bestehen. Fehlt diese Grundsicherheit, weil man sich selbst in Frage stellt, dann wird alles Unbekannte als Bedrohung empfunden, im Sinne einer zusätzlichen Verunsicherung. Die damit einhergehende Angst verstärkt wiederum die schon vorhandene Unsicherheit. Es gibt nur einen Ausweg aus der Unsicherheitsspirale: den Aufbau von Sicherheit! Darin liegt der Erfolg von Carnegies Empfehlungen: Selbstvertrauen, Selbstakzeptanz und positives Denken bewirken Sicherheit.

Auf der Basis von Selbstsicherheit können dann Potentiale und Fähigkeiten erkannt und aktiviert werden. Daneben regt Carnegie an, Stör- und Verunsicherungsfaktoren wie Frustration, Sorgen, Langeweile, Problemfixierung und unberechtigte Kritik auszuschalten. So empfiehlt er z.B. Übungen zur Entspannung und bei langweiligen Tätigkeiten sich selbst Neugierreize zu setzen. »Wir werden selten müde, wenn wir etwas Aufregendes und Spannendes tun«. Immer wieder betont er, wie wichtig es ist, eine positive Grundhaltung zu entwickeln, indem man seine Perspektive auf die Möglichkeiten und Chancen richtet und sich von Sorgen und Problemen freimacht, die hemmend und belastend wirken. Carnegie zielt darauf ab, durch Zutrauen und Zuversicht Aktivität freizusetzen und so zum Handeln zu motivieren. Wer seine Ratschläge beherzigt, dem gelingt es, eine, wie Carnegie sich ausdrückt, geistige Haltung auszubilden, die Glück und Frieden gibt.

Carnegie beschreibt also, wenn auch nicht ausdrücklich, vielfältige Facetten einer Sicherheitsstrategie. Die Verhaltensbiologie macht deutlich, daß die Erfolge, von denen Carnegie berichtet, ihre Ursache in der Aktivierung des Neugiertriebs haben. Wenn die Neugier durch zuviel Unsicherheit blockiert ist oder durch ein Übermaß an Sicherheit einschläft, dann entsteht Angst oder Langeweile, und man empfindet Müdigkeit, Apathie, Sorgen, Streß oder das Gefühl, ausgebrannt zu sein. Deshalb muß jede erfolgreiche Strategie, mit der man die genannten negativen Emotionen überwinden möchte, darauf zielen, Verunsicherungen abzubauen und Sicherheit aufzubauen. Gelingt es, auf der Basis von Sicherheit, neue Herausforderungen zu bewältigen, dann stellen sich intensive Glücksgefühle ein, die Lust des Sicherheitstriebs.

Carnegies Anerkennungs-Aggressionsstrategie

Für den Umgang mit Menschen empfiehlt Carnegie, auf Kritik zu verzichten: »Anstatt die Menschen zu verurteilen, sollten wir besser versuchen, sie zu verstehen. Versuchen herauszufinden, warum sie so und nicht anders handeln. Das ist vermutlich einträglicher und interessanter als Kritik. Dadurch schaffen wir eine Atmosphäre der Sympathie, Nachsicht und Güte.« Als nächstes rät er dazu, den Menschen Anerkennung und Wertschätzung zu geben.

»Hier haben wir es mit einem nagenden, unstillbaren Hunger zu tun. Und in den Händen jener wenigen, denen es gelingt, diesen seelischen Hunger anderer zu stillen, sind die Menschen wie Wachs.« Carnegie berichtet von einem zu seiner Zeit berühmten Manager, der sagte: »Durch Anerkennung und Aufmunterung kann man in einem Menschen die besten Kräfte mobilisieren. Nichts tötet hingegen seinen Ehrgeiz so gründlich wie Kritik vom Vorgesetzten. Ich kritisiere nie jemanden. Ich glaube, daß man Menschen zur Arbeit anspornen muß. Deshalb lobe ich ebenso gerne, wie ich ungern tadle. Bin ich mit einer Leistung zufrieden, so anerkenne ich sie aufrichtig und gehe großzügig mit Lob um.« Anerkennung und Aufmerksamkeit sind nach Carnegie die Grundlagen dafür, Freunde zu gewinnen und ein glückliches Leben zu führen.

Verhaltensbiologisch gesehen setzt Carnegie im Umgang mit Menschen auf die Aggression. Beim Aggressionstrieb geht es um den Sieg über den Rivalen, und die biologische Belohnung des Siegers besteht in intensiven Lusterlebnissen. Erfährt man Anerkennung von seinem Gegenüber, so wird das subjektiv wie ein Sieg empfunden. Man fühlt sich herausgehoben, man steigt innerlich ein Siegertreppchen hoch. Carnegie schlägt deshalb vor, Kritik zu vermeiden und hauptsächlich Anerkennung zu geben. Die Grenzen seiner Anerkennungsstrategie liegen aber genau dort, worauf er seine Anstrengung richtet: nämlich Freunde zu gewinnen und im sozialen Bereich ein glückliches Leben zu führen. Einen Mitmenschen durch Anerkennung anzuheben, reicht nicht aus, um sich freundschaftlich näherzukommen. Hier fehlt das Motiv Bindung und damit verbunden das gemeinsame Handeln. Wir müssen Carnegie an dieser Stelle ergänzen. Der Weg zur Freundschaft lautet nicht »Erkennen Sie Ihre Mitmenschen an«, sondern »Handeln Sie gemeinsam und erleben

Sie dabei Bindung an Ihren Partner. Erkennen Sie Ihren Bindungspartner an, und schätzen Sie seinen Beitrag zum gemeinsamen Handeln wert. Seien Sie aufmerksam, und interessieren Sie sich füreinander.« Erst durch das Motiv Bindung entsteht eine geprüfte und belastbare Freundschaft. Bindung bildet darüber hinaus die emotionale Voraussetzung dafür, kritisieren zu können. Einen Rat unter Freunden kann man annehmen, weil man mit dem Wohlwollen des anderen rechnet. Und nicht zuletzt ist Bindung auch dazu geeignet, Sicherheit zu vermitteln in Situationen der persönlichen Verunsicherung. Und das ist immer dann nötig, wenn wir mit Methoden der Selbstakzeptanz und des positiven Denkens nicht mehr weiterkommen.

Klein: die Glücksformel

Stefan Kleins Buchtitel »Die Glücksformel« ist durchaus wörtlich zu nehmen. Er untersucht nämlich, welche chemischen Prozesse im menschlichen Körper für unser Wohlbefinden verantwortlich sind und wie diese ausgelöst werden. »Gedanken, Gefühle, ja selbst Träume sind eben keine Luftschlösser, sondern sie kommen auf einer ganz handfesten Grundlage zustande, und deren Basis ist die Chemie« (2002). Schauen wir uns die Triebe in dieser Perspektive an.

Klein schildert die beglückende Wirkung von Essen und Trinken, die weit über die körperliche Notwendigkeit der Nahrungsaufnahme hinausreicht. »Es ist wunderbar, in wie nahen Beziehungen Menschenglück und Putenbraten zueinander stehen«, zitiert er Theodor Fontane, der weiterhin feststellt: »Wer einen Wein aus der berühmten Lage Erbacher Marcobrunn im Rheingau zu genießen vermag, [könne] gar nicht allzu unglücklich sein.« Chemisch betrachtet setzt der Geschmack von Braten und Wein auf der Zunge

Beta-Endorphin frei, und dieses »bläst die Trauer davon«. Klein weist darauf hin, daß die Fähigkeit des Schmeckens zeigt, daß der Mensch für das Glück gebaut ist und wie nützlich das Genießen sein kann. Auch bei der Sexualität spielen vielfältige, zum Teil rauschhafte Gefühle eine Rolle. Diese werden durch die Ausschüttung der Hormone Vasopressin bei Männern und Oxytocin bei Frauen ausgelöst. Die starke Lust, die dabei erlebt wird, zeigt sich an der dabei zu beobachtenden Hirnaktivität, die vergleichbar ist mit dem Gehirnzustand unter Einfluß von Drogen wie Heroin oder Kokain. Warum im Bereich der Sexualität besonders starke Lusterlebnisse nötig waren und sind, haben wir in unserer Darstellung der fünf Triebe beschrieben.

In der Gier nach Neuem sieht Klein eine wichtige und mächtige Triebfeder für das Glücksempfinden. »Neuigkeiten zu verdauen gehört zu den wichtigsten Aufgaben des Gehirns. Die grauen Zellen fordern Nahrung.« Diese Nahrung heißt, chemisch gesehen, Dopamin. Es steuert als chemischer Botenstoff das Neugierverhalten, und Klein vermutet, daß die unterschiedlich stark ausgeprägte Verwertungsfähigkeit von Dopamin im Gehirn dafür verantwortlich ist, wie stark die Neugier bei einzelnen Menschen ist, welche Reizstärken notwendig sind, um den chemischen Prozeß Neugier in Gang zu setzen. Dieses von Klein bezeichnete Abenteurersyndrom illustriert er am Beispiel Casanovas: »Noch im hohen Alter verfaßte er nicht nur seine Memoiren, die zwölf Bände füllten, sondern auch Science-Fiction-Romane, in denen er das Auto, das Fernsehen und das Flugzeug vorhersah. Schließlich bringt Neugier Menschen dazu, Neues nicht nur zu suchen, sondern auch zu schaffen.« Obwohl Klein Neugier und Flow getrennt vorstellt, können wir bei der Lektüre seiner Ausführungen einen interessanten chemischen Zusammenhang feststellen: Beim Flow spielt – wie bei der Neugier –

Dopamin die zentrale Rolle, »weil dieser Botenstoff die Aufmerksamkeit steuert und lustvolle Erregung hervorruft«. Neugier und Flow haben also die gleichen chemischen Wurzeln.

In der Freundschaft sieht Klein eine weitere Quelle des Glücks. »Bindungen an andere sind einer der wenigen äußeren Faktoren, die unter praktisch allen Umständen die Lebenszufriedenheit steigern.« Und nicht nur das. Bindungen beeinflussen die Lebenserwartung im Schnitt mindestens genauso stark wie die schon bekannten Einflußfaktoren Rauchen, Bluthochdruck, regelmäßiger Sport etc. Das Fehlen von Bindungen, also Einsamkeit, ruft Streß hervor, und dieser erhöht die Anfälligkeit gegenüber Infektionen und Herz-Kreislaufkrankheiten. Das Gefühl der Geborgenheit, das mit der Bindung einhergeht, entsteht wahrscheinlich durch die Freisetzung von Endorphinen. Bei Affen werden im Gehirn Endorphine ausgeschüttet, wenn sie sich gegenseitig kraulen. »Fehlt den Affen der lebenswichtige Umgang mit anderen, geraten sie aus dem Gleichgewicht: Trennungsschmerz und Hunger nach Kontakt kommen auf. Haben die Einsamen Anschluß gefunden, melden Endorphine, daß der Normalzustand wiederhergestellt ist. Das ruft das wohlige Gefühl der Geborgenheit hervor.«

Wie stark unser Verhalten und die damit einhergehenden Gefühle mit bestimmten chemisch-hormonellen Prozessen verknüpft sind, kann Klein mit seiner Zusammenstellung der neuesten Erkenntnisse aus der Neuroforschung eindeutig belegen. Es wird klar, wie eng unser Glücksempfinden an unserem Körper und seiner (Genuß-) Fähigkeit hängt. Die körpereigenen Belohnungsmechanismen steuern das Verhalten dahingehend, Lust aufzusuchen und Unlust zu vermeiden. Dieses Aufsuchen lustvoller Situationen ist mit Anstrengung verbunden – »Glück gibt es nicht umsonst« –, die dann vom Körper über chemische Botenstoffe und Hormone belohnt wird. Diese Zusammenhänge decken sich vollständig mit den Erkenntnissen der Verhaltensbiologie. Aufgefallen ist uns jedoch, daß wir in der Glücksformel keine Aussagen zur Aggression finden und der damit verbundenen Lust des Siegens. Hier müssen wir von Seiten der BioLogik die Aggression als einen weiteren Glücksfaktor ergänzen.

Insgesamt finden wir uns durch die drei angeführten Glücksautoren in unserer Erkenntnis bestätigt, daß die Glücksformel tatsächlich Lust durch Leistung heißt. Und zwar bis ins hohe Alter. Anders kann man sich die Alterswerke bedeutender Menschen gar nicht erklären. Platon verfaßte mit 80 Jahren den »Philebos«. Michelangelo begann mit 72 sein größtes Bauwerk, die Kuppel des Sankt Petersdoms in Rom. Stradivari baute bis zum 95. Lebensjahr Geigen. Alexander von Humboldt beendete im Alter von 89 den fünfbändigen »Kosmos«. Theodor Fontane schrieb mit 79 seinen Roman »Der Stechlin«. Arturo Toscanini leitete im Alter von 79 Jahren noch die Vorstellung zur Wiedereröffnung der Mailänder Scala. Oskar Kokoschka gestaltete mit 88 das Mosaik »Ecce Homines« in der Hamburger Hauptkirche St. Nikolai. Pearl S. Buck verfaßte mit 80 den Roman »Der Regenbogen« ... Der 90jährige Karl Raimund Popper sagte einmal in einem Interview, er plage sich noch jeden Tag, aber er sei der glücklichste Philosoph der Welt.

Was treibt diese Menschen auch noch im hohen Alter zu solch großen Werken, wenn nicht Lust durch Leistung? Ja, hier handelt es sich wirklich um eine Glücksformel. Deswegen hat Führung nicht nur die Aufgabe, Lust durch Leistung zu ermöglichen und zu vermitteln, sondern auch die moralische Pflicht.

Wir wenden uns nun der Mitarbeiterführung zu.

IV. Die BioLogik der Mitarbeiterführung – vom Fordern zum Selbstfordern

1. BioLogik der Motivation

Was ist Motivation?

Der Begriff Motivation ist in den letzten Jahren schillernd geworden. So mancher denkt – auch durch das Fernsehen verleitet – an Motivationsgurus, die ihre Jünger über glühende Kohlen laufen lassen oder über Scherben, an gemeinsames Schreien, »Du bist der Größte«, »Du schaffst es«, an Versprechungen wie »Erfolg leicht gemacht«, »Befreie den inneren Giganten«, »Denke positiv« usw. In letzter Zeit ist es stiller geworden um die Motivationsgurus, Enttäuschung macht sich breit, die Motivation erwies sich als wirkungslos. Hat also Sprenger (1997) recht, wenn er vom »Mythos Motivation« spricht, wenn er behauptet, daß es im Grunde gar keine Motivation gibt? Tatsächlich haben die Motivationsautoren und viele Psychologen eines gemeinsam: Sie kennen die Ergebnisse der Verhaltensbiologie nicht oder ignorieren sie bewußt. Genau von dieser Seite her wollen wir jetzt an die Motivation herangehen.

Zunächst muß man klar unterscheiden zwischen Motiven und Motivation. Motive, also Beweggründe, gehören zu den evolutionären Verhaltensprogrammen von Tier und Mensch. Motive sind Mutationen mit Selektionsvorteil: Sie sorgen dafür, daß die Anstrengung erbracht wird, die Bewegungen durchgeführt werden, die zur Befriedigung der Triebe erforderlich sind. Die mit Lust verbundene

Triebbefriedigung ist es, die uns in Bewegung setzt, die uns zu den größten Leistungen »anspornt«. Tatsächlich lassen sich unsere alltäglichen Anstrengungen auf die fünf Triebmotive – Nahrung, Sexualität, Neugier, Aggression und Bindung – zurückführen. Warum strengen wir uns im Beruf an? Weil wir unseren Nahrungstrieb befriedigen wollen, Flow erleben wollen, Anerkennung und Bindung. Wenn wir uns einen Krimi ansehen, geht es immer auch um die Motive des Täters. Es sind immer dieselben: Geld, also alle Triebbefriedigungen, die man sich kaufen kann, Eifersucht, also Erhalt von Bindung, Rache, also Sieg über den Unterdrücker etc.

Nach dem Gesetz der doppelten Quantifizierung wirken die Motive um so stärker, je höher die Triebstärke ist oder die Reizstärke. Am stärksten wird das Motiv, wenn beide Komponenten hoch sind. Das hat doch jeder schon erlebt.

Wir kommen nun zur Motivation. Unter Motivation verstehen wir diejenigen Maßnahmen, die die Motive auslösen, also die Setzung oder Beschaffung von »auslösenden Reizen«. So kann beispielsweise ein Motivator einen Menschen dadurch motivieren, daß er sexuelle Reize ins Blickfeld rückt, etwas Neues, etwas Unerwartetes vor Augen hält, einen Rivalen ins Feld führt. Motivation besteht also in der Hervorrufung der Motive, im Schaffen von »Anreizen«, im Ankurbeln des Motors. Natürlich kann jemand, wenn er die Macht hat, einen anderen Menschen auch durch Zwang fordern, das ist ja im Laufe der Menschheitsgeschichte oft genug praktiziert worden. Die Motivation in unserem Sinne funktioniert anders: Sie setzt Reize und fordert so die Motive des Betroffenen heraus, diese bewirken dann die Selbstforderung, die zur Befriedigung der Triebe erforderlich ist. Natürlich müssen die Reize von dem Betreffenden als solche empfunden werden, etwas boshaft ausgedrückt: Der Wurm muß dem Fisch schmekken, nicht dem Angler.

Die Verhaltensbiologie hat im Zusammenhang mit Motivation den Vorteil, daß die auslösenden Reize den einzelnen Trieben entsprechend gezielt eingesetzt werden können. Daß man mit einem leckeren und zudem schön hergerichteten Essen locken kann, ist hinreichend bekannt. Frauen setzen seit altersher künstlich überhöhte Reize ein. »Weil ein makelloser Teint«, schreibt Buss (1994), »einer der evolutionsbedingten Wünsche der Männer ist, korrigieren Frauen kleine Hautfehler, pflegen sich mit Feuchtigkeitscreme und ... Gesichtswasser und begeben sich unters Messer des Schönheitschirurgen.«

Für die Mitarbeiterführung besonders wichtig sind die Setzungen von Reizkonstellationen im Bereich der Neugier, der Aggression und der Bindung. Die Setzung von Neugierreizen, im wesentlichen also von Herausforderungen, ist deswegen oft schwierig, weil die Motivation immer wieder neue Reize bieten muß. Die in Werbung und Mode Tätigen können ein Lied davon singen, aber auch in Industrie und Wirtschaft ist die permanente Motivation durch Flow-Reize gewiß nicht einfach.

Der Aggressionstrieb kann durch zahlreiche Reize in Gang gesetzt werden. Hier sei nur erwähnt, daß man durch aggressive Motivation viel Unheil anrichten kann. Wie schon im Buch »Lust an Leistung« beschrieben, hat Hitler breite Kreise dadurch gewonnen, daß er ihnen hohe aggressive Reize verschafft hat: Sie gehörten plötzlich der »besten Rasse« an und konnte auf andere, auf »Untermenschen« und dergleichen herabsehen. Überhaupt ist bezüglich der außersozietären Aggression besondere Vorsicht geboten. Ein demagogischer Motivator kann leicht Feinde erschaffen, die dann zu besiegen oder gar zu vernichten sind. Selbstverständlich kann man auch zur Bindung motivieren, beispielsweise durch die Organisation von gemeinsamem Handeln, die Beschwörung von Zusammengehörigkeit, die Beschreibung von Visionen.

Für Menschen, die andere Menschen motivieren wollen oder müssen, sei noch auf eine weitere Möglichkeit hingewiesen, auslösende Reize zu beschaffen und einzusetzen: die Stimmungsübertragung. Unter Stimmungsübertragung verstehen wir die Tatsache, daß bereits motivierte Menschen durch die so erzeugte »Stimmung« andere Menschen anstecken können. Dies gilt leider auch umgekehrt: Miesepeter können schnell schlechte Stimmung verbreiten. Stimmungsübertragung in diesem Sinne gibt es schon bei sozietär lebenden Tieren. Auch sie ist eine Mutation mit Selektionsvorteil: Die Stimmungsübertragung sorgt dafür, daß eine Sozietät als Einheit handelt. Ist ein Tier aggressiv gestimmt, also zum Kampf bereit, überträgt sich das Motiv automatisch auf die anderen Mitglieder der Sozietät. Das ist von großem Vorteil, denn dadurch wird die gesamte Sozietät auf Kämpfen eingestimmt, die Sozietät handelt als Einheit. Das gilt auch für Freßstimmung, sexuelle Stimmung, Neugier oder Bindung. Wir kennen die Stimmungsübertragung aus dem täglichen Leben: Das lustvolle Essen anderer Menschen steckt an, ebenso aggressive oder sexuelle Handlungen. Sie wirken als Reize und können daher zur Motivation eingesetzt werden. Der Voyeurismus im Sinne der sexuellen Stimmungsübertragung ist ein evolutionäres Verhaltensprogramm.

Führungskräfte können sich der Stimmungsübertragung auf vielfältige Weise bedienen: durch die begeisternde Rede, die Herstellung einer angenehmen Arbeitsatmosphäre, die kämpferische Stimmung gegenüber Konkurrenten usw. Im Zusammenhang mit dem Thema »Führen durch Vorbild« kommen wir darauf zurück.

Machen wir uns die Bedeutung der Motivation noch

einmal deutlich: Motivation ist die gezielte Herausforderung der evolutionär programmierten Motive, die dann die Selbstforderung in Gang setzen.

Gibt es eine Selbstmotivation?

Der Begriff Selbstmotivation ist noch schillernder als der Begriff Motivation. Kann man sich überhaupt selbst motivieren? Kann man – wie der berühmte Baron von Münchhausen – sich »am eigenen Schopf« aus dem Sumpf ziehen? Versuchen wir, der Selbstmotivation mit Hilfe der Verhaltensbiologie auf den Leib zu rücken!

Nach Klärung der Begriffe Motiv und Motivation kann Selbstmotivation nur darin bestehen, sich selbst Reize zu verschaffen oder zu setzen, die dann die (vorhandenen) Motive abrufen. Diese Maßnahme geht über das normale Appetenzverhalten hinaus. Das Appetenzverhalten dient ja dazu, bei hoher Triebstärke auslösende Reize aufzusuchen. Wenn jemand sehr hungrig ist und ein Restaurant aufsucht, ist das natürlich noch keine Selbstmotivation, sonst würde sich ja jedes Tier selbst motivieren. Nein, bei hoher oder zumindest ausreichender Triebstärke ist man bereits motiviert. Das Problem besteht darin, daß keine passenden Reize vorhanden sind oder aufgetrieben werden können.

In diesem Falle kann man unter Selbstmotivation die Herstellung auslösender Reize verstehen, wie wir am Beispiel des Skifahrers sehen: Wenn die Experten keine neue Herausforderung für ihren Flow finden, also keine neue, schwierigere Abfahrt, wenn sie also »aggressive Langeweile« verspüren, dann stellen sie neue Reize her: Sie fahren auf einem Ski, sie machen einen Salto in der Luft, sie motivieren sich durch selbstgestellte Herausforderungen. Ähnliches ist selbstverständlich in der Arbeitswelt möglich, ja, diese Art von Selbstmotivation ist besonders fruchtbar: Die Konstruktion neuer Reize erfordert nämlich Kreativität. Hier liegt die Chance von Freiräumen: Sie ermöglichen dem Experten die Entfaltung seiner Kreativität. Die Universitäten haben diese Art der Selbstmotivation seit jeher erfolgreich praktiziert.

Wie aber liegt der Fall, wenn nicht nur keine Reize vorliegen, sondern auch keine ausreichende Triebstärke vorhanden ist? Normalerweise passiert in einem solchen Falle gar nichts. Man ist nicht motiviert, es gibt nichts auszulösen, deswegen hat man auch kein Verlangen nach irgendwelchen Reizen, man hat keine Lust. Kann man sich in einer solchen Situation selbst aus dem Sumpf der Apathie herausziehen?

Zunächst ist eines klar: Man kann sich nur selbst herausziehen, wenn dieses »Selbst« in zwei Personen aufgeteilt ist – ein nicht motiviertes Selbst und ein reflektierendes Selbst, ein Selbst, das diese Situation erkennt und zu ändern versucht. Selbstmotivation bedeutet in diesem Falle, daß man trotzdem, also ohne getrieben zu sein, Reize sucht oder setzt. Das kann man nur machen, wenn man weiß, daß man auf diesem Wege doch noch Leistung zustandebringen und Erfolg haben kann. Es ist also die Reflexionsfähigkeit des Menschen, die die Möglichkeit der Selbstmotivation eröffnet. Der Mensch kann sich Reize vorstellen, wie etwa spätere Fitneß, spätere Anerkennung, spätere Bindung, die ihn dann trotz niedriger Triebstärke zu Leistungen antreiben. Er kann sich aber auch mit dieser kognitiven Strategie reale Reize setzen, wie neue Herausforderungen oder verpflichtende Termine. Hierbei holt man sich Hilfe von außen: Man verabredet sich mit dem Geschäftspartner, dem Kollegen, dem Tennispartner. Auf diese Weise kann man sich selbst überlisten, man weiß offenbar, wie schwierig die Selbstmotivation ist. Tatsächlich gibt es ja viele Möglichkeiten, sich

Reize »von außen« zu holen: Literatur, Filme, Musik, Freunde.

Neben der Setzung solcher lustversprechender Reize gibt es noch die Selbstmotivation durch Vermeidung von Unlust. Sie besteht darin, daß man – wiederum reflexiv – die Folgen des Nichtstuns abschätzt und so spätere Unlust zu vermeiden versucht.

Auf eines sei bei dieser Art der Selbstmotivation, der reflexiv zustandekommenden Überwindung noch hingewiesen: Der Zustand niedriger Triebstärke mit fehlendem Appetenzverhalten für auslösende Reize kann auch ein Signal sein für Erschlaffung, für Ausgelaugtsein oder gar für Erschöpfung. In solchen Fällen kann eine Selbstmotivation gefährlich werden. Die Fähigkeit des Menschen, mit seiner Reflexion in die natürlichen Vorgänge einzugreifen, kann ja, wie wir wissen, auch schlimme Folgen nach sich ziehen.

2. Führen durch Flow

Führen durch Flow spricht einen zentralen Bereich der Motivation an, nämlich den Neugiertrieb. Die Grundfrage lautet: Wie kann ich die Triebkraft der Neugier bei meinen Mitarbeitern aktivieren? Die Antwort ist eindeutig: dadurch, daß ich Neugierreize setze. Es geht um das Heraus-Fordern in dem Sinn, daß der Mitarbeiter seiner Interessen- und Leistungsstruktur gemäß, Aufgaben erfüllen, Probleme lösen und Herausforderungen in seinem Arbeitsgebiet bestehen kann. Für den Entwicklungsingenieur ist es nämlich im wahrsten Sinn des Wortes reizvoll, eine Aufgabe übertragen zu bekommen, in der er etwa ein neues Konzept für die Wegfahrsperre von Autos ausarbeiten soll; ein Verkaufsexperte brennt geradezu darauf, das neue Customer-Care-Programm in verantwortlicher Position vorantreiben zu können.

Dadurch, daß man ein passendes Arrangement von Neugierreizen trifft, lockt man beim Gegenüber die Energie hervor, die im Neugiertrieb steckt. Sprechen wir vom Trieb, dann ist die Lust nicht weit. Die Aussicht nämlich, im eigenen Fachgebiet Probleme einer Lösung zuführen zu können, also herauszufinden, wie vielerlei zunächst ungeordnete und chaotisch erscheinende Informationen zusammenhängen, verspricht jede Menge Flow-Erlebnisse. Um dies zu erreichen, um die intensive Lust des Neugiertriebs empfinden zu können, setzen Mitarbeiter ihre Intelligenz im Problemlöseverhalten ein; mit Biß und Durchhaltevermögen bleiben sie bei der Sache und entwickeln, wenn sie nicht direkt zur Lösung kommen, nicht selten Alternativen; manchmal werden sie dabei sogar innovativ. Und genau das ist es, was eine Führungskraft von ihren Mitarbeitern will: Einsatzbereitschaft und qualifizierte Leistung. Es ist unwahrscheinlich, daß diese Leistung freigesetzt wird, wenn man Anstrengung einfordert. Evolutionär gesehen ist die Anstrengung ja eine Suchbewegung; und was wird aufgesucht? Die Reize! Also darf man nicht Mühsal predigen und Pflichterfüllung, sondern muß ein Reizarrangement treffen, das den Neugiertrieb des Mitarbeiters aktiviert und damit sein Suchverhalten auslöst. Daß dies nicht nur für die Führung von Mitarbeitern ein zentrales Motiv ist, sondern auch für die Aus- und Fortbildung, zeigt folgendes Beispiel.

Die Azubi-Firma

In einem Unternehmen, das Kunstfasern, Farben und Lacke herstellt, hatten die Mitarbeiter die Möglichkeit, Produkte des Unternehmens zum Herstellungspreis zu erwerben. An zwei Tagen in der Woche fand in einem kleinen Lager der firmeninterne Direktverkauf statt. Die Azubis des Unternehmens waren in dem sogenannten »Lehrlingsverkauf« eingesetzt und mußten im Lager die »Kunden« bedienen. Sie empfanden die Verkaufsnachmittage meist als leidige und langweilige Pflichtübung. Das Bestücken der Verkaufsregale, der Verkauf der Waren und die Kassenführung waren kaum motivierend für die jungen Leute, die eine Ausbildung zum Fachwirt (B.A.), zum Industriekaufmann oder zur Bürokauffrau absolvierten. Die Tatsache, daß sie einen Teil ihrer Berufsqualifikation damit verbrachten, Eimer mit Dispersionsfarbe zu verkaufen, sorgte unter ihnen immer wieder für Unmut.

Diesen Unmut bekam Herr Wollmaczek, der neue Leiter der Abteilung Weiterbildung und Training, zu spüren. Kaum hatte er seine Stelle angetreten, da wurde ihm schon berichtet, daß die Arbeit im Lehrlingsverkauf die Ausbildung der Azubis verzögere, weil sie wertvolle Arbeitszeit beanspruche, die ansonsten für die Qualifikation in den Fachabteilungen zur Verfügung stehe. Die Einwände waren zwar nachvollziehbar; aber Herr Wollmaczek war der Meinung, es sei eine überaus wichtige Erfahrung, daß die Azubis echte Verkaufssituationen erleben und selbständig die dabei anfallenden Schwierigkeiten meistern. Er überlegte sogar, wie er den »Lehrlingsverkauf« und den damit verbundenen Ernstfall für die Fachausbildung nutzen konnte. Und so unterbreitete er den Azubis den ungewöhnlichen Vorschlag, den Lehrlingsverkauf in eine unabhängige Azubifirma umzuwandeln im Status einer ordentlichen GmbH. Die Geschäftsführung und -organisation würden die Auszubildenden dabei weitgehend selbst übernehmen. Zunächst reagierten sie mit Verunsicherung. Deshalb bot Herr Wollmaczek ihnen seine Dienste als »Unternehmensberater« an, um sie bei den ersten Schritten zu unterstützen. Damit war die Azubifirma »Trends & Colors GmbH« geboren. Ein erstaunlicher und in diesem Maß nicht erwarteter Motivationsschub setzte von nun an ein: Angefangen bei der Umgestaltung des Verkaufsraums, über die Erweiterung der Produktpalette bis hin zu Marketingmaßnahmen, Einkaufs- und Verkaufsstrategien – alle Maßnahmen, die geeignet erschienen, die »eigene Firma« voranzubringen, wurden intensiv diskutiert, genauestens geplant und mit viel Engagement umgesetzt.

Herr Wollmaczek schmunzelte, denn ihm war ein Motivations-Coup gelungen. Er stellte befriedigt fest, daß die jungen Unternehmer mit Feuereifer bei der Sache waren und daß sie ganz nebenbei alles lernten, was in modernen Unternehmen gebraucht wurde: Strategische Planung, Buchführung, Controlling, Personalwesen, Marketing, Einkauf, Verkauf etc. Inzwischen war die Arbeit in der Firma »Trends & Colors« zum spannendsten Teil der Ausbildung geworden, und niemand beklagte sich mehr über die Zeitverschwendung im ehemaligen Lehrlingsverkauf. Im Gegenteil, manche Meetings der Azubifirma zogen sich sogar bis nach Geschäftsschluß hin, und so konnte es vorkommen, daß Herr Wollmaczek sein Büro verließ, während die Azubis noch tagten.

Herrn Wollmaczek war das gelungen, was sich viele Weiterbildungsverantwortliche wünschen: Qualifikation und Fortbildung mit einem Höchstmaß an Engagement! Die Realisierung des Prinzips »Führen durch Flow« hat in Form der Azubi-Firma zu einer nachfrageorientierten Ausbildung im Unternehmen geführt.

Flow-Stepping

Ob man sich im Flow befindet, also die Lust des Neugiertriebs spürt, hängt von zwei Faktoren ab. Zum einen ist es das Neue, das Unbekannte, die Herausforderung, in die ein Mitarbeiter gestellt wird. Man kann nur Unsicherheit in Sicherheit verwandeln, wenn man eine Tätigkeit ausübt, die diese Möglichkeit enthält. Zum anderen bringt ein Mitarbeiter – in unterschiedlichen Ausprägungen – auch immer schon Erfahrungen, Kompetenzen, Vorbildung mit. Er verfügt über ein individuelles Maß an Qualifikation, das er sich durch formale Ausbildungsgänge angeeignet hat. Besonders prägend sind meist aber diejenigen Gebiete, in denen er schon erfolgreich Probleme gelöst hat, wo er produktiv, vielleicht sogar innovativ war. Weil sich hier bereits eine Passung von Aufgabenbereich und Leistungsprofil abzeichnet, tun Führungskräfte gut daran, das Verhalten von Mitarbeitern auf die Faktoren Problemlösung, Produktivität und Innovation zu untersuchen.

Aber kommen wir zurück zur Flow-Situation: Eine Herausforderung kann nur dann zum Flow-Erlebnis werden, wenn das Können eines Mitarbeiters der beruflichen Herausforderung angemessen ist. Mit anderen Worten: Es muß ein Gleichgewicht herrschen zwischen Leistungsfähigkeit und Schwierigkeitsgrad der Forderung.

In der Grafik auf S. 156 kann man dieses Gleichgewicht als Winkelhalbierende darstellen, um die sich der sogenannte »Flow-Kanal« anlagert. Ganz unabhängig davon, ob es sich um einen Berufseinsteiger (geringe Qualifikation), einen Mitarbeiter, der schon einige Jahre dabei und für einen bestimmten Aufgabenbereich verantwortlich ist (mittlere Leistungsfähigkeit), oder um den erfahrenen Experten handelt (Kompetenz des Spezialisten), überall trifft – natürlich auf unterschiedlichem Niveau – die Balance zwischen Kompetenzstufe und Herausforderungsgrad zu. Sofort erkennt man die Dynamik des Flow-Erlebens. Der Anfänger kommt auch bei geringen Herausforderungen in den Flow-Zustand; seine Qualifikation

Flow-Kanal

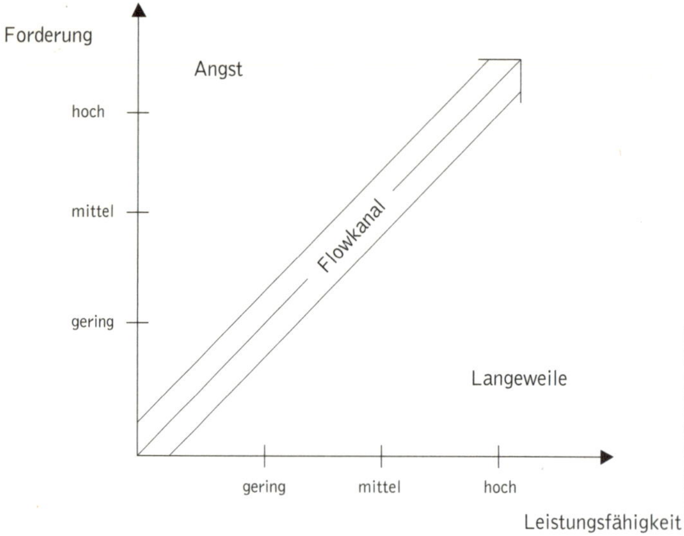

steigert sich allerdings durch erfolgreiche Problemlösung, also durch die Verwandlung von Unsicherheit in Sicherheit. Ein Mitarbeiter mit einem mehrjährigen Erfahrungshintergrund und den entsprechenden Kompetenzen sucht schwierigere Aufgaben mit einem höheren Maß an Herausforderung auf. Die Spezialisten behandeln Spezialprobleme, nur sie sind in der Lage, das zu tun, weil die Problemstellungen hier eine Komplexität erreichen, die nur von Experten bzw. zunehmend von Expertenteams angegangen werden können.

Flow-Stepping ist das Aufsteigen im Flow-Kanal. Dieses geht nun nicht gleitend vonstatten, sondern führt immer über die Erhöhung des Schwierigkeitsgrades und den dadurch entstehenden Qualifizierungsbedarf, um die Schwierigkeit bewältigen zu können; oder darüber, zu-

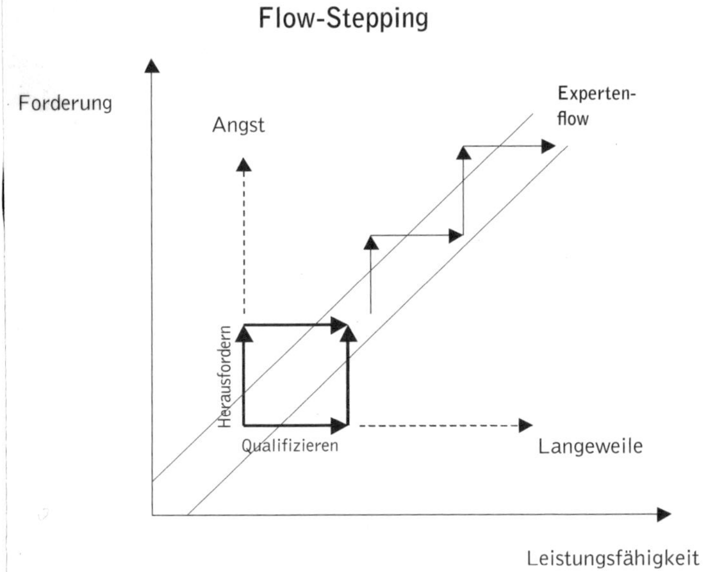

Das Qualifizieren nennen wir »Qualification-Stepping«, das Herausfordern »Challenge-Stepping«

nächst zu qualifizieren, um die darauffolgende Herausforderung auch bestehen zu können. Der interessantere, gelegentlich aber auch riskantere Weg von Führen durch Flow ist der erstgenannte, die Anhebung der Forderung. Wir sprechen hier von Challenge-Stepping. Hier ist der Ernstfall angesagt, der vom betroffenen Mitarbeiter auch unmittelbar als solcher erlebt wird. Um Mißverständnissen vorzubeugen: Wir plädieren nicht für Führen durch Unsicherheit, die in Angst mündet; dies tun meist Führungskräfte, die selbst schwer verunsichert sind. Die Effekte für die Mitarbeitermotivation sind kontraproduktiv: Statt der dringend notwendigen Leistung findet man Verhaltensweisen wie Wegducken, Eingraben, Nischen-Vertiefen. Auf dieses Thema kommen wir nochmals bei den Sonderfällen zurück.

Die Herausforderung muß unbedingt im eigenen Fach- und Spezialgebiet, in der persönlichen Domäne liegen. Nur da werden die so herausgeforderten Mitarbeiter Energien mobilisieren, Aktivitäten entwickeln, zu Problemlösungen ansetzen. Ein Problem, das weit vom eigenen Qualifikationsprofil entfernt ist, wird ein Mitarbeiter vielleicht bearbeiten, aber aller Voraussicht nach nicht selbständig lösen; er ist gar nicht in der Lage dazu. Auch eine in der eigenen Domäne liegende Herausforderung, deren Problemspanne jedoch zu groß ist, kann zu Schwierigkeiten führen; sie entspricht zwar dem Qualifikationsprofil, der Abstand vom Flow-Kanal ist jedoch zu groß, und das löst Verunsicherung und gegebenenfalls Angst aus statt Selbstvertrauen und Handlungsbereitschaft.

Der andere Weg besteht darin, zunächst die Qualifikation zu erhöhen. Wir sprechen daher von Qualification-Stepping. Folgt auf die Qualifikationsphase allerdings nicht unmittelbar eine Herausforderung, in der die neue Kompetenz eingesetzt werden kann, dann läuft der Mitarbeiter Gefahr, in die Zone der Langeweile abzugleiten. Dieses Phänomen treffen wir gelegentlich in allgemeinbildenden Schulen an: Häufig langweilen sich Schüler durch zu lange Phasen isolierter Lernprozesse. Warum? Es fehlt der Ernstfall, die Möglichkeit nämlich, das Erlernte auch einzusetzen und dadurch Probleme zu lösen. Bei der Mitarbeiterqualifikation und bei Führen durch Fordern in Unternehmen besteht bei dieser Vorgehensweise die Gefahr, daß sich unabhängig von konkreten Aufgabenerledigungen eine Art innerbetriebliche Volkshochschule mit entsprechenden bürokratischen Strukturen etabliert. Es gibt allerdings Arbeitsfelder, in denen sich der erste Weg von selbst verbietet: Hochsicherheitsrelevante Tätigkeiten, etwa im Bereich von Kraftwerksanlagen, bei Operationen, im Geldverkehr etc. müssen fehlerfrei ausgeführt werden.

Nun beschränkt sich das Flow-Stepping nicht auf das Ersteigen einer einzigen Stufe. Weil die Anstrengung und der Einsatz mit der Lust des Flow-Erlebnisses belohnt werden, sucht man schon bald nach der nächsten Stufe. Um auch sie bewältigen zu können, bedarf es neuer Qualifikation. Hat man diese erfolgreich eingesetzt, die Herausforderung gemeistert, braucht man wiederum ein neues Problem mit größerem Schwierigkeitsgrad, um erneut die Lust des Neugiertriebs erleben zu können. Flow-Stepping heißt also in einer weiteren Präzisierung: Entlang des Flow-Kanals die Treppe von Herausforderung und Qualifikation nach oben steigen. Dies ist die einzige Möglichkeit, im gleichen Fachgebiet dauerhaft Flow zu erleben, und es treibt zum Experten-Flow, einem Flow, der durch ein Können erreicht wird, das sich abhebt von der durchschnittlichen Leistung der Bezugsgruppe. Hier liegt der Schlüssel für zielgerichtete Kreativität und Innovation.

Wenn Arbeitsabläufe oder die individuelle Struktur eines Mitarbeiters den Weg zum Experten-Flow nicht zulassen, so kann man neuen Flow auch auf andere Weise erreichen. Es ist ja von jeher bekannt, daß eine langweilige Arbeit durch Abwechslung interessant werden kann. Das sogenannte »Job-Enrichment« ist nichts anderes als eine Anreicherung einer routinehaften Arbeit mit Flow; deshalb nennen wir die Erweiterung der Aufgaben eines Mitarbeiters in solche Gebiete, die der ursprünglichen Tätigkeit naheliegen, auch »Flow-Enrichment«.

Ähnliches gilt für das »Job-Rotation« oder, wie wir entsprechend sagen, »Flow-Rotation«! Sie bietet sich besonders in der Gruppenarbeit als Neugierreiz an. Gerade bei Teamaufgaben ist es von großem Vorteil, wenn ein Mitglied auch einmal die Arbeit eines anderen Mitarbeiters übernehmen kann. So kann man etwa trotz Ausfallens einzelner Mitarbeiter das Teamwork fortsetzen, indem ein anderer einspringt. Er steigt dadurch in einen neuen Flow-Kanal ein; am Anfang freilich nicht mit der Leichtigkeit, mit der er seine eigene Arbeit ausführt. Erst im Lauf der Zeit steigt er im neuen Flow-Kanal höher.

Flow-Rotation hat den weiteren Vorteil, daß sich die Mitglieder einer Gruppe permanent im Flow befinden und so weder Angst noch Langeweile auftritt. Dadurch wirkt sich Flow-Rotation auch positiv auf die Arbeitssicherheit aus, wie ein Sicherheitsingenieur eines Automobilwerks bestätigt hat.

Sonderfälle: Mitarbeiter in Angst, Langeweile oder fehl am Platz

Daß Führen durch Flow eine Gratwanderung ist, zeigen die Folgen, wenn man vom Gleichgewicht zwischen Leistungsfähigkeit und Schwierigkeitsgrad abweicht: Stellt man einem Mitarbeiter eine Herausforderung, von der er denkt, er könne sie in keinem Fall bewältigen, reagiert er mit Angst. Die daraus resultierenden Verhaltensweisen sind nur zu bekannt: Unsicherheit führt zu Schuldzuweisungen, Rechtfertigungen, Rechthaberei, Rückzug usw.

Ein Manager muß immer damit rechnen, daß bei Mitarbeitern Angst ausgelöst wird, wenn der Abstand zwischen Flow-Kanal und Forderung zu groß wird. Das erklärt auch das hohe Maß an Verunsicherung in wirtschaftlichen Krisenzeiten, bei Konzernfusionen oder wenn der eigene Arbeitsplatz verlorenzugehen droht. Das Dilemma besteht darin, daß oftmals auch die Führungskräfte in derartigen Situationen nicht das tun können, was angemessen wäre: Sicherheit, Vertrauen und Zuversicht schaffen. Doch die Rahmenbedingungen der Wirtschaft und Weltpolitik können auch Führungskräfte – bislang – nicht beeinflussen.

Die andere Abweichung vom Flow-Kanal heißt Unterforderung. Wenn nämlich die Leistungsfähigkeit wesentlich höher ist als die zu erledigende Arbeit, wenn sich Tätigkeiten in kurzen Zyklen wiederholen, wenn man immer wieder das Gleiche tun muß, kurz, wenn Mitarbeiter nicht von neuem Unsicherheit in Sicherheit verwandeln können, dann entsteht Langeweile. Man wird der Abläufe und der Wiederholung des Ewiggleichen überdrüssig, weicht aus in die Freizeit oder reichert die Arbeit selbständig mit neuer Unsicherheit an. Hier liegt die Ursache für risikoreiches Verhalten und nicht zuletzt auch für die daraus entstehenden Arbeitsunfälle. Die für die Arbeitssicherheit in Unternehmen Verantwortlichen sind gut beraten, das »Sicherheits-Risiko-Gesetz« (v. Cube 2000) im menschlichen Neugierverhalten mindestens ebenso zu beachten wie arbeits- und produktionstechnische Faktoren, wenn sie die Zahl der Arbeitsunfälle reduzieren wollen.

Die dritte Klasse von Sonderfällen besteht aus Mitarbeitern, die in Aufgabenbereichen eingesetzt sind, welche ihrem Flow-Profil überhaupt nicht entsprechen. Häufig wissen weder die Vorgesetzten noch die Mitarbeiter selbst, daß mangelndes Interesse, Dienst nach Vorschrift und innere Kündigung ihren Grund darin haben, daß Leistungsstruktur und Aufgabengebiet sich überhaupt nicht decken, ja, daß sie manchmal nicht einmal Berührungspunkte aufweisen. Dabei ist es die Aufgabe des Managements, »Menschen so zu nehmen, wie sie sind, ihre Stärken herauszufinden und ihnen durch entsprechende Gestaltung ihrer Aufgaben die Möglichkeit zu geben, dort tätig zu werden, wo sie mit ihren Stärken Leistungen erbringen ... können« (Malik 2000). Daß realistische Chancen bestehen, dieser zentralen Führungsaufgabe auch im nachhinein noch gerecht zu werden, indem man in gewisser Weise nachsteuert, zeigt folgendes Beispiel eines »schwierigen Mitarbeiters«, von dem eine Polizeidirektorin berichtet hat.

Von der Streife zum Netzwerk: Der Polizist war schon seit geraumer Zeit bei seinen Vorgesetzten aufgefallen: Streifendienste, Kfz-Kontrollen, Verkehrsregelungen etc., alle ihm übertragenen Aufgaben absolvierte er lustlos und unwillig. Er war träge und griesgrämig, und niemand wollte gerne mit ihm zusammenarbeiten. In seiner muffigen Art war er nicht nur für seine Kollegen, sondern auch für seine Vorgesetzten schwer zugänglich. Woran lag der fehlende Einsatzwille? War der Streifenpolizist »nur« faul und bequem? War er von seiner Arbeit überfordert? Oder hatte er möglicherweise Probleme im privaten Bereich? Alle Spekulationen über die Ursachen für den Dienst nach Vorschrift liefen ins Leere. Gespräche zwischen dem Mitarbeiter und seinem Vorgesetzten gestalteten sich schwierig, weil er selbst sein Arbeitsverhalten keineswegs als ungenügend empfand: »Was haben Sie denn? Ich erledige doch alle Aufgaben, die mir übertragen werden. Schichtdienst, Überstunden, schlechte Bezahlung, da kann es schon mal vorkommen, daß man nicht so gut drauf ist.« Dem Polizisten war durchaus klar, daß seine Vorgesetzten ein höheres Maß an Leistung und Engagement erwarteten. Weil er seine Arbeit aber als Maloche und Mühsal erlebte, war es für ihn unverständlich, daß er auch noch engagiert bei der Sache sein sollte. Das mußte doch auch sein Chef verstehen! Der stellte fest, daß er sehr wenig über seinen Mitarbeiter wußte. Auch die unmittelbaren Kollegen des Polizisten konnten keine weitergehende Auskunft über ihn geben. Nur einem Polizeimitarbeiter war aufgefallen, daß der griesgrämige Kollege in den Pausen intensiv in Computerzeitschriften las und dabei nicht gestört werden wollte.

Diese Verhaltensbeobachtung zeigte eine andere Seite des Beamten. Im Gegensatz zur fehlenden Leistungsbereitschaft während der Arbeit gab es offensichtlich einen Bereich, in dem sich der Polizist ganz anderes verhielt, nämlich interessiert und motiviert: »Den bewegt ja doch was!« Diese Erkenntnis des Chefs führte zu folgendem Plan. Zunächst erkundigte er sich nach Möglichkeiten für Computerarbeitsplätze im Innendienst. Im Bereich der Netzwerktechnik gab es tatsächlich Personalbedarf. Da Spezialisten für diese Tätigkeit knapp und teuer waren, war die EDV-Abteilung dazu bereit, dem Kollegen aus der Streife eine Chance zu geben. Als dieser die berufliche Veränderung in Aussicht gestellt bekam, war er zunächst völlig überrascht, willigte aber spontan in den Tätigkeitswechsel ein und fand sich anschließend sehr rasch in seinem neuen Arbeitsumfeld zurecht. Kein Wunder, denn jetzt hatte er ja eine Tätigkeit, für die er sich schon immer interessiert hatte. Der ehemalige Streifenpolizist war wie ausgewechselt. Selbst die Beziehung zu seinen Kollegen verbesserte sich zusehends, denn nun konnte er sich mit seiner Fachkenntnis in die Arbeit einbringen. Und er erlebte etwas, was er wohl selbst gar nicht für möglich gehalten hatte: Arbeit muß nicht als Pflicht und Maloche erlitten werden, sondern kann durchaus spannend und anziehend sein.

Anstatt die Defizite seines Mitarbeiters ausgleichen zu wollen, um damit das Verhalten in bestimmten Arbeitssituationen zu verbessern, hat der Vorgesetzte des Polizisten die Perspektive gewechselt und dessen persönliche Interessen dafür eingesetzt, um ihn zur Leistung zu führen. Dabei war er vor allem auf Signale und Beobachtungen angewiesen. Wo bringt sich der Mitarbeiter besonders ein? Was beschäftigt ihn über seine Arbeit hinaus? Welche positiven Verhaltensweisen fallen auf? Erst durch die Berücksichtigung der individuellen Neigungen konnte es gelingen, den Mitarbeiter in den Flow zu führen. Denn dort, wo wir einen außergewöhnlichen Einsatz feststellen, besteht oft auch ein besonderes persönliches Interesse; und wo jemand sehr engagiert ist, dort liegt mit großer Wahrscheinlichkeit auch das Flow-Stärken-Profil eines Menschen. Wenn die Führung es einem Mitarbeiter ermöglicht, seine eigenen Stärken und Neigungen in der Arbeit zum Einsatz zu bringen, indem er gerade in diesem Gebiet Probleme löst und angemessene Herausforderungen besteht, dann bietet eine solche Arbeit ein ganz besonderes Maß an Lebensqualität. In diesem Sinne ist das Flow-Erlebnis der natürliche Feind einer »Dienst nach Vorschrift«-Haltung.

Die Flow-Strategie der Führung

1. Sie müssen Ihre Mitarbeiter nicht lieben, aber es ist unumgänglich, ein persönliches, individuelles Interesse an ihnen zu haben bzw. zu entwickeln, zumindest an den Mitarbeitern, die Sie direkt führen. Um ihren Neugiertrieb aktivieren zu können, ist es notwendig, ihre Flow-Struktur zu kennen bzw. kennenzulernen. Der Weg, Stärken zu erkennen, liegt darin, bereits vorhandene Verhaltensweisen zu beobachten, die explorierende, produktive und problemlösende Elemente beinhalten. Der Zeiteinsatz lohnt sich, weil Sie hier, selbst wenn das nicht in jedem Einzelfall gelingt, die Chance haben, Selbstläufer anzustoßen.
2. Um die so festgestellten Stärken nutzen zu können, müssen Sie im nächsten Schritt die anliegenden Aufgaben so auf ihre Mitarbeiter verteilen oder zuschneiden, daß dadurch deren Stärken angesprochen werden und der Neugiertrieb in der Bewältigung der »portionierten« Herausforderungen zum Einsatz kommt. Das ist es, was

wir unter einem angemessenen Arrangement der Neugierreize verstehen.

3. Sie benötigen zeitnahes Feedback. Es geht darum zu erkennen und zu bewerten, wie die Mitarbeiter ihre Aufgaben bewältigen. Wenn sie überfordert sind, dann brauchen Mitarbeiter eine Sicherheitsbasis durch fachliche, manchmal auch persönliche Unterstützung. Aber Achtung: Setzen Sie sich den Affen nicht selbst auf die Schulter! Die Mitarbeiter haben ein feines Gespür dafür, welche der von ihnen selbst ungeliebten Aufgaben bei ihrem Chef einen Neugierreiz darstellen. Manchmal erledigt ein Vorgesetzter die Aufgaben seines Sachbearbeiters, weil er genau in dieser Tätigkeit ein Flow-Erlebnis hat! Wenn Mitarbeiter unterfordert sind, dann brauchen sie ein Quentchen mehr Unsicherheit, also eine Nachsteuerung im Sinne der Vergrößerung der Problemspanne. Oder wenn sie falsch eingesetzt sind, dann brauchen sie eine andere Aufgabe, die ihrer Neugierstruktur eher entspricht; vielleicht ist sogar eine Versetzung notwendig.
4. Sorgen Sie dafür, daß die Herausforderungen Ernstfall-Charakter haben. Das ist nicht zynisch gemeint, im Sinne von existenzbedrohend oder arbeitsplatzgefährdend. Weil wir Menschen von unserer Verhaltensausstattung und unserem emotionalen Haushalt her auf den Ernstfall programmiert sind, auf Anstrengung, Angriff, Flucht, Entdecken usw., werden Spiel- und Laborsituationen relativ schnell als solche erkannt. Arbeitsbeschaffungsmaßnahmen und Beschäftigungstherapien lösen in der Regel nicht das intensive Suchverhalten des Neugiertriebs aus und setzen deshalb auch nicht die Flow-Energie in dem Maße frei, wie das Bewußtsein, echte Herausforderungen in der eigenen Domäne bewältigen zu können.

5. Qualifizieren Sie Ihre Mitarbeiter zu höherer Leistungsfähigkeit durch das Flow-Stepping. Der erste Schritt, im Flow-Kanal nach oben zu steigen, sollte in aller Regel dadurch gemacht werden, daß der Mitarbeiter mit einer zu bewältigenden Herausforderung konfrontiert wird. Bei der Lösung der Aufgabe wird er sich automatisch die Informationen einholen, Kenntnisse und Fähigkeiten erwerben, Fertigkeiten ausbilden, die er dafür braucht. Natürlich muß die Fort- und Weiterbildung auf Qualifikationsanforderungen aus dieser Problemlösetätigkeit reagieren. Bei wenigen Personen oder Bereichen mit hoher Sicherheitsrelevanz ist es auch angebracht, zuerst zu qualifizieren. Darauf muß aber die Herausforderung folgen, damit die Erkenntnisse und Fertigkeiten eingesetzt werden können.
6. Beurteilen Sie die unterschiedlichen Leistungen, um feststellen zu können, wer im Flow-Kanal zum Experten-Flow aufsteigen könnte. Derjenige muß genau in diesem Fachbereich im Kanal gehalten und weiterentwickelt werden. Er ist ein Potentialträger für Kreativität und Innovation. Mitarbeiter im Durchschnitts-Flow-Bereich brauchen andere Maßnahmen, beispielsweise Flow-Rotation oder Flow-Enrichment.

3. Führen durch Anerkennung

In vielen Seminaren über das Thema Mitarbeiterführung kann man hören, wie wichtig Lob und Anerkennung für die Mitarbeiter sind. Weniger bekannt ist die Tatsache, daß der Anerkennung ein uraltes Verhaltensprogramm zugrunde liegt: der Aggressionstrieb. Davon ausgehend, daß Aggression der Trieb zum Sieg ist, lautet die zentrale

Frage: Wie muß ich die Umstände gestalten, daß die Anstrengungsbereitschaft aktiviert wird, die in diesem Triebprogramm steckt? Auch hier geht es in erster Linie darum, die entsprechenden Reize zu setzen, aggressive Reize. Die Strategie von Führen durch Anerkennung besteht darin, Mitarbeiter herauszufordern, indem sie in einem Leistungsvergleich ihre optimale Leistungsfähigkeit einsetzen. Es gibt dafür naheliegende Beispiele, z. B. wenn ein internationaler Computer-Konzern zwei Entwicklungsteams in Konkurrenz gegeneinander am gleichen Problem arbeiten läßt. Auch die Auslobung des Mitarbeiters des Monats/Jahres bzw. die Prämierung des Verkäufers mit der höchsten Zahl von Vertragsabschlüssen beruht auf dem Prinzip des aggressiven Reizarrangements. Andere Formen bestehen darin, daß Soll- oder Planzahlen bezüglich des Wachstums vorgegeben und die unterschiedlichen Grade der Annäherung, der Zielerreichung oder gar der Übererfüllung mit entsprechender Anerkennung versehen werden; auch interne Vergleiche, etwa die Ergebnisse einer Abteilung mit denen des letzten Abrechnungsjahres, oder das Erreichen in Zielvereinbarungen festgelegter persönlicher Ziele gehören zum Motivbereich des Strebens nach Anerkennung.

Indem man ein angemessenes Arrangement von aggressiven Reizen setzt, lockt man die Kraft der Aggression hervor. Damit ist freilich nicht Gewalt und Brutalität gemeint! Aggression wird allzuoft mit diesen Begriffen gleichgesetzt und synonym gebraucht. Nein, es geht im ursprünglichen Wortsinn von Aggression darum, eine herausfordernde Person oder Situation aktiv anzugehen, sich mit ihr auseinanderzusetzen und im Leistungsvergleich zu obsiegen. Nur so kann man unterschiedliche Leistungsvermögen feststellen und angemessen anerkennen. Das Konkurrenzverfahren ist die notwendige Voraussetzung dafür, daß die Positionen innerhalb eines Teams nach den Kriterien der Leistungsfähigkeit besetzt werden; und das ist ein zentraler Faktor für die erfolgreiche Kooperation. Wie man Mitarbeiter von der Konkurrenz zum gemeinsamen Handeln führt, werden wir im Kapitel »Führen durch Bindung« behandeln.

Wer ist Chef im Jugendhaus?

Herr Kölle nahm nach seinem Studium eine Anstellung als Jugendhausleiter in einer kleinen Stadt Norddeutschlands an. Im Jugendhaus trafen sich Jugendliche aus den unterschiedlichsten Milieus. Das Haus hatte einen Integrationsauftrag; es sollte den Jugendlichen aus Spätaussiedlerfamilien oder ausländischen Jugendlichen den Einstieg in das Gemeindeleben erleichtern. Gerade die Unterschiede der Herkunft sorgten immer wieder für Spannungen. Es gab kleine Gangs, die sich von den anderen Jugendlichen absetzten. Bei Discoabenden im Jugendhaus kam es immer wieder zu Auseinandersetzungen und manchmal sogar zu Handgreiflichkeiten zwischen den einzelnen Gruppierungen. Diese Streitigkeiten sorgten wiederholt für Unmut und Ärger in der Gemeinde.

Zuallererst mußte Herr Kölle dafür sorgen, daß die Gangchefs ihn als Boß des Jugendhauses anerkannten. Um das zu erreichen, zog er sich bei Discoabenden seine alte Lederjacke an. Sie war zwar schon etwas abgewetzt, verfügte aber über Auspolsterungen an den Schultern. Dieses Imponier-Outfit signalisierte den Anspruch auf die Alpha-Position und sorgte für entsprechende Aufmerksamkeit bei den Jugendlichen. Um die Aufmerksamkeit in Anerkennung zu verwandeln, setzte Herr Kölle seine zweite »Geheimwaffe« ein. Schon als Jugendlicher hatte er sich in unzähligen Matches die Fähigkeit erworben, virtuos Tischfußball zu spielen, und so rangierte er unter den besten Spielern des Landes. Da im Jugendhaus auch drei Fußballtische aufgestellt waren, forderte er die Jugendlichen zur sportlichen Auseinandersetzung in dieser Disziplin heraus. Sobald sich die Gangchefs dem Wettkampf gestellt hatten, mußten sie erfahren, daß sie den Jugendhausleiter nicht besiegen konnten. Er nahm klar und unmißverständlich die Führungsposition ein. Sein Auftreten mit der Lederjacke – »Der ist cool, der versteht uns« – und sein Können beim Tischfußball – »Der Alte hat was drauf, Respekt!« – waren für die Ranganerkennung besonders wichtig. Aber auch seine den Jugendlichen zugewandte Art, die immer wieder signalisierte, daß er ein echtes Interesse an seinen »Schützlingen« hatte, trug dazu bei, daß er das Vertrauen der unterschiedlichen Gruppen gewinnen konnte.

Es reicht in aller Regel nicht aus, formal die Nummer eins zu sein. Das bemerkt jeder, der neu in eine Führungsposition kommt. Ob als Lehrer, als Jugendgruppenleiter, als Vereinsvorsitzender oder als Teamchef – sich nach oben gerangelt zu haben, ist die eine Sache; die andere ist die, daß man auch die Anerkennung seiner Schüler, Pfadfinder, Vereins- oder Teammitglieder erhält. Der neueingesetzte Chef hat nicht unbedingt von vornherein der Gemeinschaft angehört, der er nun vorsteht. Evolutionär betrachtet war es aber so, daß diejenigen, die sich in einer Gemeinschaft nach oben gerangelt hatten, auch ihre Leistungskraft in den Rangordnungsauseinandersetzungen eingesetzt hatten. Im unmittelbaren Vergleich mit den Leistungspotentialen der anderen hatte dann der Bessere obsiegt und die Führung übernommen. Wer heute von außen in eine Alpha-Position eingesetzt wird, muß beim Team nachträglich unter Beweis stellen, daß er die Stellung auch ausfüllen kann. Ebenso müssen sich neue Mitglieder davon überzeugen können, daß das Team/die Abteilung/das Unternehmen über eine leistungsfähige und deshalb glaubwürdige Führung verfügt.

Von Buntbarschen und streitlustigen Mitarbeitern

In einem Führungsworkshop mit einem Dienstleister aus dem Bereich Telemedien haben wir u.a. die unterschiedlichen aggressionsauslösenden Situationen im Tierreich vorgestellt. Das Gespräch kam schließlich auch auf das ausgeprägte Revierverhalten von Buntbarschen. Das Revier dieser Fische ist gerade so groß, daß die darin vorkommende Nahrung den Revierinhaber ernährt. Wenn man glaubt, daß der Buntbarsch auf alle fremden Fische, die in sein Revier eindringen, aggressiv reagiert, so täuscht man sich. Handelt es sich beispielsweise um einen Stichling, dann nimmt der Barsch kaum Notiz von ihm; denn der Stichling frißt etwas anderes als der Barsch, er macht ihm die Beute also nicht streitig und stellt somit auch keine Bedrohung dar. Ganz anders reagiert der Fisch, wenn ein zweiter Buntbarsch erscheint. Mit eindeutigen Drohgebärden zeigt er dem Eindringling, daß er ihn in seinem Revier nicht duldet. Wenn der Rivale auf die Imponiersignale des Revierinhabers nicht das Feld räumt, geht dieser den Herausforderer aggressiv an, um ihn zu vertreiben. Dieses Beispiel kann man wie folgt verallgemeinern: Aggressives Verhalten wird u.a. dann ausgelöst, wenn ein Rivale auftaucht, der das Revier streitig macht.

Spontan kommentierte eine Führungskraft im Workshop: »Ich habe in meiner Abteilung einen ›Buntbarsch‹ und einen ›Stichling‹. Aber der ›Buntbarsch‹ hält den ›Stichling‹ für einen ›Buntbarsch‹ und läßt ihn nicht in Ruhe.« Nach diesem direkten Vergleich klärte die Führungskraft den verdutzten Teilnehmerkreis auf: »Die beiden Mitarbeiter, von denen ich spreche, habe ich vor kurzem neu hinzubekommen. Seit sie in meiner Abteilung sind, lassen die beiden keine Gelegenheit aus, um sich gegenseitig vorzuführen. Schon bei Kleinigkeiten geraten sie in Streit und sind kaum zu beschwichtigen. Ich fragte mich immer wieder, woher dieses hohe Maß an Streitlust kommt und was die beiden Streithähne anstachelt – jetzt weiß ich es!« Die Führungskraft erklärte, daß sie die beiden Mitarbeiter zwar für unterschiedliche Aufgabenbereiche eingestellt hatte, daß den Mitarbeitern aber aufgrund ihrer Arbeitssituation offensichtlich nicht klargeworden wäre, daß sie unterschiedliche Reviere besetzten. Im Gegenteil, sie hatten den Eindruck gewonnen, daß sich ihre Kompetenzbereiche überschnitten. Damit erschien der Kollege automatisch als aggressionsauslösender Reiz mit entsprechenden Konsequenzen für das Verhalten. Durch die Analyse wurde deutlich, wo das Motiv für den immer wieder aufflammenden Streit in der Abteilung liegt, das Gefühl beider »Buntbarsche« nämlich, das eigene (Kompetenz-)Revier verteidigen zu müssen.

Beim nächsten Treffen der Manager vier Wochen später berichtete uns dieser Abteilungsleiter, wie es ihm in der Zwischenzeit mit den beiden Streithähnen ergangen war. Zunächst hatte er mit den beiden ein längeres Gespräch geführt. Darin ging es nicht darum, durch Appelle im Sinne von »Jetzt reißt euch mal zusammen« eine Verhaltensänderung zu erzielen. Der Vorgesetzte machte vielmehr klar: »Du bist der Buntbarsch und du der Stichling. Ihr nehmt euch gegenseitig nichts weg, im Gegenteil. Ihr habt unterschiedliche Aufgabenbereiche, und genau in diesen Positionen seid ihr wichtig für die ganze Abteilung.« Im Verlauf der Unterredung zeigten sich die Mitarbeiter zunehmend erleichtert. Die Rivalitätssituation löste nämlich bei den Beteiligten ein hohes Maß an Anspannung und Streß aus. Die erste Folge der Unterredung war, daß sich beide nicht mehr angespannt beobachteten und kontrollierten, sie konnten sich gegenseitig in Ruhe lassen. Gerade weil man nicht erwarten konnte, daß sich die aggressiv aufgeladene Situation von alleine entspannen würde, war in diesem Fall die Intervention des Managers notwendig. Fruchtlose Rivalitäten und sinnlose Rangeleien vermindern letztlich die Leistungsfähigkeit des Teams, und in diesem Falle war es das zentrale Ziel, die Ursache des aggressiven Handelns zu beseitigen.

Anerkennen, aber wie?

In der Seminarreihe »Führen durch Anerkennung«, die wir seit vielen Jahren bei Führungskräften eines großen deutschen Automobilherstellers durchführen, stoßen wir immer wieder auf starkes Interesse der Teilnehmer: »In der Mitarbeiterbefragung bekomme ich die Rückmeldung, daß ich zuwenig Anerkennung gebe. Ich habe mich zu diesem Seminar angemeldet, um zu erfahren, wie Wertschätzung und Lob wirkt und wie ich es meinen Mitarbeitern angemessen vermittle.« Zunächst macht sich meist etwas Unmut breit. Die Möglichkeiten, Anerkennung für erbrachte Leistung zu geben, seien durch die tariflichen Entgeltbestimmungen eingeschränkt, und man könne nicht so belohnen, wie es eigentlich angemessen sei. Doch nachdem die ersten über einen Gruppenbonus, das Ausleihen eines Oberklassefahrzeugs oder eines Erprobungswagens über das Wochenende gesprochen haben, fällt beinahe jedem Teilnehmer eine Form der Anerkennung ein, die er selbst schon angewendet hat. Manchmal handelt es sich um kleine, unspektakuläre Zeichen, die oftmals jedoch wirkungsvoller sind als Wertschätzungs-Großaktionen und Lobeshymnen.

Ein Abteilungsleiter berichtete, daß er mit einem kleinen Mitarbeiterteam von drei Personen eine Verkaufspräsentation für Nutzfahrzeuge bei einem Großkunden in Holland durchgeführt hatte. Weil er einen wichtigen Anruf während der Präsentation erwartete, bat er schon vor dem Kundentermin einen jüngeren Mitarbeiter, die Präsentation von Anfang an zu leiten. Als nun das mobile Telefon in der Hemdtasche des Abteilungsleiters zu vibrieren begann, stand er auf, schaute seinen Mitarbeiter mit einem aufmunternden Lächeln an und machte mit dem nach oben weisenden Daumen eine aufmunternde Geste, die mehr als tausend Worte sagte. Sie ist der Situation vollkommen angemessen, um positives Feedback zu geben, Unterstützung zu signalisieren und zu sagen »Du bist auf dem richtigen Weg, weiter so!«

Die Rolle der Incentives als Anerkennungsinstrument wurde von den meisten Führungskräften kritisch gesehen. »Das ist eine Schraube nach oben, die immer mehr Ansprüche weckt«, war eine Aussage, die man immer wieder hören konnte. Und tatsächlich, wenn das Füllhorn materieller Vergünstigungen und Erlebnisanreize gedankenlos über die Mitarbeiter ausgeschüttet wird, schleifen sich die Reize ab. Die Folge ist Verwöhnung. Das nächste Mal erwartet man noch leckerere, exotischere Belohnungsreize. Außerdem besteht für die Führung die Gefahr, in unterschiedlicher Weise unangemessen zu reagieren. Sei es, indem immer weitere, nicht erfüllbare Erwartungen geweckt werden, sei es, weil die Führungskraft den Mitarbeiter nicht gut genug kennt und deshalb Belohnungen verteilt, mit denen der Belohnte nichts anfangen kann; sei es, daß ein zu langer Zeitraum zwischen Leistung und Anerkennung liegt, oder sei es, daß die große Geste der Belohnung nicht auch durch eine angemessene Mimik und Rhetorik getragen wird und deshalb unecht wirkt.

Ein Bereichsleiter hat von folgendem mißlungenen Anerkennungsversuch berichtet. Zwei Schichtmeister aus der Produktion hatten die Lösung für ein äußerst qualitätskritisches Problem bei der Schichtübergabe gefunden; dafür waren sie mit einem Wochenende belohnt worden, das sie gemeinsam mit ihren Frauen in einem schicken Wellneß-Hotel mit ausgesuchter Gourmet-Küche verbringen konnten. Diese Form der Anerkennung war ein totales Fiasko, denn die beiden Meister sagten nach ihrer Rückkehr, daß sie das Hotel protzig fanden, daß sie durch die vielen Kellner im Restaurant verunsichert waren und daß sie lieber ein Pils zum Essen bestellt hätten, als einen Wein aus der telefonbuchdicken Karte aussuchen zu müssen.

Eine ganz andere Erfahrung hat der Leiter einer Verkaufsniederlassung gemacht. Er wollte seiner Sekretärin, die sich innerhalb kürzester Zeit kompetent in ihr Aufgabengebiet eingearbeitet und ihn dadurch stark entlastet hatte, ein Geschenk als Anerkennung für ihre Leistung zukommen lassen. Aufgrund der informellen Atmosphäre in dem kleinen Team konnte der Chef bei einer befreundeten Kollegin seiner Sekretärin in Erfahrung bringen, daß sie besonderen Gefallen an balinesischem Silberschmuck fand. Schnell waren zwei Ohrringe besorgt, welche die Sekretärin zusammen mit einem Blumenstrauß an ihrem Arbeitsplatz vorfand. Ihre Freude war deshalb besonders groß, weil in dem Geschenk das persönliche Bemühen und die individuelle Ansprache zum Ausdruck kamen, zumal ihr Chef auch klar und umfassend formulierte, was er an ihrer Arbeit ganz besonders schätzte.

Was für Anerkennung generell gilt, zeigt sich an diesem Beispiel ganz deutlich: Sie muß ehrlich gemeint und auf die Leistung bezogen sein, zeitnah und vorbehaltlos geäußert werden (also nicht: »Frau Meier, Sie haben diesen Brief hervorragend formuliert, *aber*...«). Wenn man mit eigenen Worten formuliert, wodurch sich die Leistung besonders auszeichnet, ist es durchaus angebracht, seinen Enthusiasmus zu zeigen.

Viele Menschen tun sich nach eigener Aussage mit der Anerkennung schwer. Sie befürchten, daß sie in Art und Maß unangemessen sein, also entweder überzogen oder untertrieben beim Anerkannten ankommen könnte. Oftmals ist den Führungskräften, die Anerkennung geben sollen, gar nicht klar, daß sie sich in Beziehung zu den Anerkannten setzen müssen, weil es sich bei der Anerkennung um einen sozialen Akt handelt, aus dem man sich selbst, die eigene Person, nicht heraushalten kann. Um wirksam anerkennen zu können, ist die persönliche Ansprache in einer konkreten Beziehung unabdingbar; dabei kommt man dem anderen automatisch nahe, und diese Nähe ist es, die uns die Anerkennung so schwer macht. Gehe ich zu weit? Komme ich dem anderen zu nahe? Faßt er das jetzt richtig auf? Formale Anlässe wie Preisverleihungen, Auszeichnungen und schriftliche Belobigungen oder Bonuszahlungen sollen zumindest eine Verfahrenssicherheit garantieren, wenngleich diese Formen oftmals auf Kosten des Persönlichen bzw. der Angemessenheit gehen. Die Unsicherheit in der Beziehungsebene ist häufig der Grund dafür, daß Anerkennung sogar ganz vermieden wird; das fordert dann ein sehr feines Gespür seitens der Leistungsträger, wenn beispielsweise ihr schwäbischer Obermeister nach dem Motto Anerkennung vermittelt: »Net g'schimpft isch g'lobt g'nug«.

Mitarbeiter auf angemessene Art und Weise anzuerkennen, kann man trainieren. Wir haben die Erfahrung gemacht, daß Übungen, z. B. in Form von Anerkennungsrunden, notwendig sind, weil auch hier noch kein Meister vom Himmel gefallen ist. Natürlich gibt es Menschen, die sich im Umgang mit anderen Menschen leichter, und andere, die sich schwerer tun, Menschen, die ein soziales Talent besitzen, und andere, die in der Gestaltung von Beziehungen eher Probleme haben. Das heißt aber nicht, daß man nicht auch in diesem Bereich durch Erfahrung und Einübung zu guten Ergebnissen kommen könnte.

Im Workshop »Führen durch Anerkennung« gibt es aus diesem Grund eine Phase, in der wir Anerkennung üben, die Anerkennungsrunde. Jeder Teilnehmer nimmt dabei einmal die Rolle des Anerkannten ein, alle anderen Teilnehmer geben ihm Anerkennung in der Form, daß sie aktiv formulieren, was sie an ihm mögen und wertschätzen. Das ist zunächst gar nicht so einfach; man muß sich um den anderen bemühen, überlegen, was man von ihm in der Vorstellungsrunde, beim Kaffee in der Pause, am Mittagstisch oder beim vorabendlichen Hock um den Kamin erfahren hat. Was ist daran sympathisch? Warum mag man es eigentlich? Habe ich ähnliche Erfahrungen gemacht, die eine positive Reaktion hervorrufen? Und dann kommt die Frage auf, wie man das, was man gut findet, dem anderen mitteilt. Es ist ungewohnt, ungeübt.

In einer Anerkennungsrunde hat ein Teilnehmer nach dem zweiten Durchgang ganz ungläubig festgestellt: »Ja, Herr Petermann sagt Herrn Emmel doch nur das, was wir alle auch wahrnehmen; er sagt ja nur, wie er in Wirklichkeit ist!« Gerade dadurch wird Anerkennung erst authentisch und glaubwürdig. Herr Emmel erklärte dazu: »Würde Herr Petermann Leistungen loben, die ich gar nicht erbracht habe, oder persönliche Eigenschaften meines Auftretens bzw. Verhaltens hervorheben, die ich nicht aufweise, dann wäre das für mich keine Anerkennung, sondern Lobhudelei; ich würde sie nicht als ernsthaft und echt, sondern als ungerechtfertigt empfinden.« Man muß also genau sein mit seiner Anerkennung, denn das Korrektiv ist in der Person des Anerkannten immer unmittelbar vorhanden. Worin besteht die Leistung, das besondere Engagement, der außerordentliche Beitrag? Erst wenn man dies genau festgestellt hat, verfügt man über die Bezugsgrößen für Anerkennung. Hierauf bezieht sich die Wertschätzung vor allem, und dies ist nach Empfinden und Aussage der Anerkannten auch das, was die Anerkennung nachvollziehbar, wahrhaftig und annehmbar macht. Denn man fühlt spontan, ob sich der Anerkenner ernsthaft darum bemüht, sich der zugrundeliegenden Fakten zu versichern, ob er das Besondere der Leistung nachvollzogen hat und dies auch so vermittelt, daß eine persönliche Beziehungsebene zum Anerkannten aufgebaut wird. Das gelingt immer dann, wenn sich der Anerkannte mit seiner Leistung in den lobenden Worten wiederfindet.

Die genaue Analyse ist die Voraussetzung für die präzise Benennung der Leistung. Darin besteht der zweite Schritt der Anerkennung, nämlich in der sprachlich klaren Formulierung dessen, was der Anerkannte besonders gut gemacht hat. Unser Seminarteilnehmer war deshalb so überrascht, weil er unter Anerkennung bis dato immer Loben verstanden hat, das in Richtung Schmeichelei ging. Daß Anerkennung vor allem im exakten Spiegeln von positiven Eigenschaften, Verhaltensweisen und Leistungen besteht, war für ihn eine neue, ganz unerwartete Erkenntnis.

Anerkennung und Kritik

Zwischen Dale Carnegies Verdikt »Nicht kritisieren« und Reinhard Sprengers Maxime »Nicht loben« erstreckt sich die ganze Bandbreite »kultivierter« Aggression. Wir suchen heutzutage in aller Regel zwar nicht mehr den Rivalen unmittelbar auf, um ihn im Zweikampf zu besiegen. Wir sind jedoch nach wie vor darauf angewiesen, Leistung festzustellen und zu beurteilen. »Nicht kritisieren« funktioniert nicht, denn das Urteil bei mangelhafter Leistung besteht nun einmal in Kritik, im Hinweis auf die Differenz zwischen dem Sollwert und dem tatsächlich Erreichten. »Nicht loben« geht auch nicht, denn auf der anderen Seite des aggressiven Spektrums stehen Lob und Anerkennung. Wie will man sonst – trotz aller Manipulationsmöglichkeiten, die dieses Instrument bietet – eine gute Leistung beurteilen und benennen? Es besteht kein Zweifel: Ebenso wie man sich selbst anheben kann durch Imponieren, Angeben, Selbstüberhöhung, kann man sich auch kleinmachen, sein Licht unter den Scheffel stellen, wenig Aufhebens machen. Aber nicht nur auf die eigene Person bezogen, sondern auch in der Beziehung zu anderen wirkt die Kraft der Aggression unmittelbar: Erkenne ich jemanden für eine hervorragende Leistung an, so fühlt er sich erhoben, er wird emotional zum Sieger. Kritik aber wertet ab, wird als herabstufend empfunden, als degradierend.

Allem antrainierten Willen zur Kritikfähigkeit zum Trotz berichten Manager auf die Frage, was sie empfinden, wenn sie kritisiert werden: »Alarmsignale schrillen. Ich bin angespannt, kampfbereit. Dann fühle ich mich schlecht und niedergezogen. Eigentlich will ich ja keine Fehler machen. Wenn es doch passiert und ich kritisiert werde, denke ich ›Oh, jetzt hat er mich erwischt‹. Ich will mich rechtfertigen, den Kritiker ins Unrecht setzen.« Auf die Frage, wie sie bei unvermeidlicher Kritik anderer Personen vorgehen, lauten die Antworten: »Weil ich ja weiß, wie weh es tut, formuliere ich Kritik immer sachlich, nie persönlich!« Und wie reagieren die Mitarbeiter? Sie nehmen die Kritik in aller Regel trotzdem genau so wie die Manager: persönlich, emotional, als Angriff. Gerade aus diesem Grund und wegen der möglichen Folgen der Demotivation durch Kritik rät Carnegie, man solle nicht kritisieren, sondern höchstens Vorschläge zur Verbesserung machen. Doch ist das realistisch? Handelt es sich hier nicht um einen diplomatischen Eiertanz ohne jede Glaubwürdigkeit? Nein, Fehler müssen kritisiert werden. Was es zu vermeiden gilt, ist, daß die negative Kraft der Aggression den Kritisierten zu sehr niederzieht, ihn erniedrigt oder gar entwürdigt.

Damit die Distanz nicht zu groß wird und das Gefühl der Herabsetzung nicht in Feindschaft umschlägt, muß die in der Kritik wirkende Aggression durch Bindung aufgefangen werden. Die Befürchtung des Kritisierten ist doch, daß die Kritik ein Ungenügen feststellt, welches zur Ursache für Ansehens-, Status- und Machtverlust werden könnte. Ganz anders bei einem Kollegen oder Partner, den man schon viele Jahre kennt. Zu ihm hat man Vertrauen, man weiß, er würde einen nicht hintergehen. Die Gefahr, daß er einen Fehler von mir für sein eigenes Fortkommen mißbraucht, ist nicht groß. Es fällt leichter, Kritik anzunehmen, wenn sie aufgrund der guten zwischenmenschlichen Beziehung den Charakter eines Ratschlags zur Abwendung von weiterem Ungemach hat. Man tut also gut daran, notwendige Kritik vorzubereiten, indem man zuvor eine emotional stabile Beziehungsgrundlage aufgebaut hat. Dann wirkt es auch glaubwürdig, wenn ein Gruppenmeister seine beiden Vorarbeiter in einer Auseinandersetzung, die auszuarten droht, anbrüllt: »Wie können meine zwei besten Leute so einen Mist machen?«

Hier ist noch ein Wort zum Thema Gerechtigkeit anzufügen. Beide Bewegungsrichtungen in der Zuschreibung von Positionen im aggressiven Spektrum, die Anhebung durch Anerkennung und die meist abwertend empfundene Kritik, lösen in aller Regel starke emotionale Reaktionen aus. Wir erfahren dadurch eine spontan empfundene Verortung in der sozialen Hierarchie der Familie, des Vereins, der Abteilung usw. Sowohl in Tier- wie auch in menschlichen Sozietäten hat die Position innerhalb der Stufenleiter eine wichtige Konsequenz: Höhere Positionen verfügen über höhere Privilegien. Der Höherrangige hat also bessere Lebensbedingungen, vor allem hinsichtlich höherwertiger Nahrung und häufigerer Möglichkeiten zur Fortpflanzung. Und genau in der Verfügung über diese Ressourcen liegt, wie wir wissen, der Sinn des Triebs zum Sieg. Nun ist es für jede Gemeinschaft überlebenswichtig, daß im Leistungsvergleich Sieg und Niederlage festgestellt, daß dieses Ergebnis zugleich aber von den Beteiligten auch akzeptiert wird. Das geschieht vor allem dadurch, daß man sich gegenseitig in der jeweiligen Position anerkennt. Denn nur dann kommt man von der Konkurrenz zur Kooperation, zum gemeinsamen Handeln. Im Prinzip gibt es nur einen Grund, warum sich jemand mit einer niedrigeren Position und dadurch mit einem eingeschränkten Zugang zu den Ressourcen zufriedengibt: das Gefühl, daß das gerecht ist. Dabei unterscheiden wir zwischen zwei Formen, der Leistungs- und der Verteilungsgerechtigkeit. Leistungsgerechtigkeit heißt, unterschiedliche Leistungen vergleichen und nach individuellem Leistungsvermögen im gemeinsamen Handeln einsetzen (Positionszuteilung). Verteilungsgerechtigkeit bedeutet, daß das Ergebnis des gemeinsamen Handelns entsprechend dem Leistungsgrad an die einzelnen Mitglieder verteilt wird (Belohnungszuteilung). Selbstverständlich schlägt das kleinste Signal, daß es bei einer Beförderung nicht mit rechten Dingen zugegangen sein könnte oder daß Neupositionierungen aufgrund von Mauscheleien vorgenommen werden, negativ auf das Gerechtigkeitsempfinden durch; das gleiche gilt für die Vergabe von Boni, Incentives, Gruppenzulagen usw. Sollte diesem Verfahren auch nur entfernt der Ruch von ungerechtfertigter Belohnungszuteilung anhaften, kann man mit starker Gegenwehr seitens derer rechnen, die sich ungerecht behandelt fühlen, weil sie übergangen worden sind. In vielen deutschen Unternehmen gibt es sogar Befürchtungen, daß selbst der Informationsaustausch der Mitarbeiter über die Höhe ihrer monatlichen Lohn- bzw. Gehaltszahlungen zu aggressiver Unruhe führen könnte. Deshalb findet sich in Arbeitsverträgen nicht selten die Vereinbarung, genau darüber Stillschweigen zu bewahren.

Belohnungen für Leistungen müssen vom Gros der Mitarbeiter als gerecht eingeschätzt werden, insbesondere von denjenigen, die die Belohnung nicht erhalten. Das gelingt in Kleingruppen in der Regel leichter, weil dort jedes Gruppenmitglied die Leistung der anderen wahrnimmt und einschätzen kann. Schwieriger ist das in großen Konzern-Einheiten zu realisieren. Hier muß die Führung der Mehrheit der Mitarbeiter erst glaubwürdig begründen, daß der Belohnung von einzelnen bzw. von Gruppen eine entsprechende Leistung vorausgegangen ist.

Die Anerkennungs-Strategie der Führung

1. Es geht nicht um Lobhudelei und auch nicht um überbordende Konkurrenzveranstaltungen. Leistung festzustellen und in angemessener Form anzuerkennen ist die unabdingbare Voraussetzung, wenn man die Kraft der Aggression in den Dienst der Leistung stellen möchte. Als Führungskraft ist es Ihre dringendste Aufgabe, die aggressive Triebkraft der unmittelbar von Ihnen geführten Mitarbeiter im einzelnen zu kennen. Mitarbeiter, die eher wettbewerbsorientiert sind, können Sie nämlich verstärkt über ein aggressives Reizarrangement ansprechen und zu mehr Leistung motivieren. Einen eher floworientierten Mitarbeiter würden Sie durch diese Maß-

nahme möglicherweise unter Druck setzen, was leistungsbehindernd wirkt.

2. Aggressive Reize sind herausfordernde Personen, die man besiegen, oder Situationen, die man meistern möchte. Ausschlaggebend ist, daß Sie den Grad der erbrachten Leistung eines Mitarbeiters im Vergleich mit dem Wettbewerber ermitteln, mit einer früher von dem Mitarbeiter selbst erbrachten Leistung oder hinsichtlich eines mit dem Mitarbeiter vereinbarten Ziels. Sie erinnern sich: Einstellungen und Stellenneubesetzungen funktionieren genau nach diesem Prinzip.
3. Unterschiedliche Leistungen müssen auch differenziert rückgemeldet und individuell zugeschrieben werden. Denn damit legen Sie bereits die Tendenz der Positionierung eines einzelnen Mitarbeiters innerhalb eines Teams fest. Der Personalchef eines international führenden Druckmaschinenherstellers hat zu diesem Thema bei der Preisverleihung an die Besten eines Azubi-Jahrgangs fast entschuldigend angemerkt, daß unsere Gesellschaft auf Leistung angewiesen sei und deshalb eine Gleichverteilung nicht funktioniere, sondern die Besten eine besondere Auszeichnung verdienten. Ideal ist es, wenn Sie kleine Teams leiten. Hier besteht eine gute Möglichkeit, daß die Teammitglieder sich aufgrund von Verhaltensbeobachtung und Leistungsvergleich aktiv und selbständig in eine natürlich entstehende Hierarchie einordnen.
4. Es steht in Ihrer zentralen Verantwortung, besondere Leistung anzuerkennen. Die Frage bei der Umsetzung lautet: Wie drücke ich die Anerkennung gegenüber meinem Mitarbeiter richtig aus? Anerkennen, aber wie? Zunächst sollten Sie die positive Rückmeldung möglichst zeitnah zur Leistungserbringung vornehmen. Versuchen Sie dabei, das Besondere der Leistung möglichst

präzise zu benennen, also individuell auf den Sachverhalt und die Person bezogen sowie zutreffend und differenziert ausgedrückt. Das bedeutet zweifelsohne einen Aufwand; er lohnt sich aber in jedem Fall, wenn Sie die Anerkennung ehrlich meinen und glaubwürdig vermitteln. Das größte Problem bei der aktiven Formulierung der Anerkennung – und übrigens auch der Kritik – scheint darin zu bestehen, daß man sich dabei auch aktiv in Beziehung zum Anerkannten – bzw. Kritisierten – setzen, in gewisser Weise eine Bindung eingehen muß. Anerkennung bzw. Kritik auf Distanz haftet immer etwas Künstliches, Förmliches und Unpersönliches an.

5. Weil soviel emotionale Kraft in der Aggression steckt, eine Leistungsgemeinschaft aber nicht auf den internen Wettbewerb verzichten kann, ist es dringend erforderlich, daß Sie als Führungskraft am Prinzip der Gerechtigkeit festhalten und es notfalls durchsetzen. Der Trieb zum Sieg befördert nur dann eine Leistungskultur, wenn ein Rahmenwerk existiert, innerhalb dessen sich die Atmosphäre eines sportlich-fairen Wettkampfs ausbilden kann. Die Orientierungsgrößen für diesen Rahmen sind Fairneß, Leistungs- und Verteilungsgerechtigkeit. Ein Stück Toleranz entschärft das harte Prinzip der Gerechtigkeit. Wenn Sie Wert legen auf alternative Ideen, Innovation und ungewöhnliche Blickpunkte in Ihrem Team, dann dürfen Fehler, die dabei gemacht werden, den Mitgliedern nicht gleich das Genick brechen; sonst geht Ihnen deren Initiative und Einsatzbereitschaft und dem Team die Gruppenintelligenz verloren!

6. So hilfreich Aggression als Leistungsmotor ist, so gefährlich kann sie für die Gemeinschaft und für das gemeinsame Handeln werden. Schaffen Sie, um den zerstörerischen Anteil der Aggression aufzufangen, Bedingungen, die gegenseitiges Vertrauen und Sympathie

im Team fördern. Konkurrenz ist die Grundlage für gemeinsames Handeln; wenn allerdings nicht Versöhnung, Ausgleich und gegenseitige Anerkennung, also ein Stück Bindung dazukommt, wird die Konkurrenz niemals wirklich beendet. Und das bedeutet, daß intern immer noch gerangelt wird, während man schon längst in einem Projekt steckt, in dem optimale Kooperation angesagt ist.

4. Führen durch Bindung

Der Dritte im Bunde der für die Mitarbeiterführung zentralen Triebe ist die Bindung. Sie ist, wie wir alle wissen, ein starkes Motiv. Da der Mensch als soziales Wesen evolutionär an Gemeinschaften angepaßt ist, dürfen wir erwarten, daß große Anstrengungen unternommen werden, um zwischenmenschliche Beziehungen einzugehen und aufrechtzuerhalten.

Für die erfolgreiche Mitarbeiterführung ist es unverzichtbar, Reize im Bereich der Bindung zuzulassen bzw. zu arrangieren. Es geht darum, Mitarbeiter herauszufordern in dem Sinn, daß sie einen wichtigen Leistungsbeitrag zum Gelingen des gemeinsamen Handelns erbringen. Ein Beispiel aus dem Sport veranschaulicht das: Nachdem die Konkurrenz um die Positionen in der Aufstellung einer Fußballmannschaft beendet ist (aggressives Triebmotiv), müssen die Spieler in ihren Positionen nun auch ihre Einzelleistungen durch das Einüben von Strategien, Spielzügen, taktischen Manövern im Sinn des Teamworks optimieren. Ein Team, das aus den besten Spezialisten besteht, die Einzelhandlungen aber nicht koordiniert, wird niemals den Mehrwert des gemeinsamen Handelns erzielen. Man muß die Triebenergie der Bindung durch eine Herausforderung an den einzelnen aktivieren, eine Herausforderung, die er allein nicht bewältigen könnte, die im gemeinsamen Handeln aber zu meistern ist. Sobald er jedoch die optimale individuelle Leistung im Teamwork einsetzt und das gemeinsame Handeln erfolgreich ist, winkt die Lust der Bindung dadurch, daß Vertrauen entsteht, Zuneigung und Zugehörigkeit.

Nun mag es etwas unvermutet sein, wenn wir neben dem Hervorrufen der Urmotive Neugier und Aggression auch die zwischenmenschliche Bindung als ein zentrales Instrument der Mitarbeiterführung benennen. Ist das im Zusammenhang der beruflichen Tätigkeit überhaupt möglich? Sollte die persönliche Beziehung zu anderen Menschen nicht dem Privatbereich überlassen bleiben? Nun, wir können zwar davon ausgehen, daß Menschen im allgemeinen vor allem in ihrem familiären Umfeld, im Freundes-, Nachbarn- oder Verwandtenkreis ihre persönlichen Bindungen aufgebaut haben und pflegen. Aber auch in Beruf und Arbeitswelt spielen die Beziehungen zu anderen Menschen eine wichtige Rolle (Akademie-Studie 2002). Man kann es eigentlich kaum vermeiden, daß man seine Kollegen, Mitarbeiter und Vorgesetzte, Kunden und Lieferanten im Lauf der gemeinsamen Arbeit immer besser kennenlernt. Das heißt nicht, daß man automatisch zu jeder dieser Personen ein inniges Verhältnis entwickelt; je nach Qualität der Zusammenarbeit, nach deren Berechenbarkeit und Zuverlässigkeit baut man zu dem einen ein engeres Verhältnis auf, den anderen meidet man lieber, und den dritten kennt man noch gar nicht gut genug, um sich ein Bild von ihm gemacht zu haben.

Die Naturgesetze des gemeinsamen Handelns

Wie wir bereits in Kapitel II beim Werkzeugprogramm »Kooperieren« gezeigt haben, treten nicht erst wir Menschen in Gruppen zusammen. Die Evolution hat in vielen unterschiedlichen Kooperationsformen das gemeinsame Handeln immer wieder neu erfunden. Ausschlaggebend ist stets, daß Synergie, also ein Mehrwert im Vergleich zu Einzelaktionen, erzielt wird. Bei der kooperativen Jagd, Verteidigung, Jungenaufzucht usw. ist die Gemeinschaft in vielen Fällen effektiver als ein Einzeltier; und deshalb ist das Teamwork für jeden der Beteiligten lohnend. Was sind die Erfolgsfaktoren für die Kooperation heute? Welche Regeln gelten für das gemeinsame Handeln prinzipiell? Was ist die unabdingbare Voraussetzung dafür, daß Teamwork auch zu Beginn des dritten Jahrtausends gelingt?

Im Zeitalter der Globalisierung ist es von zentraler Bedeutung, diese Fragen nicht nur nach strategischen Gesichtspunkten der Konzerngröße und der Marktanteile zu beantworten; ebenso ist im Blick zu behalten, was die Menschen, die diese Strukturen und Funktionen ausfüllen sollen, von ihrer sozialen Kapazität her zu leisten imstande sind. Tut man das nicht, entstehen nichtbedachte Kosten durch Reibungsverluste zwischen Divisionen, Geschäftsbereichen, Abteilungen, Teams und einzelnen Mitarbeitern. Dagegen ist kein Kraut gewachsen! Auch Appelle wie »One Company – One Team!«, die versuchen auf künstliche Weise ein Gemeinschaftsgefühl zu erzeugen, bringen nichts. Bei der Schaffung bzw. Aufrechterhaltung von Identifikation der Mitarbeiter mit dem Unternehmen versagen z. T. selbst starke Symbole einer Corporate Identity, wenn die emotionale Grundlage von Zugehörigkeit, Bindung und Vertrauen unterlaufen wird; beispielsweise durch gleichzeitig stattfindende Rationalisierungsmaßnahmen und Stellenabbau.

Hier ist ein Wort zu einer Entwicklung zu sagen, die das Vertrauensverhältnis in den Geschäftsbeziehungen stärken will. Es ist verhaltensbiologisch falsch, einen schnellen Weg zum »Sofort-Vertrauen« zu propagieren. Darüber hinaus existiert ein methodisches Problem: Vertrauen entsteht nämlich nicht über die Abwesenheit von Mißtrauen; Vertrauen ist das Resultat des Bindungs-Prozesses. Getragen von Sympathie und persönlicher Kenntnis, beruht er immer auf dem gegenseitigen Bemühen. Deshalb ist Bindung eher langfristig angelegt und durch Exklusivität gekennzeichnet. Wir sind evolutionär nicht auf die anonyme Massengesellschaft hin angepaßt, sondern, wie Lorenz sagte, auf die »Elf-Mann-Sozietät«, also auf die Kleingruppe. Teams, die schnell und effektiv gemeinsam handeln wollen, sollten etwa diese Größe aufweisen. Darauf ist auch unsere soziale Wahrnehmung und Gefühlslage ausgerichtet: Intensive Bindungen und stabile Beziehungen kann man nicht mit beliebig vielen Menschen aufbauen und aufrechterhalten. Der Kreis derer, die wir Freunde nennen, ist – wenn wir nicht gleich jeden so titulieren, den wir schon einmal gesehen haben – von Natur aus begrenzt. Deshalb kostet es Zeit und Energie, Bindung aufzubauen; und es fordert uns auch emotional, wenn wir uns auf neue Menschen einlassen bzw. selbst zu neuen Mitgliedern einer Gruppe werden wollen.

In kleinen, überschaubaren Gruppen kann deshalb Vertrauen entstehen, weil das Verhalten der Teammitglieder durch die unmittelbare Wahrnehmung und die emotionale Bewertung der anderen rückgekoppelt ist. Daher sind aufwendige Kontrollverfahren überflüssig. Diese sind, wie die Erfahrung zeigt, ja auch zeit- und kostenaufwendig; außerdem kann Kontrolle Unsicherheit verursachen oder gar

Angst einflößen, wenn der Kontrolleur und seine Bewertungsverfahren nicht einzuschätzen sind. Gerechtfertigt ist Vertrauen immer dann, wenn es auf einer soliden Basis der Bindung ruht. Darüber hinaus wird Vertrauen höchstwahrscheinlich auch dann nicht enttäuscht, wenn ein Teammitglied in seiner Arbeit auch seinen Neugiertrieb durch Flow-Erlebnisse und seinen Aggressionstrieb durch Anerkennung befriedigen kann.

Doch nun zu den Naturgesetzen des gemeinsamen Handelns, die jede Führungskraft befolgen muß, wenn sie die Voraussetzungen für erfolgreiche Teamarbeit schaffen will.

Plazierung nach Leistungsvermögen

Es nützt nichts, wenn man Mitarbeiter, die in der Präsentation von Informationen eine Stärke haben, als technische Problemlöser einsetzt oder wenn man handwerklich geschickte Mitarbeiter mit der Analyse des Marktumfelds betraut. Selbstverständlich müssen die unterschiedlichen Rollen und Positionen nach dem individuellen Leistungspotential der einzelnen Mitarbeiter besetzt werden. Die Strukturlogik lautet: Nur solche Sozietäten überleben, die die Leistungsfähigkeit der einzelnen erkennen und in der Kooperation angemessen zum Einsatz bringen. So wird nämlich die Handlungsfähigkeit der Gemeinschaft in punkto Besetzung der Positionen mit den Leistungsträgern hergestellt; und genau dadurch entsteht Leistungsgerechtigkeit (Vgl. das Kapitel »Führen durch Anerkennung«).

Präzise Durchführung der Leistungsbeiträge

Sobald die Positionen mit den Fähigsten besetzt sind, müssen die Teammitglieder ihr Können und Potential, ihre Leistung in das gemeinsame Handeln der Gruppe einbringen.

Um das tun zu können, ist es notwendig, daß sie sich zuallererst gegenseitig in den unterschiedlichen Positionen als Kooperationspartner anerkennen. Tun sie dies nicht, steht kaum zu erwarten, daß sie ihre Leistung mit dem notwendigen hohen Maß an Präzision freisetzen. Im Gegenteil, ohne gegenseitige Anerkennung hört die Rangelei um bestimmte Positionen und Kompetenzbereiche nicht auf. Für das gemeinsame Handeln selbst ist jede Menge Training angesagt; Strategien müssen ausprobiert, der punktgenaue Einsatz der Einzelleistungen muß eingeübt werden, denn genau darin findet das Prinzip Zuverlässigkeit seine Verwirklichung. Das ist gerade dann von existentieller Bedeutung, wenn für das Training der optimalen Koordination keine Zeit vorhanden ist, weil die Mannschaft sofort mitten im Ernstfall steht. Ohne die spontane, präzise Durchführung der Leistungsbeiträge ist unter diesen Umständen dem gemeinsamen Handeln kein Erfolg beschert.

Echte Kommunikation zwischen den Partnern

Unsere Sprache und unsere Intelligenz ermöglichen es zu lügen, zu täuschen, zu heucheln. Geschieht dies beispielsweise zwischen Kollegen in einer Ernstfallsituation, in der das Teamwork reibungslos funktionieren muß, also etwa während der Präsentation bei einem großen Kunden oder in der Endrunde eines wichtigen Vertragsabschlusses, dann werden die präzise Koordination und dadurch gegebenenfalls sogar der Erfolg des Unternehmens insgesamt infrage gestellt. Nein, die für das gemeinsame Handeln relevanten Informationen müssen korrekt und zeitnah an die anderen Teammitglieder übermittelt werden. Ehrlichkeit und Wahrhaftigkeit sind die Bedingungen dafür, daß alle Teilnehmer am gemeinsamen Handeln ihre Beiträge zielgerichtet und pünktlich einbringen können. (Dehner 1998)

»Offene Kommunikation« im Automobilwerk

Daß Wirtschaftsunternehmen bei der Motivation ihrer Mitarbeiter schon längst auf die Aktivierung des Bindungstriebs setzen, zeigen die folgenden Beispiele. Da lautet eine Unternehmensleitlinie z. B.: »Wir haben ein vertrauensvolles Verhältnis zu allen Mitgliedern des gesamten Unternehmensbereichs«. Bei einer Outdoor-Teambildungsmaßnahme appelliert der Trainer an den Leiter der Marketingabteilung, der zuvor auf einen vier Meter hohen Stamm geklettert ist: »Überwinden Sie sich, und springen Sie, die Gruppe fängt Sie auf. Das ist ein überwältigendes Erlebnis!« Ein solches künstliches Überwinden unserer natürlichen Angstbarrieren kann äußerst gefährlich sein. Das Gefühl der Angst hat schließlich seinen evolutionären Sinn, wie wir im zweiten Kapitel beschrieben haben. Das Training zur Verbesserung der Kommunikation in einer Verkaufsniederlassung propagiert das Motto »Wir wollen offen miteinander kommunizieren im Sinne von konkreter, ehrlicher und direkter Ansprache und Rückmeldung«.

Selbstverständlich darf man nicht erwarten, daß allein die Ausarbeitung derartiger Unternehmensleitlinien eine bedeutende Wirkung erzielt. Die beiden folgenden Beispiele zeigen stellvertretend, daß viele Unternehmen weit über die folgenlosen Maßnahmen wiederholter Appelle hinaus erhebliche Anstrengungen an den Tag legen, um die Synergie der Kooperation, den Mehrwert des gemeinsamen Handelns, die Motivation durch Bindung besser nutzen zu können.

In einem Werk eines großen Automobilherstellers maß man der verbesserten Kommunikation zwischen den Mitarbeitern in der Bandfertigung einen sehr großen Stellenwert bei. Aus diesem Grund wurde dort das Band freitags für eine halbe Stunde angehalten, damit vom angelernten Mitarbeiter über die Meisterebene bis hinauf zur Werksleitung alle tatsächlich vor Ort zusammenarbeitenden Mitarbeiter, Kollegen und Vorgesetzten ihre Kooperation verbessern konnten. Aufgrund des Produktionsausfalls und der weiterlaufenden Lohnkosten bedeutet diese Maßnahme einen Aufwand von mehreren Millionen Euro. Entsprechend groß war auch die Erwartungshaltung: In der täglichen Zusammenarbeit auftauchende Probleme sollten vor Ort diskutiert und Lösungen erarbeitet bzw. in Einzelfällen umgesetzt werden. Ideen für Veränderungen in der Arbeitsplatz- oder Prozeßgestaltung sowie Verbesserungsvorschläge sollten eingebracht und die Intensivierung des Vorschlagwesens vorangetrieben werden. Der Freiraum von einer halben Stunde wöchentlich sollte vor allem der Kommunikation dieser Themen dienen. Die Erwartung war, daß sich die Mitarbeiter dadurch, daß sie miteinander redeten, zwischenmenschlich näherkämen. Die so gefestigten Beziehungen würden auch die Kooperation und die Kritikfähigkeit verbessern und positive Auswirkung auf die Gruppenorganisation und das schnelle Treffen von Absprachen haben.

Ein halbes Jahr nach der Einführung dieser Maßnahme konnten die Initiatoren vor allem drei Entwicklungen feststellen: Zunächst reagierten die Mitarbeiter am Band irritiert. Worüber sollten sie miteinander sprechen; schließlich hatten sie ja keine Pause. Die Situation war ungewohnt, und einige Mitarbeiter hielten die ganze Sache für reine Zeit- und Geldverschwendung. Hier und da wurden allerdings schon Probleme besprochen; z. B. daß die Kollegen immer erst so spät für einen erkrankten Kollegen einsprangen, ein Qualitätsproblem, das wiederholt aufgetreten war. Doch diese Dinge konnten nicht zeitnah und situationsgerecht behandelt werden. Deshalb wurden auch etliche Themen, die im Verlauf der Woche einmal auftauchten, wieder vergessen und kamen bei der Freitagsbesprechung gar nicht mehr zur Sprache.

Nach der anfänglichen Irritation nutzten im Lauf der Zeit viele Mitarbeiter die halbe Stunde in Form einer bezahlten Plauderei. Zwar fehlten der Kaffee und die Zigaretten, die Zeit konnte man aber trotzdem für die Fortsetzung des Pausengesprächs nutzen. Das Fazit dieser Maßnahme lautet also, daß die erwarteten Effekte nicht bzw. weit unter der Erwartung der Werksleitung eintraten.

In diesem Fall hat es nicht ausgereicht, eine wiederkehrende Situation für Kommunikation zu schaffen. Die Erwartung, daß sich dadurch der Auftakt zu einer Intensivierung der Beziehungen oder gar zu einer Teambildung entwickeln würde, wurde enttäuscht. Was hier fehlt, zeigt ein zweites Beispiel für Führen durch Bindung.

Gemeinsames Handeln des Flughafenvorstands

Weil der Vorstand eines internationalen europäischen Flughafens drei Neuzugänge zu verzeichnen hatte, bekam die Personalleiterin den Auftrag, die Einbindung der Neuen durch eine geeignete Maßnahme zu organisieren und gleichzeitig die Kommunikation in der Führungscrew insgesamt zu verbessern. Da sie bereits einige Erfahrung gesammelt hatte, wie die Kollegen in der Stammgruppe miteinander umgingen, war ihr klar, daß es nicht ausreichen würde, miteinander zu reden. Sie wußte, daß sie die Mitglieder des Vorstands konkret in Beziehung setzen und die drei Neuzugänge aktiv ins Team holen mußte.

Um ein Motiv für die Kommunikation zu schaffen, ein Thema echten gemeinsamen Interesses zu etablieren, organisierte die Personalchefin ein langes Winterwochenende für den gesamten Vorstand in einer Alpenregion. Hier ging es zunächst einmal darum, im konkreten gemeinsamen Handeln eine Route in dem unbekannten Gebiet zu finden, dabei auftretende Probleme selbständig zu lösen und auftretende Fehler wieder zu beheben. Zwischen dem Unmut, wenn die Gruppe entdeckte, daß sie den falschen Weg eingeschlagen hatte und zwei Kilometer zurückgehen mußte, und dem wilden Drauflosstürmen, wenn es mit den Schneeschuhen einen steilen Abhang hinunterging, durchlief die Gruppe alle Stimmungslagen. Die Gruppenmitglieder halfen sich gegenseitig wieder auf die Beine, wenn sie im Tiefschnee versunken waren, scharten sich beim aufkommenden Schneesturm eng zusammen und gingen wie ein Mann durch die tosenden Windböen: Auf der Zwischenstation hatten sie dann jede Menge Spaß beim Jagertee, während draußen der Sturm tobte.

Es war nicht der Beliebigkeit anheimgestellt, was sie taten und worüber sie miteinander redeten, denn es handelte sich zunächst um einen Ernstfall, in dem sie Entscheidungen treffen, sich orientieren mußten und sich verirren konnten, was dann einer Korrektur bedurfte. Der aufkommende Schneesturm veränderte die Situation und verwandelte die Rallye in einen spürbaren Ernstfall.

In der Nachbearbeitung der Erlebnisse wurde jedem einzelnen klar, worauf es beim gemeinsamen Handeln – in der konkreten Situation, wie auch in der täglichen Zusammenarbeit – ankommt: Man ist auf Informationen von anderen angewiesen und auf den optimalen Einsatz eines jeden Gruppenmitglieds. Die Vorstandsmitglieder waren stolz darauf, sich im gemeinsamen Tun besser kennengelernt und viel mehr und intensiver miteinander gesprochen zu haben, als das während der Arbeit oder in einer Teambildungs-Laborsituation überhaupt möglich gewesen wäre. Die Verschärfung der Situation durch den Witterungsumschlag und den aufkommenden Sturm hatte zu einer intensiven Erfahrung gemeinsamer Erlebnisse geführt. In der Nachbehandlung äußerten einige Teilnehmer sogar, gerade der Sturm, die widrigen äußeren Bedingungen, hätten die Bindung und Zugkraft des Teams ungleich mehr gestärkt als jede künstliche Maßnahme.

Sowohl im Automobilwerk als auch bei den Flughafenvorständen sollte die Kommunikation verbessert werden. Im ersten Beispiel scheitert die Maßnahme mangels Motiv, mangels eines echten gemeinsamen Ziels und mangels Bindung. Das zweite Beispiel setzt den richtigen Auftakt. Solange nämlich noch keine Bindung vorhanden ist, muß man mit dem gemeinsamen Handeln beginnen. Bei Zielklarheit und einer gegenseitigen Verpflichtung darauf, werden die Motive bei den Teilnehmern aktiviert; man lernt sich im gemeinsamen Handeln besser kennen, die Beziehungen werden gestärkt. Und natürlich entwickelt sich dann auch eine zielgerichtete Kommunikation im Sinne des gemeinsamen Handelns.

Wie man Vertrauen gewinnt

Es ist keine Frage des Schicksals, ob Bindung und gegenseitiges Vertrauen funktionieren oder nicht. Man kann durchaus Bedingungen dafür schaffen, daß Sympathie verstärkt wird und Vertrauen entstehen kann. Führungskräfte, die einen solchen Prozeß initiieren, tun gut daran, die Naturgesetze des gemeinsamen Handelns zugrundezulegen und folgenden generellen Ablauf bei der emotionalen Stabilisierung der Gruppe einzuhalten: gemeinsam handeln, sich gegenseitig anerkennen und sich vertieft kennenlernen.

Das Beispiel des Flughafenvorstands macht den zentralen Zusammenhang zwischen Bindung und gemeinsamem Handeln deutlich: Bindung ermöglicht gemeinsames

Handeln, und erfolgreiches gemeinsames Handeln verstärkt Bindung. Es handelt sich um einen positiven, sich selbst verstärkenden Kreislauf. Wenn jedoch zu Beginn eines gemeinsamen Projekts oder beim Eintritt neuer Kollegen in ein Team keine Bindung zwischen den Teammitgliedern existiert, dann muß man sich zunächst einmal kennen- und einschätzen lernen. Dazu reicht eine Kegelrunde oder ein gemeinsames Abendessen allerdings nicht aus! Hier eignet sich vor allem eine Situation des entschärften Ernstfalls. Im genannten Beispiel war dies die Alpenrallye, in der sich die alten und die neuen Mitglieder in der Erfüllung unterschiedlicher Aufgaben und der Wahrnehmung verschiedener Rollen gegenseitig einschätzen lernen konnten.

Der zweite Schritt ist im Triebbereich Aggression angesiedelt. Wir haben im Verlauf unserer jahrelangen Trainingstätigkeit festgestellt, daß man die Kraft der Aggression einsetzen kann, um Bindung zu verstärken. Das hat nichts mit Lobhudelei zu tun oder damit, sich beim anderen durch Schmeichelei beliebt zu machen. Aber wenn man dem anderen einmal offen und konkret sagt, was man an ihm wertschätzt und sympathisch findet, bekommen positive Wahrnehmungen, die man meist nicht kommuniziert, ein eigenes Gewicht. Tatsächlich wundern wir uns zuweilen, daß Mißverständnisse entstehen, Aussagen falsch aufgefaßt werden, Fehleinschätzungen unterlaufen. Wenn man aber vor allem das gespiegelt bekommt, was nicht gut läuft bzw. was noch fehlerhaft ist, dann entsteht schnell Distanz, vielleicht sogar Mißtrauen. Erfährt man dagegen Anerkennung in zutreffender Form und im rechten Augenblick, dann zieht die Kraft der Aggression nicht nach unten; man spürt vielmehr die wohlwollende Grundhaltung des Gegenübers, auch wenn man einmal Kritik einstecken muß; das gelingt um so besser, je stabiler die Beziehung emotional ist. Die gegenseitige Anerkennung der Teammitglieder vermittelt die persönliche Grundbotschaft: »Ich erkenne dich in deiner Leistung, deinem Verhalten, deinem Auftreten an«, »Ich will dir nicht an den Karren fahren oder an deinem Stuhl sägen«, »Wir haben unsere Positionen gefunden, laß uns darauf bauen und mit gegenseitigem Vertrauen die Herausforderung gemeinsam angehen.«

In der dritten Phase des Aufbaus von Bindung und Vertrauen geht es um das vertiefte Kennenlernen der Kooperationspartner untereinander. Auf der Basis gemeinsamer Erfahrungen und gegenseitiger Anerkennung können die Teammitglieder in Erfahrung bringen, auf welche Weise der andere so geworden ist, wie er vor uns steht. Das heißt, ein Stück Lebensgeschichte nachvollziehen, sich in den anderen hineinversetzen und das eine oder andere Erlebnis nachfühlen. Es ist eine emotional intensive Auseinandersetzung, aber es lohnt sich; denn was wir nachvollziehend verstehen, verurteilen wir nicht vorschnell. Gegenseitiges Verständnis und Akzeptanz wachsen; Appelle, das eigene Verhalten so zu ändern, daß es dem anderen paßt, treten in den Hintergrund. Dies ist keineswegs nur dem Privatleben vorbehalten. Auch unsere Beziehungen im professionellen Umfeld sind auf derartige Investitionen in das Sozialkapital angewiesen, wenn wir im gemeinsamen Handeln Erfolg haben wollen.

Die Verhaltensbiologie zeigt: Es existieren systematische Grundlagen dafür, daß wir unsere Beziehungen aktiv gestalten und so das gemeinsame Handeln optimieren können. Dies erfordert Zeit und Energie, deren Einsatz sich aber in jedem Falle lohnt: Dadurch werden unsere sozialen Urmotive aktiviert; denn auf der Basis von Nähe und Vertrauen erleben wir die Lust des Bindungstriebs und Freude am gemeinsamen Handeln. Das bildet die Basis für mehr Effektivität und größeren Erfolg im Teamwork. Es ist also kein Schicksal, ob man bei der Teamarbeit zwischenmenschliche Reibungsverluste erleidet oder ob man die Beziehungen aktiv so gestaltet, daß das gemeinsame Handeln gelingt. Wir müssen uns lediglich der Funktionen der uralten sozialen Verhaltensprogramme versichern und den Mehrwert des Vertrauens so einsetzen, daß die Gesamtfitneß des Unternehmens gesteigert wird.

Die Bindungs-Strategie der Führung

1. Nicht alle Menschen sind einem sympathisch. Deshalb tun Sie gut daran, auf die emotionale Spontanwahrnehmung Sympathie zu achten. Sie ist ein starkes Signal für einen Mitarbeiter oder Kollegen, mit dem das gemeinsame Handeln höchstwahrscheinlich funktioniert. Selbst wenn man Sympathie auch heucheln kann, so sind doch die wenigsten so gute Schauspieler, daß man sie nicht leicht durchschauen könnte.
2. Es gibt unterschiedliche Charaktere mit unterschiedlichen Persönlichkeitsstrukturen. Egal, ob Sie eher introvertiert oder nach außen orientiert, mitteilsam oder schweigsam sind, für Führungskräfte ist es unabdingbar, sich aktiv um die direkt geführten Mitarbeiter zu bemühen; und zwar jeder ganz in der je eignen Art, der eine eben wortreich, der andere eher knapp, aber immer nahe bei sich selbst. Nur wenn man sich für den anderen echt interessiert, wenn man ihn auch ein Stück weit persönlich kennt, erstarrt die Frage am frühen Morgen »Wie geht's?« nicht zur Floskel. Glaubwürdig wird sie erst dadurch, daß man das soziale Lebensumfeld seines Gegenübers ein wenig kennt und einschätzen kann.
3. Nun besteht Bindung im beruflichen Umfeld in aller Regel nicht nur in der Zweierbeziehung Vorgesetzter – Mitarbeiter. Auch als Vorgesetzter ist man stets Mitglied

im Team der direkt geführten Mitarbeiter. Versichern Sie sich, wie Ihre Rolle als Chef im Team genau aussieht. Denn eines ist ganz klar: Vertrauen kann man nicht verordnen. Eine gelebte Vertrauenskultur jenseits der Parolen und Leitsätze entsteht nur, wenn man dem Team einen Vertrauensvorschuß gibt. Die Mitarbeiter nach ihrem Befinden zu fragen und nichts von sich selbst mitzuteilen, widerspricht dem Prinzip der Gegenseitigkeit. Mitarbeiter kommen sich dann eher ausgefragt vor, als daß sie ein echtes Interesse spüren. Selbstverständlich müssen Sie prüfen, ob das Vertrauen gerechtfertigt ist, also nicht enttäuscht oder mißbraucht wird. Das ist auch eine Frage der Gegenseitigkeit und unterscheidet blindes von geprüftem Vertrauen.

4. Es gibt zwar keinen Transrapid des ad-hoc-Vertrauens, aber es existiert eine stabile und verläßliche Trasse, die zum Aufbau von Vertrauen durch die emotionale Stabilisierung von Beziehungen führt: Kann man noch nicht damit rechnen, daß Mitarbeiter bereits über gefestigte Beziehungen bzw. Bindungen zueinander verfügen, bietet sich das gemeinsame Handeln als erster Schritt an. Dadurch entsteht die Gelegenheit, daß sich die Bindung zwischen den Teammitgliedern gewissermaßen rückwirkend entwickelt. Schließen Sie dieser ersten Phase die Anerkennungsrunde an. Wenn jedes Mitglied von jedem anderen einmal gehört hat, was es an ihm mag und wertschätzt, dann hat man die Kraft der Aggression im Sinne der Teambildung eingesetzt, indem jedem aktiv eine Position zugeschrieben wird. Es ist genau das, worum so oft gekämpft wird. Wenn wir es gewähren, entweicht auch sofort der Druck der ständigen Rangelei. Sich vertieft kennenzulernen rundet den Prozeß der emotionalen Stabilisierung eines Teams ab. Fangen Sie aber niemals damit an! Erst im dritten Schritt ist das ge-

genseitige Vertrauen so gut geprüft, daß man, ganz ohne sich zum Seelenstriptease genötigt zu fühlen, auch etwas weiter aufmachen kann in dem, was man von sich selbst mitzuteilen bereit ist.

5. Die Fixpunkte jeder Teamarbeit sind die Naturgesetze des gemeinsamen Handelns. Mauscheleien, Halbwahrheiten, Unzuverlässigkeiten, Rechtfertigungen, Beteuerungen, Schuldzuweisungen usw. sind klare Signale dafür, daß bei der Plazierung nach Leistung, der Präzision im Leistungseinsatz oder der echten Kommunikation etwas nicht stimmt. Wenn Sie als Manager derartige Anzeichen bemerken, dann ist es Ihre vordringlichste Aufgabe, für die Einhaltung dieser »Tugenden« zu sorgen. Das ist manchmal eine zweischneidige Angelegenheit, wie ein Klinikumsdirektor einmal anmerkte. Er hatte in seinem Haus einen sehr gefragten Chirurgen, der ohne Rücksicht auf Absprachen und Beschlüsse durch Überbuchung das Krankenhaus hinsichtlich der medizinischen Betreuung an den Rand des Zusammenbruchs brachte. Der Verwaltungschef mußte reagieren, er wußte aber nicht wie. Sollte er auf der Einhaltung der Regeln bestehen? Oder sollte er dem Spitzenchirurgen eine moralische Ausnahmegenehmigung erteilen?
6. Bedenken Sie, daß Bindung von Natur aus langfristig und exklusiv angelegt ist. Das birgt Gefahren, wie man an der Bildung von Cliquen in Unternehmen und konzernübergreifenden Kartellen sehen kann. Das Problem dabei ist, daß sich die Interessen von Cliquen immer weiter vom Unternehmensziel entfernen, ja diesem sogar entgegenstehen können. Bei Kartellen ist das Ziel des gemeinsamen Handelns, durch geheime Absprachen höhere Preise zu erreichen als unter Wettbewerbsbedingungen. Sie sehen also, das gemeinsame Handeln kann auch zu unternehmensfeindlichen, wettbewerbs-

widrigen oder unmoralischen Zwecken mißbraucht werden. Auf der anderen Seite darf man die emotionale Stabilisierung durch Bindung nicht übersehen. Gerade in Zeiten wirtschaftlicher Unsicherheiten und konjunktureller Schwankungen ist Bindung, Zugehörigkeit und Vertrauen ein wichtiger Sicherheitsanker.

5. Führen durch komplexe Motivation

Oftmals kann man das, was Menschen zu bestimmten Verhaltensweisen veranlaßt, auf wenige Motive, gelegentlich sogar auf nur einen Beweggrund zurückführen. Da strebt jemand nach einer höheren Position und engagiert sich deshalb besonders stark im Projekt. Das Motiv ist in erster Linie Anerkennung. Dort verbeißt sich ein Ingenieur geradezu in ein Problem seines Fachgebiets, z. B. in der Prozeß-Steuerung. Der Beweggrund dafür, daß er soviel Anstrengung erbringt, ist vorwiegend Flow. Natürlich erregen besonders solche sozialen Ereignisse die Aufmerksamkeit von Verantwortlichen, die vom vorgegebenen Plan abweichen, eine nicht beabsichtigte Eigendynamik entwickeln oder einen Ablauf verändern bzw. einen Prozeß behindern. Zwischenmenschliche Störungen, bzw. solche zwischen verschiedenen Gruppen oder Abteilungen führen zu sozialen Reibungsverlusten: Schaukämpfe, öffentliche Kritik und Konflikte auf der einen – wahrnehmbaren Seite – Manipulation, Zurückhalten von Informationen und innere Emigration auf der anderen, der verborgenen Seite. Die Gründe sind so vielfältig wie die Erscheinungsformen mißbrauchtes Vertrauen, nicht eingehaltene Zusagen Übergehen bei der Neubesetzung von Positionen, Versetzung in eine ungeliebte Projektgruppe, Aufgabenzuwei sungen, die überfordern, bzw. solche, die sterbenslangweilig sind.

Bei der Analyse derartig emotional aufgeladener Verhaltensweisen, kann man häufig feststellen, daß die Motivlage der Betroffenen ins Ungleichgewicht geraten ist, und zwar meistens in einem der drei Triebbereiche Bindung, Aggression oder Neugier. Gelingt es, die verschiedenen Triebe zu bündeln, so daß sie sich gegenseitig unterstützen, so führt das zur komplexen Motivation. Kommen wir nochmals auf den Prozeßingenieur zurück, um die komplexe Motivation zu veranschaulichen:

Wenn ein Vorgesetzter erkannt hat, daß der Ingenieur im Aufgabenbereich »Optimierung der Prozesse und Abläufe« mit großem Engagement Probleme löst und neue Ideen entwickelt, dann kann er sich ziemlich sicher sein, daß der Mitarbeiter genau in diesem Bereich Flow erlebt. Die Konsequenz für die Führung heißt: weitere Neugierreize setzen und Freiräume für umfassendere Problemlösungen schaffen. In diesem Fall ist die Motivationsmaßnahme Nummer eins »Führen durch Flow« im Sinne von Challenge-Stepping. Doch komplexe Motivation beschränkt sich nicht auf diese eine Maßnahme. Sollten die Problemlösungen des Ingenieurs einen wichtigen Beitrag zur Prozeßoptimierung leisten, dann bietet es sich für die Führung an, das Streben nach Anerkennung als weiteres Motiv für die Erbringung von Leistung zu nutzen. Eine Möglichkeit besteht beispielsweise darin, die von dem Ingenieur erarbeiteten Konzepte in einer Runde von anderen Experten vorzustellen und den hervorragenden Beitrag zu würdigen. Ein solches Forum hat darüber hinaus den Vorzug, daß gerade hier Fachkollegen miteinander ins Gespräch kommen. Kommunikation und Erfahrungsaustausch sind wichtige Komponenten der Bindung; wenn aus spontaner Sympathie Vertrauen entsteht, ist gemeinsames

Handeln nicht ausgeschlossen. Das heißt, daß gute Chancen bestehen, neben »Führen durch Anerkennung« auch das dritte Triebmotiv zu aktivieren, indem man »Führen durch Bindung« realisiert.

Durch die kombinierte Ansprache von Flow, Anerkennung und Bindung können Führungskräfte komplexe Motivation erzeugen. Das stärkt die persönliche Initiative und Leistungsbereitschaft und schafft die Voraussetzung für eine gute Zusammenarbeit. Selbstverständlich ist es von zentraler Bedeutung, die Triebansprache in der richtigen Reihenfolge vorzunehmen. Der Zugang zum Prozeßingenieur erschließt sich über die Ansprache des Neugiertriebs. In der Lösung prozeßtechnischer Aufgaben, also im Flow-Erleben liegt der Schwerpunkt in seinem Lustprofil. Es wäre höchstwahrscheinlich nicht vernünftig, Motivation in diesem Fall über die Triebe Anerkennung oder Bindung einzuleiten. Bei der komplexen Motivation kommt es darauf an, daß die Führung diese beiden Motive im Auge behält und die Chance ergreift, sie im weiteren Verlauf zusätzlich zu aktivieren.

Im Arbeitsalltag liegt meist eine komplexe Motivlage bereits vor, sowohl bei einzelnen Mitarbeitern als auch in Teams und Abteilungen. Führungskräfte kommen nicht umhin, diese vorhandenen Motivlagen bei der Umsetzung von Führungsmaßnahmen zu berücksichtigen. Das folgende Beispiel zeigt die umfassenden Anforderungen an Führungskräfte, wenn sie etwa ein neues Produktionssystem einführen, die Abteilung anders zuschneiden oder Umstrukturierungen vornehmen wollen.

»Flow am Fließband«

Nachdem er auf einem Kongreß einen Vortrag über Neugierverhalten und Flow-Erlebnis gehört hatte, bat uns der Betriebsleiter eines Pharmaziewerkes, das Diagnostika herstellt, ihn bei der Neustrukturierung der Abteilungen in der Abfüllung zu unterstützen. Allerdings gab es da ein inhaltliches Problem: Flow und Fließband schließen sich aus, denn eine monotone Arbeit, bei der immer wieder die gleichen Handgriffe ausgeführt werden müssen, stellt, wie gezeigt, keine herausfordernde Tätigkeit dar. Doch der Betriebsleiter ließ unseren Einwand nicht gelten. »Versuchen Sie es, wir strukturieren den Bereich Abfüllung so oder so um; und ich möchte meine Mitarbeiter unbedingt durch Flow stärker motivieren und besser in die Abteilung einbinden.«

Schon in der folgenden Woche waren wir im Werk und befragten die Mitarbeiter in der Abfüllung nach ihrer Arbeit und wie sie sich dabei fühlten. Zunächst reagierten sie mißtrauisch und befremdet. Warum war es von Interesse, wie es ihnen bei der Arbeit ging? Wir waren die Unkundigen, Prozeßfremden, die die Experten befragten. Die Arbeiter machten den Vorschlag, sie an den Arbeitsplatz zu begleiten. Vor Ort könne man sich ein besseres Bild machen. Und tatsächlich verstanden wir viel besser, welche Art von Arbeit unsere Abfüller machten; wir konnten nachvollziehen, warum manche Bereiche langweilig waren, und verstanden, was an anderen Tätigkeiten positiv erlebt wurde. So konnten wir u. a. auch feststellen, daß einzelne Mitarbeiter sich teilweise über das vorgeschriebene Pensum hinaus einsetzten. Ein Mitarbeiter zeigte uns, wie er darauf achtete, daß die Füllmengen in den Glasröhrchen konstant, sie selbst dicht, die Behälter unbeschädigt und die Boxen richtig bestückt waren. Er tat das, obwohl diese Tätigkeiten in seiner Arbeitsplatzbeschreibung gar nicht aufgeführt waren. Ein anderer führte uns vor, was er immer tat, wenn vor dem Anlaufen einer neuen Charge die Maschineneinsteller nicht rechtzeitig zum Umrüsten erschienen und dadurch eine Leerlaufzeit entstand. Er war über ein Computersystem bereits über einige Daten der neuen Serie informiert und tauschte die Halterungen aus, damit die größeren Glasröhrchen zum Befüllen richtig befestigt werden konnten. Darauf justierte er die Abfüllmenge neu und fuhr das zeitintensive Reinigungsprogramm der ganzen Anlage an. Alles Aufgaben, die eigentlich vom Team der Maschineneinsteller zu erledigen gewesen wären.

Es zeigte sich, daß in den Bereichen, in denen die Mitarbeiter selbst die Initiative ergreifen, die Tätigkeiten motivierend wirken, weil sie genau dadurch Monotonie und Langeweile durch Abwechslung und Flow-Erlebnisse ersetzen können. Wir konnten die Arbeiter aus der Abfüllung davon überzeugen, daß sie selbst die Ergebnisse der Werksleitung präsentieren sollten. Nach einem halben Tag Vorbereitung war es dann soweit. Beispiele zum Thema »Flow am Fließband« wurden von den Betroffenen selbst vorgestellt. Nach einem etwas stockenden Auftakt wurden die Beiträge so gut und überzeugend, daß der Betriebsleiter in Begeisterung geriet. »Das setzen wir gleich um, wir schneiden die Aufgaben in der Abteilung neu zu.«

Flow säen und Aggression ernten?

Bei aller Liebe zur Produktivitätssteigerung durch die Anreicherung der Arbeit mit Flow-Elementen galt es in dieser Situation, zumindest ein weiteres Motiv zu berücksichtigen: Was würde der Logistikbeauftragte, was der Mann für die Qualitätssicherung denn dazu sagen, wenn Produktionsmitarbeiter plötzlich Teile ihres Aufgabengebiets übernähmen? »Dafür seid Ihr gar nicht ausgebildet!«, »Das dürfen die arbeitsrechtlich gar nicht machen!«, »Dann müßten wir ja das gerade eingeführte Total-Quality-Management-System über den Haufen werfen.« Und wir waren uns sicher, daß noch über ein Dutzend weitere Einwände gemacht würden, wenn man jetzt einfach zur Tat schritte. Das sah auch der Werksleiter ein, der schon wieder zu einer Besprechung des Konzernvorstands aufbrechen mußte. »Lassen Sie sich was einfallen«, sagte er noch zu uns, ehe er durch die Tür verschwand. Der Machtpromotor war zum Treiber geworden, steuern mußten wir. Und eines war ganz klar: Es dräute über dem ganzen Projekt die unvermeidliche Aggression der betroffenen Personen, die noch nicht beteiligt waren. Der nächste Schritt war also logisch: Qualitätsmanager und Logistikbeauftragte der Abteilung einladen, das Projekt vorstellen, sie für die Idee Flow in der Abfüllung durch Neuzuschnitt der Aufgaben gewinnen. Nein – das ist ein Denkfehler, denn auch bei ihnen wirken die Ur-Motive, und ihr zentraler Beweggrund ist es eben nicht, die Abfüller mit Flow-Erlebnissen anzureichern. Sie fragen sich vielmehr: Was nützt es mir, was habe ich zu verlieren? Und sie haben viel zu verlieren, nämlich Leistungspunkte, Aufgabenbereiche, Kompetenzen, Ansehen. Vielleicht steht sogar ihre derzeitige Funktion langfristig auf dem Spiel, wenn sie sich auf das Projekt einlassen. Und das ist auch die Ursache, daß sie so viele Gegengründe nennen.

Es lag eine typische Schnittstellenproblematik vor zwischen einer Gruppe, die mehr Abwechslung in der Arbeit, interessantere Tätigkeiten, eben verstärkten Flow erwartete, und anderen Akteuren, die sich von vornherein als Verlierer der Veränderung empfanden und deshalb viele Argumente vorbringen würden, um alles beim alten zu belassen. Das emotionale Problem, das hier entsteht und das ganz leicht in einen Stellungskrieg umschlagen kann, muß mit dem sozialen Gegenspieler der Aggression, mit Bindung aufgefangen und moderiert werden. Aber wie? Nun, wie so oft mit einem Vertrauensvorschuß, mit emotionaler Stabilisierung der Beziehungen, mit dem Zusammenwachsen zu einem Team, in dem alle Betroffenen beteiligt sind und gehört werden. Natürlich wünscht man sich Offenheit auf der Grundlage einer angemessenen Kommunikation, aber wie stellt man sie her?

In der damaligen Situation sind wir folgendermaßen vorgegangen: Zunächst haben wir in einem gemeinsamen Workshop mit allen in der Abfüllung beteiligten Mitarbeitern, inklusive Logistiker und Qualitätsmanager, die Absicht mitgeteilt, die Abteilung durch eine stärkere Ansprache des Neugiertriebs effektiver zu machen. Nein, Rationalisierungen sind nicht geplant; es geht darum, mit der vorhandenen Mannschaft besser zu werden. Doch, auch die Logistiker, die Maschineneinsteller, der Abteilungsleiter gehören mit hinein. Jeder hat etwas davon, wenn er mitmacht.

Aggression durch Bindung einfangen

Um die Beziehungen auf der Seite der Emotionen zu festigen, mußten wir zuerst durch gemeinsames Handeln – eine Rallye durch den Wald in zwei Gruppen – für jeden einzelnen das Verhalten der anderen Teilnehmer besser erfahrbar machen. Wer sagt was? Wer tut was? Wer übernimmt welche Aufgabe? Welche Fehler werden gemacht, und wie werden sie ausgebügelt? Die Gruppe gibt ein genaues, zutreffendes Bild von sich selbst ab. Beziehungen fangen an, sich im konkreten Tun miteinander zu entwickeln und zu gestalten. Durch eine Videodokumentation der wichtigsten Stationen hatten die Teilnehmer dann die Gelegenheit, Abstand von sich selbst zu gewinnen und gewissermaßen von außen auf sich selbst und ihr eigenes Verhalten in der Gruppe zu schauen.

Im zweiten Schritt sollte die Aggression, die oft genug niederziehend wirkt, dazu benutzt werden, um jedem einzelnen Raum und Position in der Gruppe zuzugestehen. In Form einer Anerkennungsrunde konnten wir die Kraft der Aggression positiv nutzen. Denn wenn wir aussprechen, was wir am anderen schätzen, muß man gar nicht mehr ständig um diese Anerkennung rangeln. Durch die positiven und zugleich zutreffenden Zuschreibungen fanden sich alle in der Gruppe wieder. Und wir machten die unglaubliche Erfahrung: Gegenseitige Anerkennung stärkt Bindung mit den Mitteln der Aggression!

Schließlich haben die dreizehn Mitarbeiter einen dritten Schritt absolviert, in dem sie sich für die Gründe interessierten, warum ihre Kollegen so geworden sind, wie sie sich täglich präsentierten. Die Bemühung, besser zu verstehen, welche Lebensumstände zu bestimmten Verhaltensweisen, Einstellungen und Vorlieben geführt haben, hat zugleich den Effekt, daß man das, was man nachvollziehen kann, nicht vorschnell verurteilt. Außerdem erfährt man in diesen Biografie-Interviews wesentlich mehr über Potentiale und Kompetenzen von Kollegen als bei Assessment-Centern. Aus diesen persönlichen Informationen wird auch deutlich, wer an welcher Stelle optimal eingesetzt werden und voraussichtlich auch den besten Leistungsbeitrag für die Teamergebnisse liefern wird.

Nachdem es diesen Dreierschritt durchlaufen hatte, ging unser Team Abfüllung ein echtes emotionales Commitment ein. Natürlich mußten sie sich auf Methoden und Instrumente einigen, und selbstverständlich wurden Themen auch immer wieder strittig diskutiert. Aber die Basis des Ziels, mehr Flow in der Abfüllung zu erreichen, war im zwischenmenschlichen Bereich solide gelegt. Dieses Verfahren ist an den durch Werner Bauer (2001) begründeten Streitberg-Prozeß angelehnt.

Im damaligen Team-Prozeß haben wir folgende wichtige Erkenntnis gewonnen: Will man durch die Anreicherung von Flow-Erlebnissen in einer Abteilung dafür sorgen, daß die Arbeit abwechslungsreicher, interessanter und dadurch motivierender wird, dann muß man zunächst vor allem auf mögliche Aggressionen achten, die im Team selbst oder im Umfeld entstehen können. Und wenn man die zunächst Unwilligen gewinnen will, geht es zuallererst um Vertrauen. In diesem Fall beginnt die komplexe Motivation also mit Bindung und führt über die Anerkennung zu Flow. Das ist übrigens in den meisten Fällen so: Mit Bindung fängt alles an.

Vernetzung der Triebmotive

Komplexe Motivation, die mit Bindung beginnt, wirkt auch unter Bedingungen wirtschaftlich und konjunkturell schwieriger Zeiten: Wenn die Umwelt- oder Marktbedingungen hart sind und bedrückend, löst das bei Mitarbeitern zunächst Verunsicherung aus. Um die Handlungsfähigkeit aufrechterhalten zu können, braucht man eine Sicherheitsbasis, und diese liegt nicht selten in der Gemeinschaft, in der sozialen Sicherheit mit dem Bewußtsein »Im Team schaffen wir das, gemeinsam sind wir stark«. Unter dieser Voraussetzung sind die Teammitglieder in der Lage, neue Unsicherheit aufzusuchen, Risiken zu bewältigen, Herausforderungen zu bestehen. Wenn sie das erfolgreich tun und positive Rückmeldung erhalten, wird auch ihr Trieb zum Sieg befriedigt, sie erhalten die notwendige Anerkennung für ihre Leistung. Zugleich festigt sich dadurch die gute Bindung und Beziehung zu den Partnern im Team untereinander. Vielleicht kommt es in einer Ruhephase auch zu Neupositionierungen. Nur so kann sich ein Team auf Dauer leistungsfähig halten. Vorausgesetzt, die Rangordnungskämpfe folgen den Regeln der Gerechtigkeit und Fairneß; ansonsten kommt es zu Auflösungserscheinungen; und wenn der Zusammenhalt fehlt, dann wird auch die Effektivität des gemeinsamen Handelns leiden.

Die Tatsache, daß Mitarbeiter im Lauf ihres Lebens bestimmte Prioritäten und Muster in ihrem Lusterleben ausgebildet haben, zeigt, daß es bestimmte Motive gibt, über die Führungskräfte einen schnellen und effektiven Zugang zur Motivation dieser Mitarbeiter haben. Das heißt jedoch nicht, daß man die anderen Motive außer acht lassen sollte – im Gegenteil, wenn man auch diese im weiteren anspricht, ist eine Leistungssteigerung durch kombinierte Triebbefriedigung zu erwarten.

Bei der Motivation einzelner Mitarbeiter ist die Kenntnis ihrer Triebstruktur von zentraler Bedeutung! Führungskräfte werden dann besonders erfolgreich motivieren, wenn sie solche Herausforderungen an die Mitarbeiter stellen, die deren stärksten Beweggrund treffen. Hat ein derartiger Reiz einmal die Initialzündung für Leistung aktiviert, dann ist es gar nicht zu vermeiden, daß auch noch andere Triebmotive angesprochen werden: Der Entwickler, der ursprünglich durch Flow in Bewegung gesetzt wurde, erfährt unter Umständen auch Anerkennung für ein erfolgreich abgeschlossenes Projekt. Wenn er dieses Ziel in Zusammenarbeit mit einigen Teammitgliedern erreicht hat, dann ist im Verlauf dieses gemeinsamen Handelns möglicherweise auch Bindung, das Gefühl der Zugehörigkeit und des Vertrauens zwischen den Kooperateuren entstanden. Andererseits kann Motivation auch auf ganz andere Art komplex werden – dann nämlich, wenn der Entwickler so stark auf die technische Lösung seines Problems konzentriert ist, daß für die beiden sozialen Motive gar kein Raum mehr bleibt. Er zieht sich dann zurück, gibt die notwendigen Informationen nicht weiter, ja er sieht

Kommunikation möglicherweise nur noch als Störgröße an, und positives Feedback bzw. jede andere Art von Rückkopplung mit den Teammitgliedern bleibt auch aus. Hier steht Flow gegen Bindung. Stark karriereorientierte Mitarbeiter laufen Gefahr, den Aggressionstrieb zu sehr auf Kosten der Bindung auszuleben. Die hierarchische Stufenleiter nach oben zu stürmen, ohne auf die soziale Einbindung zu achten, zieht eben nicht selten Bindungsverlust und das Wegbrechen der Vertrauensbasis nach sich.

Im Bereich der Teammotivation gibt es im Gegensatz zur individuellen Motivation eine feste Abfolge in der Vernetzung der Motivansprache. Immer wenn man Gruppen für ein Ziel gewinnen will, sei es für einen Veränderungsprozeß, für eine Umstrukturierung oder für eine Neuorganisation etc., muß man zuallererst auf der Ebene der Beziehungen emotionale Stabilisierungsarbeit leisten. Wie gesagt, mit Bindung fängt hier alles an. Dann geht es darum, die Kraft der Aggression für den Strukturierungsprozeß im Team zu nutzen, nämlich Raum für jeden einzelnen und die gegenseitige Zuschreibung der Positionen zu schaffen. Und schließlich: Vertieft kennenlernen – Potentiale kennenlernen, mögliche optimale Leistungsbeiträge, denn dadurch kann man die Positionierung präzisieren und die Teilleistungen zu einem echten gemeinsamen Handeln bündeln.

Führen durch Vorbild

Gerade in einer befreiten Gesellschaft spielt Führen durch Vorbild eine wichtige Rolle. Die Führungskräfte in einer solchen Gesellschaft haben es mit mündigen, selbstbestimmten Menschen zu tun, Menschen aber, die – gerade deswegen – auch Unsicherheit mit sich tragen. Es ist nur logisch, daß sich in dieser Situation viele Menschen an

Vorbildern orientieren, sie geben Anhaltspunkte, Richtlinien, Verhaltenssicherheit. Dieser Verantwortung sollten sich Führungskräfte bewußt sein, denn sie sind Vorbilder – ob sie es wollen oder nicht.

Um diese Feststellung zu verstehen, um überhaupt Sinn und Funktion des Vorbilds zu verstehen, muß man auf die Evolution zurückgehen. In allen je untersuchten Tiersozietäten gibt es eine Rangordnung und Alphatiere. Das durch besondere Fähigkeiten und Leistungen an die Spitze gekommene Alphatier führt die Sozietät im Sinne des Überlebens, des Erfolges im Aufsuchen von Nahrung, im Kampf um bessere Lebensbedingungen etc. Die Alphatiere sind meist schon äußerlich erkennbar durch ihre Größe, ihre Kraft, ihren gepflegten Zustand. So werden sie schon durch ihre Statur im wörtliche Sinne angesehen.

Die Wirkung der Alphatiere auf die Mitglieder der Sozietät ist eine dreifache: Nachahmung, Stimmungsübernahme, Gefolgschaft.

Nachahmung bezieht sich beispielsweise auf Futtersuche, auf Jagdstrategien, auf Beutefang, auf Kampfweisen, auf sozietäres Verhalten und andere lebenswichtige Aktivitäten. Stimmungsübernahme bezieht sich auf die besondere Rolle des Alphatieres bei der Stimmungsübertragung. Diese ist ein überlebenswichtiges sozietäres Programm. Durch sie funktioniert das gemeinsame Handeln. Wird beispielsweise durch einen Feind bei einem Mitglied der Sozietät Aggression hervorgerufen, ist es lebenswichtig, daß die gesamte Sozietät angesteckt wird, also in aggressive Stimmung gerät. Ähnliches gilt für die Freßstimmung. Hat ein Tier Nahrung gefunden, ist es von großem Überlebensvorteil, die gesamte Sozietät in Freßstimmung zu versetzen. Daß die Stimmungsübertragung auch beim Menschen funktioniert, ist jedem bekannt: Kommen nicht auch wir in »Freßstimmung«, wenn es anderen schmeckt? Lassen wir uns nicht auch von aggressiver oder sexueller Stimmung anstecken, aber auch von Heiterkeit oder Trauer? Wie wichtig die Grundstimmung für das gemeinsame Handeln einer Sozietät ist, geht schon aus unserer Sprache hervor: Das Handeln wird aufeinander »abgestimmt«, ein Mitarbeiter verbreitet eine miese Stimmung oder eine fröhliche, die Sozietät handelt in »Überein-stimmung«.

Nun ist folgendes klar: Da das Alphatier am meisten beachtet wird, ist seine Stimmung im wörtlichen Sinne maßgebend. Ja, es ist anzunehmen, daß die Alphatiere vor allem aufgrund der Stimmungsübernahme durch die Sozietätsmitglieder das gemeinsame Handeln steuern. Gilt das nicht auch für Führungskräfte?

Schließlich ist noch die Gefolgschaft zu nennen. Es gibt sie direkt, wie beispielsweise bei Wanderungen von Tiersozietäten in bessere Gefilde oder beim Erkunden neuer Lebensräume. Daher kommen die Bezeichnungen Leitwolf oder Leithammel. Vor allem aber wird Gefolgschaft durch die Stimmungsübernahme gewährleistet. Wenn das Alphatier zur Verteidigung aufruft oder zum Angriff, wird Gefolgschaft geleistet.

Die Wirkung des Alphatieres ist – selbstverständlich – von evolutionärem Vorteil. Deswegen gehört sie zum evolutionären Programm aller sozietär lebenden Tiere – und des Menschen. Auch in menschlichen Sozietäten gibt es herausragende Persönlichkeiten – Politiker, Unternehmer, Wissenschaftler, Künstler, Sportler etc. – mit entsprechender Wirkung: Sie werden nachgeahmt, sie übertragen Stimmungen, man leistet ihnen Gefolgschaft. Es sind Menschen mit hohem Ansehen, oft sind sie auch noch groß oder werden durch Statussymbole angehoben.

Halten wir fest: Die Führungskräfte sind, gleichgültig in welchem Bereich, Vorbilder mit allen Konsequenzen. Sie motivieren zwangsläufig durch ihr Verhalten zur Nachahmung, sie beeinflussen maßgebend die Stimmung der Sozietät, ihnen wird Gefolgschaft geleistet. Die Verantwortung, die mit der Vorbildfunktion verbunden ist wird noch deutlicher, wenn man an den Mißbrauch denkt, an Volksverführer, an Demagogen jeder Art.

Welche Konsequenzen sind aus den bisher gewonnenen Ergebnissen für die Führung in einer freiheitlichen Gesellschaft zu ziehen?

Führung hat die Aufgabe, die Mitarbeiter so zu fordern, daß sie Leistung mit Lust erbringen, daß sie Flow erleben, Anerkennung und Bindung. Die Führung erreicht dies durch entsprechende Motivation, durch angemessene Herausforderungen, durch Anerkennungsreize und erfolgreiche Teambildung. Diese Aufgabe muß die Führungskraft durch ihre Vorbildfunktion unterstützen. Tut sie das nicht, gefährdet sie den Erfolg der anderen Maßnahmen. Das heißt: Die Führungskraft muß selbst Lust durch Leistung erleben, dann wird dieses Verhalten nachgeahmt, übertragen und praktiziert.

Weil das Führen durch Vorbild, also durch die eigene Lust durch Leistung – natürlich im Rahmen sozietärer und humaner Moral – so wichtig ist, wenden wir uns nun der Eignung zum Führen und dem Erwerb von Führungskompetenz zu.

V. BioLogik – der Beitrag zur Führungskompetenz

1. Eignung zum Führen

Aufgaben der Mitarbeiterführung

Mitarbeiterführung ist ein schwieriger und verantwortungsvoller Beruf, vergleichbar mit Berufen, die ebenfalls unmittelbar mit Menschen zu tun haben wie Arzt, Lehrer oder Politiker. Und ebenso wie bei diesen und selbstverständlich auch anderen Berufen, erhebt sich die Frage, wer dafür geeignet ist, und was sich der Aspirant darüber hinaus noch aneignen muß. Um solche Feststellungen treffen zu können, muß man von den jeweiligen Aufgaben des Berufs ausgehen. So genügt es nicht zu sagen, eine Führungskraft müsse Durchsetzungsvermögen besitzen, Charisma oder soziale Kompetenz. Nein, wir gehen nicht von irgendwelchen utopischen Vorstellungen aus, von übermenschlichen Eigenschaften und Fähigkeiten, wir legen die zu erfüllenden Aufgaben zugrunde und leiten daraus die erforderlichen Fähigkeiten und Kompetenzen ab. Aus diesem Grunde stellen wir die Aufgaben der Mitarbeiterführung noch einmal kurz zusammen.

Die Aufgaben der Mitarbeiterführung lassen sich in drei große Bereiche aufteilen: Führen durch Fordern, Optimierung des gemeinsamen Handelns, Übernahme sozietärer Verantwortung.

Die erste Aufgabe besteht darin, die Arbeitswelt so zu gestalten, daß der Mitarbeiter explorieren kann, daß er durch immer wieder neue Herausforderungen Flow erlebt.

Das bedeutet, daß er auf der Basis eines möglichst sicheren Arbeitsplatzes und einer hinreichenden Kompetenz für seinen Aufgabenbereich immer weiter ausgreifen können muß. Darüber hinaus sollte er auch Gelegenheit erhalten, selbst neue Probleme zu finden und in Angriff zu nehmen. Hierfür braucht er die notwendigen Freiräume.

Zum Führen durch Fordern gehören auch der Aufbau und die Pflege der Anerkennungskultur. Sie reicht von Positionsstrukturen über organisierte Belohnungssysteme bis zur persönlichen Anerkennung. Anerkennung durch Positionen besteht in ansteigender Macht oder Bezahlung, in der Ausstattung mit Entscheidungsbefugnissen, mit Kommunikationsmitteln, Dienstleistungspersonal, Berechtigungen etc. Die Positionsstruktur muß durchlässig sein, eine starre Rangordnung verhindert Leistung, sie erweist sich als frustrierend und inhuman. Unter einem organisierten Belohnungssystem verstehen wir die Formen von Anerkennung, die für besondere Leistungen vorgesehen sind. Beispiele sind Prämien für Verbesserungsvorschläge, Auszeichnungen für ehrenamtliche Tätigkeiten oder besondere Verdienste. Neben diesen beiden Formen organisierter Anerkennung darf die persönliche Anerkennung nicht fehlen, ja, sie ist ganz besonders wertvoll. Führen durch Fordern schließt auch die Herstellung und Aufrechterhaltung von Bindung ein. Zu deren Organisation ist gemeinsames Handeln erforderlich. Dieses bereitet in kleineren Gruppen weniger Probleme. Größere Sozietäten hingegen, wie Unternehmungen, Parteien, Verbände etc., müssen so organisiert werden, daß die Mitarbeiter auch in ihnen Bindung erleben.

Beim Aufgabenbereich Optimierung des gemeinsamen Handelns geht es um die Koordination der Einzelleistungen. Eine Sozietät muß ja als Einheit fungieren, das ist schließlich ihr Sinn. Ein gutes Beispiel liefert der Fußball:

Auch die besten, technisch versierten Einzelspieler garantieren noch keinen Erfolg, auch das Zusammenspiel muß funktionieren. Zur Optimierung des gemeinsamen Handelns sind wichtige Führungsaufgaben zu erfüllen, wie beispielsweise Zugehörigkeitsgefühl erzeugen, optimale Positionierungen vornehmen, also die jeweiligen Stärken einsetzen, sozietäre Tugenden realisieren, also Zuverlässigkeit, Wahrhaftigkeit, Gerechtigkeit etc.

Selbstverständlich müssen Führungskräfte sozietäre Verantwortung übernehmen. Sie haben in besonderem Maße Entscheidungsbefugnisse und meist auch die Macht, die Entscheidungen durchzusetzen. Wer die Entscheidung hat, hat aber auch die Verantwortung, und diese ist nicht gering. Es geht ja nicht nur um die Verantwortung gegenüber den Mitarbeitern in der eigenen Sozietät. Führungskräfte sind auch gegenüber dem gesellschaftlichen Umfeld verantwortlich. Die Sozietäten in Wirtschaft, Industrie, Verwaltung, Politik etc. sind in die Gesamtgesellschaft eingebunden. Es geht um Existenz und Lebensqualität der Bevölkerung insgesamt. Beispiele für Verantwortung, die hier den Führungskräften zukommt, erleben wir täglich, und wir sind täglich betroffen vom Erfolg oder Mißerfolg der sozietären Entscheidungen. Es ist nicht »jedermanns Sache«, eine derart gravierende und weitreichende Verantwortung zu übernehmen.

Im folgenden wollen wir versuchen, die Eignung für einen derart schwierigen Aufgabenbereich aus den Erkenntnissen der Verhaltensbiologie festzustellen.

Zur Führung geeignet?

In der Praxis werden Führungskräfte in aller Regel aufgrund ihrer fachlichen Kompetenz ausgesucht. Führungskräfte sind also zunächst einmal hervorragende Juristen,

Techniker, Informatiker, Verkäufer etc. Eine solche Auswahl nach der Fachkompetenz hat zweifellos eine gewisse Berechtigung. Es wäre ja töricht, Menschen für Führungsaufgaben auszusuchen, die in ihrem eigenen Fachgebiet keine besonderen Leistungen erbringen. Aber die Fachkompetenz reicht nicht aus. Auch ein hervorragender Fußballspieler ist nicht zwangsläufig ein guter Trainer, ein hervorragender Wissenschaftler nicht zwangsläufig ein guter Lehrer, ein guter Jurist nicht zwangsläufig eine gute Führungskraft. Die Führung von Mitarbeitern erfordert andere Fähigkeiten als die in den einzelnen Fachdisziplinen gebrauchten.

In dieser Situation ist es verständlich, wenn man von einer Führungskraft die wunderbarsten Eigenschaften und Fähigkeiten erwartet. Sie muß charakterlich vorbildlich sein, ein Höchstmaß an sozialer Kompetenz besitzen, Charisma ausstrahlen, durchsetzungsfähig und verständnisvoll sein, jung und erfahren zugleich. Derart hohe Erwartungen verstellen den Blick auf eine realistische Eignung.

Nein, Mitarbeiterführung ist ein Beruf, in dem bestimmte Aufgaben zu erfüllen sind. Hierfür bedarf es, wie etwa beim Arzt oder Lehrer, einer gewissen Eignung, und es bedarf der Aneignung bestimmter Kenntnisse und Fertigkeiten. Betrachten wir zunächst die Eignung für Führung und zwar – selbstverständlich – unter dem Aspekt der BioLogik.

Dabei sind zunächst zwei Bereiche zu unterscheiden: die Selbsteinschätzung und die Fremdeinschätzung.

Natürlich hat jeder ein Gefühl für das, was ihm »liegt«. Der eine geht gern mit Menschen um – sei es als Arzt, Lehrer oder Verkäufer–, der andere interessiert sich vorwiegend für ein Handwerk, für Technik oder Wissenschaft. Die Selbsteinschätzung bezieht sich in der Regel nicht nur auf das Interesse, sondern auch auf die Fertigkeiten, die man sich zur Ausübung des gewünschten Berufes zutraut.

Bei der Selbsteinschätzung, und zwar bezüglich jeder beruflichen Tätigkeit, kann die BioLogik einen wichtigen Beitrag leisten. Die Verhaltensbiologie deckt ja die evolutionären Verhaltensprogramme auf, die wir dann, dank unserer Reflexionsfähigkeit, reflektieren können. Wir können an uns selbst feststellen, in welchen Bereichen wir Flow erleben, welche Art von Rang und Anerkennung wir besonders schätzen usw. Bei aller Gemeinsamkeit der Triebmotive gibt es ja durchaus auch individuelle Schwerpunkte: Der eine erlebt mehr Lust auf dem Neugiertrieb, der andere mehr auf dem Aggressionstrieb oder dem Bindetrieb. Hier sind schon Dispositionen angesprochen für den Wissenschaftler, den Manager, den Sozialarbeiter.

Im Rahmen der Selbsteinschätzung bezüglich der Eignung zur Führung muß man sich prüfen, ob die angegebenen Führungsaufgaben Flow-Erlebnisse auslösen, ob einem ein hoher öffentlicher Rang Lust bereitet, ob man die Risiken einer hohen gesellschaftlichen Verantwortung in Sicherheit verwandeln kann. Die Reflexion auf das eigene Triebsystem läßt auch Gefahren beim Führen erkennen: zu erwartende Defizite bei der Bindung oder die Versuchungen des Imponiergehabes.

Die Verhaltensbiologie gibt auch die Möglichkeit, die bisherige Biografie auf die Triebkriterien hin zu überprüfen. Hat man schon früher Führungstätigkeiten ausgeübt, in Jugendgruppen, in Vereinen, in politischen Vereinigungen, vor allem aber: Haben diese Tätigkeiten einen nachhaltigen Flow hervorgerufen?

Nun führt die Selbsteinschätzung in der Regel nur bis zur Berufswahl und zur Bewerbung. Danach tritt die Fremdeinschätzung in Kraft. Auch hier, ja gerade hier, kann die Verhaltensbiologie wichtige Dienste leisten.

Es reicht nicht aus, wenn man sich in einer Selbstprüfung Rechenschaft über seine Führungskompetenz abgelegt hat und zu einem positiven Ergebnis gekommen ist; andere, vor allem potentielle Förderer, Vorgesetzte, Personalchefs usw., müssen dieses Führungspotential ebenfalls erkennen können, wenn es denn je zum Einsatz kommen soll. In irgendeiner Form muß die Fähigkeit zu führen für andere ersichtlich werden. Um die Mitarbeiter mit Führungspotential ausfindig zu machen, veranstalten nicht wenige Unternehmen aufwendige Assessment-Verfahren, die sich z. T. über mehrere Tage erstrecken. In simulierten Führungs-, Projekt- und Konfliktsituationen sollen die High-Potentials unter den Augen eines vielköpfigen psychologisch geschulten Expertenteams ihre Eignung unter Beweis stellen. Die Idee ist vernünftig, denn schließlich muß man Menschen beobachten, um herauszufinden, ob sie über ein bestimmtes Vermögen, in unserem Fall über Führungsfähigkeiten verfügen. Das aufwendige Verfahren wird nach Aussage der Verantwortlichen gewählt, um eine möglichst weitgehende Objektivität zu gewährleisten. Tatsächlich scheint es uns jedoch eher so zu sein, daß hier die Verantwortung für die getroffene Auswahl von Personen auf Verfahren geschoben wird.

Bei informellen Gesprächen mit Managern, die unter anderem mit der Führungsnachwuchsförderung betraut sind, hört man immer wieder, daß sie sich mehr auf ihre Beobachtungen in der konkreten Situation verlassen. »Ich hatte doch etliche Male die Gelegenheit, Herrn Beck in seiner täglichen Arbeit, bei entscheidenden Sitzungen der Projektgruppe oder auch einmal in einer Konfliktsituation zu beobachten. Wenn er in seinen Formulierungen auch manchmal etwas ungeschickt ist und dadurch Härten im sozialen Miteinander entstehen, so hat er doch das Zeug zu größerer Führungsverantwortung in unserem Unternehmen.«

Die Beobachtung von konkretem Verhalten im Ernstfall ist sicherlich die beste Methode, um die Eignung zur Führung festzustellen. Wenn diese Möglichkeit nicht zur Verfügung steht, muß man auf die zweitbeste zurückgreifen, auf die Befragung. Natürlich sollten die Fragen sich auf Situationen, Fälle und Erfahrungen beziehen, die mit Führungsaufgaben im weitesten Sinne etwas zu tun haben. Bei Führungsnachwuchskräften muß das nicht einmal in ein formales Umfeld eingebettet sein. War der Betreffende in irgendeiner Form schon in »Führungspositionen« tätig? Vielleicht als Gruppenleiter einer Kirchen- oder Jugendorganisation, bei der Schülermitverwaltung oder als Mannschaftsführer im Sportverein? Welche Situationen hat er dabei erlebt? Welche Schwierigkeiten sind entstanden? Wie ist er damit umgegangen? Wie hat er das Problem gelöst?

Und nun berichten die Führungskräfte – übrigens ganz ähnlich wie Personalverantwortliche, die Neueinstellungen vornehmen – vom »Glanz in den Augen« des Befragten, wenn er von einem derartigen Erlebnis erzählt, ein Gefühlsausdruck, der im Assessment höchstwahrscheinlich gar nicht wahrgenommen wird. Doch genau darauf kommt es an! Das Leuchten in den Augen zeigt die innere, starke Beteiligung des Interviewten, es zeigt die emotionale Komponente der Erfahrung. In gewisser Weise wird die Situation in der Erzählung noch einmal miterlebt, das Gefühl wird ausgelöst, das man während einer schwierigen Führungssituation hatte; die Unsicherheit wird nochmals empfunden, die man in Sicherheit verwandeln konnte. Flow, vielleicht Anerkennung für die bestandene Herausforderung und möglicherweise das Gefühl, vom Team voll und ganz akzeptiert zu sein, sind die Erlebnisqualitäten, die sich emotional niederschlagen und im Gesichtsausdruck, im »Glanz in den Augen« sichtbar werden. Führungskräfte, die ein Gespür für ihre (zukünftigen) Kollegen haben, sind in der Lage, diese Signale zu erkennen und richtig einzuschätzen. Die zutage tretenden Emotionen sind klare Signale für ein echtes, unverstelltes Erleben, das durch Triebbefriedigung zustande kommt.

Die Verhaltensbiologie zeigt, daß die subjektive Wahrnehmung sogenannter weicher Faktoren tatsächlich maßgebliche hard factors sind.

2. Aneignen von Führungskompetenz

Aneignen durch Erkennen

Ein junger Mensch, hochmotiviert, die Krankheit eines Mitmenschen zu behandeln, ist hilflos, wenn er nicht über die notwendigen medizinischen Erkenntnisse und Fertigkeiten verfügt. Ein junger Mensch, hochmotiviert, ein Flugzeug zu steuern, ist hilflos, wenn er nicht über die notwendigen technischen Erkenntnisse und Fertigkeiten verfügt. Eine angehende Führungskraft, hochmotiviert, Mitarbeiter zu führen, ist hilflos, wenn sie nicht die notwendigen, zur Führung erforderlichen Erkenntnisse und Fertigkeiten besitzt. Nun hören wir gelegentlich, daß Erkenntnisse nicht ausreichen würden, ein entsprechendes Handeln in Gang zu setzen. Natürlich: Erkenntnisse und Fertigkeiten sind keine Motive. Die Motive für Handlungen liegen in den Trieben, Erkenntnisse und Fertigkeiten fungieren als Werkzeuge. Beim Handeln sind Motive ohne Werkzeuge ebenso nutzlos wie Werkzeuge ohne Motive.

Wir sprechen hier von beiden Werkzeugen, von Erkenntnissen und Fertigkeiten. Manchmal genügt schon eine Erkenntnis, damit ein von Motiven bewegtes Handeln gelingt. Ein sehr einfaches, aber nachhaltiges Beispiel dafür habe ich (v. Cube) vor 40 Jahren an mir selbst erlebt: Es war kurz nach meiner Ernennung zum Professor an der Pädagogischen Hochschule in Berlin. Ich mußte in dieser Funktion, abwechselnd mit Kollegen, Fakultätssitzungen leiten. Dabei begann ich ohne Umschweife mit der Aufrufung des ersten Punktes der Tagesordnung. Eine Woche später leitete mein Kollege Wolfgang Schulz die Sitzung. Er begann etwa so: »Liebe Kolleginnen und Kollegen! Ich weiß, daß Sie einen arbeitsreichen Tag hinter sich haben. Mir geht es ebenso. Ich will daher versuchen, ihre Zeit nicht unnötig in Anspruch zu nehmen. Beginnen wir also mit dem ersten Punkt.« Dieses Ereignis hat mir zu einer Erkenntnis verholfen: Wie geschickt hat der Kollege – mit demselben Motiv wie ich, Unlust zu vermeiden und Bindung herzustellen – sein Ziel erreicht!

Übrigens sprechen wir hier mit Absicht nicht von Kenntnissen, sondern von Erkenntnissen. Der Unterschied ist sehr wichtig: Kenntnisse beziehen sich auf einzelne Fakten – man beobachtet etwa, wie einzelne Gegenstände herunterfallen –, Erkenntnisse beziehen sich auf Zusammenhänge, im Beispiel also auf das Fallgesetz.

Nehmen wir ein Beipiel aus der BioLogik der Mitarbeiterführung! Eine Führungskraft nimmt einzelne Verhaltensweisen eines Mitarbeiters zur Kenntnis: häufige Krankmeldungen, ängstliches Verhalten, Alkoholkonsum etc. Den Zusammenhang muß der Vorgesetzte erst herausfinden. Hat er ihn »erkannt«, angenommen, es handle sich um Mobbing, dann kann er die einzelnen Symptome verstehen. Im Verstehen liegt der enorme Nutzen von Erkenntnissen: Nur im Rahmen von Zusammenhängen kann man etwas verstehen. Man kann verstehen, daß ein gelangweilter Mitarbeiter sich den Flow neben dem Arbeitplatz sucht, man kann verstehen, daß ein ängstlicher Mitarbeiter neue Herausforderungen scheut, man kann verstehen –

nicht billigen! –, daß jemand Aggression an anderen herausläßt.

Halten wir fest: Damit eine Handlung zustande kommt, muß ein Motiv vorhanden sein, und es müssen geeignete Werkzeuge zur Verfügung stehen. Dazu gehören auch durch Denken und Lernen erworbene Erkenntnisse. Allerdings reichen Erkenntnisse als Werkzeuge oft nicht aus: Es muß noch ein Training hinzutreten.

Nehmen wir als Beispiel die Rhetorik! Gewiß liegen hier eine Reihe bekannter Erkenntnisse vor – Aufbau der Rede, Orientierung am Adressaten, Betonung, Dauer etc. –, niemand wird jedoch bestreiten, daß die freie Rede auch trainiert werden muß. Das Training besteht übrigens nicht, wie oft angenommen wird, im Vortragen selbst, es besteht vielmehr in der intensiven und unentwegten Beschäftigung mit dem vorzutragenden Inhalt. Nur wenn man die Informationen, die man mitteilen möchte, nach allen Seiten durchdacht und immer wieder »gewälzt« hat, kann man sie auch frei vortragen. Die Wortwahl selbst ist keine Kunst, wenn man genau weiß, was man sagen möchte. Am Beispiel der Rhetorik wird auch klar, was das Training bewirkt: den Gewinn an Sicherheit.

Auf die Aneignung durch Trainieren gehen wir anschließend ein, hier seien noch einmal die Erkenntnisse zusammengestellt, die zur Erfüllung der Führungsaufgaben erforderlich sind: Es sind Erkenntnisse über die Evolution des Menschen, insbesondere über seine evolutionären Verhaltensprogramme, seine Triebe und Motive. Nur so kann man menschliches Verhalten verstehen, insbesondere die Fehler, die der Mensch häufig macht, wie etwa Verwöhnung, falscher Umgang mit den Trieben usw. Weitere Erkenntnisse beziehen sich auf die Verhaltensoptimierung, also auf das Zustandekommen von Lust durch Leistung, insbesondere in der Arbeitswelt. Schließlich bedarf es der Erkenntnisse über die Optimierung des gemeinsamen Handelns. Sollten die Führungskräfte Lust bekommen, ihre Führungskompetenz auf gesellschaftliche Führung auszudehnen, als Politiker, Wirtschaftsführer, Leiter von Verbänden etc., müssen sie sich weitere Erkenntnisse aneignen.

Aneignen durch Trainieren

Nun reicht es nicht in jedem Fall aus, ein Motiv zu haben und über bestimmte Erkenntnisse der Handlungszusammenhänge zu verfügen, um die notwendigen Fertigkeiten auch ausüben zu können. Das bemerkt man bereits bei ganz alltäglichen Fertigkeiten, wie z. B. beim Erlernen des Fahrradfahrens. Man kann noch so viel über dessen historische Entwicklung, über Werkstoff- und Verbindungstechnik der verwendeten Materialien und über die komplexen Bewegungsabläufe dieser Fortbewegungsart wissen – um das Radfahren zu erlernen, muß man es trainieren. Training ist also ein Übungsprogramm, um bestimmte Fertigkeiten auszubilden. Derartige Programme absolvieren schon Säuglinge, bis es ihnen beispielsweise gelingt, in der Auge-Hand-Koordination einen in den Blick genommenen und begehrenswert erscheinenden Gegenstand, z. B. einen Keks, zielgerichtet zu ergreifen. Im Sport werden komplexe Bewegungsabläufe trainiert. Trainiert wird auch die Koordination im Zusammenspiel der Mannschaftsmitglieder. So werden z. B. Spielzüge und Strategien wieder und wieder durchgeführt, bis die Mannschaft die Ballabgabe, den taktischen Spielaufbau mit traumwandlerischer Sicherheit beherrscht.

Bei der Aneignung von Führungskompetenzen durch Training erscheinen uns folgende zwei Bereiche besonders wichtig: die persönliche Fitneß der Führungskraft und die Fähigkeit, seine Mitarbeiter angemessen einschätzen und mit ihnen verhaltensgerecht umgehen zu können.

Was die persönliche Fitneß angeht, so existiert inzwischen ja ein breiter Markt an Angeboten. Selbstverständlich spielt die individuelle Gesundheit eine zentrale Rolle. Wer vom medizinischen Standpunkt gesehen körperlich gesund ist, bringt eine wichtige Voraussetzung für Leistungsfähigkeit und Belastbarkeit mit. Aber auch die gesunde Ernährung und regelmäßige Bewegung liefern einen Beitrag zur Fitneß und zum Wohlbefinden von Managern. Fitneß-Manager legen nahe, daß Gesundheit zu einem »Statussymbol« geworden ist, das sich Führungskräfte unbedingt leisten sollen.

Daß hierbei nicht nur die objektiv überprüfbare körperliche Gesundheit, sondern auch das subjektive positive Empfinden eine Rolle spielen, zeigt der Kunstbegriff »Wellneß«; der erste Wortbestandteil kommt von *Well*-being (Wohlbefinden), der zweite ist dem Begriff Fit*neß* entliehen. Wir können nicht im einzelnen auf diesen Bereich eingehen, der ja inzwischen weite Gebiete umspannt wie Zeit-, Streß-, Selbstmanagement usw.

Ein ganz zentraler Bereich bei der Aneignung von Führungskompetenz besteht im Trainieren des gemeinsamen Handelns. Viele Wirtschaftsunternehmen, Verwaltungen und andere Organisationen verzeichnen einen steigenden Bedarf an Gruppenarbeit und Teamwork. Doch hat die europäische Stiftung für die Verbesserung der Lebens- und Arbeitsbedingungen in Dublin herausgefunden, daß in der Praxis europaweit nur ca. 4% der Unternehmen ernsthaft mit der Umsetzung von Gruppenarbeit begonnen haben (IAT 1999). Man hat den Eindruck: Alle wollen Teamwork, und keiner weiß so recht, wie es funktioniert. Dabei zeigen die verhaltensbiologischen Befunde, daß wir mit einem natürlichen Programm für Gruppenarbeit ausgestattet sind, mit der Bindung! Nachdem Manager die Zusammenhänge des Triebs Bindung erkannt haben, müssen sie das gemeinsame Handeln nun auch trainieren. Wir haben Form und Ablauf eines Trainings zum gemeinsamen Handeln bereits im Kapitel »Führen durch Bindung« skizziert. Dort war die Rede von der Führungsaufgabe »Bindung erzeugen«. Ein derartiges Training führt zur Aneignung der Führungskompetenz bei Optimierung des gemeinsamen Handelns, weil dabei unweigerlich eine intensive Auseinandersetzung mit dem Aufgabenbereich stattfindet. Der Manager erlebt gemeinsames Handeln mit anderen konkret. Die Handlungsorientierung hat zudem eine emotionale Komponente: den Bindetrieb. Dabei hat das Training jedoch nicht sein Bewenden. Schließlich gilt es, die Erfahrung zu reflektieren und Konsequenzen für die eigene Führungstätigkeit zu ziehen.

Für den Erfolg jeglicher Trainingsmaßnahme ist es notwendig, daß sie die drei Elemente Erkennen – Erleben – Reflektieren beinhaltet.

Wenn man nach einem Vortrag mit einem Unternehmer oder Geschäftsführer in kleiner Runde ins Gespräch kommt, dann kann man hier und da einmal hören: »Ich finde die Erkenntnisse über das menschliche Verhalten ungeheuer wichtig für die Motivation meiner Mitarbeiter. Ganz besonders die Anerkennung. Ich muß Ihnen aber gestehen, daß ich mich in der Umsetzung immer wieder schwer damit tue und Anerkennung in der Hektik des Alltagsgeschäfts gerne hintanstelle«. In diesem Fall wirkt die Erkenntnis offensichtlich noch nicht handlungsauslösend; aber dem Manne kann geholfen werden, nämlich durch die Erlebniskomponente in Form eines Trainings.

Dieses Training kann beispielsweise als Anerkennungsrunde durchgeführt werden. Im Trainingscamp »Anerkennung« muß man genau das tun, wovor man sich ganz gern drückt, nämlich sich in Beziehung setzen mit den anderen Teilnehmern der Runde. Sagen Sie ihnen ins Gesicht, was Sie an ihnen mögen! Und Sie werden dreierlei bemerken: Es tut unwahrscheinlich gut, soviel Anerkennung zu erhalten, denn der Druck aggressiven Rangelns geht damit aus der Gruppe heraus. Die Anerkennung ist in aller Regel angemessen, also weder überzogen noch untertrieben. Schließlich: Anerkennung ist ganz schön anstrengend, wenn man sie aktiv, konkret und direkt gibt; es kommt ja darauf an, daß sie genau trifft. Durch das konkrete Tun wird Anerkennung eingeübt; die obengenannte Unsicherheit reduziert sich. Führungskräfte verfügen nunmehr über die Erfahrungsgrundlage, um daraus Konsequenzen für ihre tägliche Führungsarbeit im Umgang mit den Mitarbeitern zu ziehen.

Ein Manager, der an dem Workshop »Führen durch Anerkennung« teilgenommen hatte, gab uns ein interessantes Feedback. Er berichtete von einem Seminar, das er vor einigen Jahren besucht hatte. Dort ging es darum, den anderen Seminarteilnehmern in einer Art »Heißer Stuhl« positive Rückmeldung in Form von Wertschätzung zu geben. Diese Übung empfand unser Manager als aufgesetzt und unglaubwürdig. Ihm fehlte der Erkenntniszusammenhang, wie Anerkennung im Verhaltensbereich der Aggression wirkt. Diese für ihn zentrale Erkenntnis hat er nach eigener Aussage in unserem Workshop über die BioLogik der Anerkennung gewonnen. Erst durch das Verständnis dieses Zusammenhangs konnte er die im Seminar gemachte Erfahrung als Werkzeug in seinem Führungshandeln einsetzen. Erfahrung ohne Erkenntnis bleibt in vielen Fällen folgenlos oder führt gar zu Mißmut.

Fehlt im Training allerdings das Element der Reflexion, dann bleibt die Maßnahme beim Erlebnis stehen. Das reicht aber für einen Transfer der Erfahrungen in die Arbeitswelt nicht aus.

3. Perspektiven einer gesellschaftlichen Führungskompetenz

Es ist klar, daß Unternehmen, Verbände, politische Vereinigungen etc. in größeren gesellschaftlichen Zusammenhängen stehen, daß also die jeweiligen Führungskräfte immer auch eine übergreifende gesellschaftliche Wirkung haben. Darüber hinaus besitzen die Führungskräfte der einzelnen Sozietäten zwangsläufig eine Vorbildfunktion, die ebenfalls über die eigene Sozietät hinausreicht. Schließlich ist eine Führungskraft aufgrund ihrer Eignung und ihrer angeeigneten Kompetenzen zur Führung schlechthin motiviert und befähigt. Die BioLogik unterstreicht die gesellschaftliche Funktion von Führungskräften durch die Erkenntnis des gemeinsamen Triebsystems des Homo sapiens, des menschlichen, oft fehlerhaften Umgangs mit diesem und der Verhaltensoptimierung in Form von Lust durch Leistung. Es liegt somit nahe, noch einen Blick zu werfen auf die gesellschaftlichen, ja auf die globalen Perspektiven von Führung. Hier öffnet sich ein weites Feld interessanter Herausforderungen, ein Fortschreiten also im Flow-Kanal. Worin bestehen die wichtigsten Aufgaben gesellschaftlicher Führung? Sie bestehen darin, die Aufgaben der Mitarbeiterführung auf übergeordnete Gesellschaften auszudehnen. Diesen Vorgang wollen wir im folgenden kurz skizzieren.

Bezüglich des Umgangs mit dem Sicherheitstrieb sehen wir eine ganz wichtige Aufgabe in der Vermeidung von Angst und in der Förderung von Flow. Wir haben schon darauf hingewiesen, daß es unserem evolutionären Programm widerspricht, dauerhaft in Angst zu leben. Tatsächlich hat sich aber der Mensch eine Welt geschaffen, die in vielerlei Hinsicht Angst hervorruft: wachsende Weltbevölkerung, Hungersnöte, Zerstörung der Umwelt, »Restrisiken« atomarer Energiegewinnung, nicht besiegte Krankheiten, andauernde Kriege etc. Andererseits strebt aber der Mensch nach Unsicherheit, um Flow zu erleben. Die Aufgabe besteht also darin, die Lebenswelt so zu gestalten, daß Angst vermieden und Flow erlebt werden kann. Man denke hier an Flow in der Arbeitswelt, in Wissenschaft und Technik, in Sport und Kunst, in sozialen und humanen Bereichen – eine Führungsaufgabe, die selbst viel Flow enthält.

Was das evolutionäre Aggressionsprogramm anbetrifft, ist der Mensch seit jeher aufs menschenunwürdigste damit umgegangen. Betrachten wir noch einmal das Imponierverhalten! Immer wieder haben sich einzelne Personen, Diktatoren und Demagogen, über andere erhoben, haben sich als die Größten und Besten verehren und in riesigen Statuen verewigen lassen. Die Geschichte der Menschheit ist voll von solchen Größenwahnsinnigen – sei es in Asien, in Europa, Afrika oder Amerika.

Aber nicht nur Einzelpersonen haben sich schamlos über andere erhoben, ganze Völker oder Rassen fühlten und fühlen sich als Auserwählte, als einzig Rechtgläubige, als Herrenmenschen. Es ist doch nur logisch, daß eine derartige Selbsterhöhung zu Versklavung oder Vernichtung der »Minderwertigen« führt oder zum Aufstand der Unterdrückten. Unseres Erachtens liegt in einem solchen maßlosen Imponierverhalten eine der schlimmsten Ursachen für Gewalt, Krieg und Grausamkeit.

Eine wichtige Aufgabe gesellschaftlicher Führung ist die mit dem Imponierverhalten zusammenhängende Umwandlung von außersozietärer in innersozietäre Aggression. Nicht zuletzt durch das Imponierverhalten entstehen Abgrenzungen und Feindschaften. Die Aufgabe kann aber nur gelöst werden, wenn die einzelnen Sozietäten sich unter einem Dach versammeln und möglichst auch noch gemeinsam handeln. Nur so wird Aggression ritualisiert. Glücklicherweise gibt es hier schon beachtliche Fortschritte: Die Europäische Union, die Vereinten Nationen, weltweite humanitäre Einrichtungen etc. Aufgaben für gemeinsames Handeln gibt es genügend: Erhaltung des Friedens, Abbau angsterzeugender Situationen, Aufbau einer »artgerechten« Gesellschaft.

Die unseres Erachtens wichtigste Aufgabe gesellschaftlicher Führung besteht in der Förderung von Bindung. Die Probleme ergeben sich hier zum einen aus der Massengesellschaft und der daraus resultierenden Anonymität, zum andern – in den Wohlstandsgesellschaften – aus dem hohen Lebensstandard. Der Mensch ist ja von der Evolution her auf das Leben in kleineren Horden programmiert. Hier funktioniert die Kommunikation von Mensch zu Mensch, hier funktioniert das gemeinsame Handeln, hier gibt es Zusammengehörigkeit und Bindung. In der Massengesellschaft geht Bindung verloren, der andere ist anonym, er »geht einen nichts an«. In Wohlstandsgesellschaften ist man mit allem versorgt, man braucht sich gegenseitig nicht, jedenfalls nicht unmittelbar. Es ist also kein Wunder, daß viele Menschen in solchen Gesellschaften einsam leben und sterben, es ist kein Wunder, daß viele Menschen mit allen Mitteln Kontakt suchen, neuerdings auch über das Internet. Die gesellschaftliche Führungsaufgabe besteht in diesem Bereich in der Herstellung und in der Organisation von gemeinsamem Handeln. So wie der Sport die Funktion des Appetenzverhaltens übernimmt, müssen in Massen- und Wohlstandsgesellschaften Einrichtungen geschaffen werden, in denen gemeinsames Handeln stattfinden kann. Solche Einrichtungen gehören unbedingt zu einer artgerechten Gesellschaft.

Wir können nur einige Perspektiven gesellschaftlicher Führung und der hierfür notwendigen Kompetenzen andeuten. Tatsächlich handelt es sich ja um äußerst schwierige, komplexe globale Führungsaufgaben, aber gerade deswegen um Herausforderungen, die mit hohem Flow verbunden sind.

Literatur

Akademie-Studie: *Mythos Team auf dem Prüfstand,* Akademie für Führungskräfte der Wirtschaft, Bad Harzburg 2002

Bastian, Hans Günther: *Leben für Musik,* Mainz London 1989

Bauer, Werner, Mikuta, L., und Fiebiger, H.: *Winner Teams,* Wiesbaden 2001

Bloom, Howard: *Global Brain – Die Evolution sozialer Intelligenz,* Stuttgart 1999

Bowlby, John: *Bindung. Eine Analyse der Mutter-Kind-Beziehung,* München 1975

Buss, David: *Die Evolution des Begehrens,* Hamburg 1994

Carnegie, Dale: *Freu dich des Lebens,* München 2001

Csikszentmihalyi, Mihaly: *Flow: Das Geheimnis des Glücks,* Stuttgart 1992

Csikszentmihalyi, Mihaly: *Lebe gut,* München 2001

Cube, Felix von: *Fordern statt Verwöhnen,* 14. Auflage, München 2003

Cube, Felix von: *Lust an Leistung,* 9. Auflage, München 2002

Cube, Felix von: *Besiege deinen Nächsten wie dich selbst,* 5. Auflage, München 1994

Cube, Felix von: *Gefährliche Sicherheit,* 2. Auflage, Stuttgart 1995

Dalai Lama: *Der Weg zum Glück,* Freiburg 2002

Darwin, Charles: *Die Abstammung des Menschen,* Stuttgart 1966

De Waal, Frans: *Wilde Diplomaten. Versöhnung und Entspannungspolitik bei Affen und Menschen,* München 1989

Dehner, Klaus: *Lust an Moral – Die natürliche Sehnsucht nach Werten,* Darmstadt 1998

Epikur: *Über das Glück,* Zürich 1975

Fuchs, Helmut, und Huber, Andreas: *Die 16 Lebensmotive,* München 2002

Hüther, Gerald: *Biologie der Angst,* Göttingen 1997

IAT, Wissenschaftszentrum Nordrhein-Westfalen: *Useful but unused – Groupwork in Europe,* 1999

Kant, Immanuel: *Kritik der reinen Vernunft,* Stuttgart 1966
Klein, Stefan: *Die Glücksformel,* Berlin 2002
Lorenz, Konrad: *Das sogenannte Böse,* München 1974
Lorenz, Konrad: *Die Rückseite des Spiegels,* München 1977
Lorenz, Konrad: *Die acht Todsünden der zivilisierten Menschheit,* München 1973
Malik, Fredmund: *Führen – Leisten – Leben,* Stuttgart München 2000
Maslow, Abraham H.: *Motivation und Persönlichkeit,* Berlin 1981
Reichholf, Josef H.: *Warum wir siegen wollen,* München 2001
Smith, Adam: *Der Wohlstand der Nationen,* München 2001
Sprenger, Reinhard K.: *Mythos Motivation,* Frankfurt 1997
Storch, Volker, Welsch, U., und Wink, M.: *Evolutionsbiologie*, Heidelberg 2001

PIPER

Felix von Cube

Lust an Leistung

Die Naturgesetze der Führung. 167 Seiten. Serie Piper

Wir alle wissen: Nur wer Spaß an seiner Arbeit hat, kann auf Dauer gute Leistung bringen. Diese Erkenntnis ist wahrlich nicht neu. Wie aber die Arbeitswelt so human gestaltet werden kann, daß die Arbeit nicht als »Maloche«, sondern als positive Herausforderung erlebt wird, da setzt Felix von Cube an. Aus den Grundsätzen der Verhaltensbiologie leitet er die Naturgesetze für konstruktive Führung ab. Erfolgreiche Unternehmensführung wiederum gewährleistet zufriedenere, gesündere und kooperativere Mitarbeiter, setzt Qualitätsstandards und bringt Schwung in den Arbeitsalltag.

01/1322/01/L

PIPER

Robert B. Reich

The Future of Success

Wie wir morgen arbeiten werden. Aus dem Englischen von Wolfgang Buchalla. 415 Seiten. Gebunden

Robert B. Reich gilt als einer der einflußreichsten Wirtschaftswissenschaftler der Welt. Als amerikanischer Arbeitsminister hat Robert B. Reich seine Theorien erfolgreich in die Praxis umgesetzt. Jetzt liegt sein neues Buch vor, in dem er untersucht, wie wir morgen arbeiten und leben werden. Mehr Chancen bei weniger Sicherheit, lautet seine Diagnose. Als Kunden profitieren wir uneingeschränkt von dieser neuen Entwicklung: Die Waren werden schneller und leichter verfügbar sein, sie werden mehr auf den einzelnen Kunden zugeschnitten – und sie werden billiger sein. Aus der Sicht der Arbeitnehmer sieht das Bild nicht ganz so positiv aus. Einerseits entstehen viele Jobs ganz neuer Art mit sehr guten Entwicklungsmöglichkeiten, andererseits wird vom einzelnen ständige Flexibilität verlangt, lebenslanges Lernen vorausgesetzt und die Bereitschaft erwartet, das Privatleben dem Arbeitsleben unterzuordnen. Robert B. Reich zeigt hier, wie der einzelne die Chancen der neuen Arbeitswelt nutzen kann, ohne sein privates Glück opfern zu müssen.

01/1101/01/L